高效代码

软件编程实践原则

独道东　编著

电子工业出版社·

Publishing House of Electronics Industry

北京·BEIJING

内 容 简 介

《高效代码：软件编程实践原则》是一本致力于提高软件编程效率和优化代码质量的技术书籍。本书探讨了编程中常见的复杂性问题，并提供了一系列切实可行的实践原则与方法。本书内容涵盖了从控制代码复杂性、应用设计原则，到模块化编程、性能优化等多个方面。书中不仅讲解了如何编写高效、可维护的代码，还强调了遵循编程规范、优化代码结构、实施测试驱动开发等最佳实践，帮助开发者在保证代码质量的同时提高开发效率。

本书适合软件开发者，尤其是中高级开发者。对于初级开发者，书中的设计原则和实践经验可助其打下扎实的编程基础，掌握管理代码复杂性和编写高质量代码的方法；对于有一定经验的开发者，书中的深入分析提供了应对项目中挑战的思路，如提高代码质量、优化架构设计和加强团队协作等。书中的实用建议是每位开发者值得参考的编程指引。

图书在版编目（CIP）数据

高效代码 ： 软件编程实践原则 / 独道东编著.

北京 ： 电子工业出版社，2025. 9. -- ISBN 978-7-121
-51196-7

Ⅰ. TP311.1

中国国家版本馆 CIP 数据核字第 2025FL7521 号

责任编辑：白雪纯

印　　刷：河北鑫兆源印刷有限公司

装　　订：河北鑫兆源印刷有限公司

出版发行：电子工业出版社

　　　　　北京市海淀区万寿路 173 信箱　　　邮编：100036

开　　本：720×1000　　1/16　　印张：16.25　　字数：347 千字

版　　次：2025 年 9 月第 1 版

印　　次：2025 年 9 月第 1 次印刷

定　　价：79.00 元

前　言

在信息技术高速发展的时代浪潮中，软件已深度融入人类社会的各个领域。从个人日常使用的移动应用、企业内部的信息系统，到大规模的分布式服务架构与工业生产控制系统，软件的应用场景不断拓展，逐渐成为我们生活中不可或缺的一部分。从支付系统到社交平台，从医疗信息化系统到智慧城市，软件在提升生产力、优化业务流程和推动创新方面发挥着重要作用。以 ChatGPT 和 DeepSeek 为代表的人工智能应用，正以前所未有的方式改变着我们与信息交互的模式。

然而，随着软件系统的复杂性和规模不断增加，开发与维护高质量软件的挑战也愈加突出。在技术日新月异、市场需求瞬息万变的背景下，构建兼具安全性、可靠性、高效性与可维护性的信息系统，已成为软件行业亟待解决的核心挑战。这要求开发者既要在技术层面保持敏锐的洞察力，又要在软件设计和开发实践中持续追求创新与卓越。

作为一名拥有多年软件开发经验的从业者，编者深度参与了多个项目的设计与开发，这些项目涵盖企业 IT 服务、Web 应用、电商平台、云计算服务等领域，并涉及开源软件的开发与应用，以及不同的编程语言和技术框架。通过这些项目，编者积累了成功的宝贵经验，也从失败中汲取了深刻的教训。通过复盘编者发现，成功的项目通常遵循相似的路径，而失败的项目则各有其独特的原因。通过对失败项目的反思，编者意识到一些问题源于编程实现阶段，特别是代码结构设计不合理、缺乏可维护性与可扩展性，以及代码难以测试等。这些问题直接导致软件质量不佳、系统性能低下、维护成本高昂，甚至无法满足客户需求。因此，编者深刻认识到，编程实现是软件开发中的关键环节。持续提升代码质量不仅有助于构建更加稳定高效的软件系统，还能为团队与客户创造更高价值。这些经历让编者深信，在编程过程中，通过精心设计和持续优化代码，我们能够克服这些挑战，最终开发出高质量的软件系统。

本书是编者在软件开发实践中的经验结晶，主要探讨软件开发中的编程实践方法，包括代码结构设计、代码质量保障、代码测试和代码重构等方面。书中总结的原则既源自亲身实践的经验教训，又是个人技术能力提升的重要支撑。过往因忽视这些原则而导致的开发困境，更让编者深刻认识到其重要性。这些方法既是编者在实践中总结出来的经验教训，又是编者提升自身技能过程中依赖的重要方法。曾经因为忽视这些原则，编者付出了不小的代价，因此深感它们的重要性。尽管本书中的代码示例主要使用 Go 语言编写，但重点并不在于讨论具体编程语言的用法或框架的技术细节，而是着眼于适用编程语言和技术框架的普适性原则，以帮助开发者理解并运用这些原则编写高质量的代码。本书适用于各个阶段的软件开发者，尤其是具备一定实战经验、面临类似开发挑战的同行，他们或许会对书中的某些原则有更深刻的理解。

本书在章节编排上独具匠心，除第 1 章外，其余各章均围绕独立主题展开，读者可以依据个人需求与兴趣灵活调整阅读顺序。建议优先阅读第 1 章，该章概述了本书的核心目标与主题，旨在帮助读者理解软件复杂性的本质及其成因，从编程角度提炼管理软件开发复杂性的实践原则，为后续章节奠定基础。第 2 章至第 11 章则分别探讨了软件开发中的核心编程实践原则，包括代码结构设计、可维护性代码的编写、代码测试和代码重构等内容。各章都详细介绍了相关的原则和实践方法，并通过代码示例进行具体说明。

此外，编者想指出三点：其一，高质量的软件系统是多个环节协作的结果，包括产品需求分析、系统架构设计、编程实现、测试验证、系统部署与维护等。每个环节都不可忽视，开发者应当高度重视。本书聚焦于编程实现阶段，旨在帮助读者更好地理解和应对编程过程中的挑战，但这并不表示其他阶段不重要。实际上，编者认为它们与编程实现同样关键，缺一不可。其二，本书副标题中的"实践"二字表明我们关注的是编码原则和实现，而非计算机科学的理论。然而，这并不意味着计算机科学和系统原理不重要。相反，扎实的计算机科学基础是任何编程实践的根基，缺乏这方面的知识，任何技术实践都会成为空中楼阁。其三，没有放之四海而皆准的原则，任何原则都有其适用领域和局限性。本书所述的原则主要适用于应用层软件和服务开发场景。例如，书中强调代码的可读性和可维护性优先于代码性能，但在操作系统内核或底层系统编程中，性能通常是首要考虑的因素。因此，读者在应用这些原则时，应结合具体领域和实际情况进行权衡与取舍。

编程既是一门艺术，又是一项技术实践。每一行代码都应经过精雕细琢，每一个功能实现都应经过深思熟虑。本书内容并非高深的技术展示和复杂的代码分析，而是阐述编程中简单且有效的方法，旨在帮助读者掌握这些方法，并在编程过程中养成良好的思维习惯，进而开发出让自己和团队引以为傲的软件系统，为用户创造切实价值。期待与各位读者携手踏上追求卓越编程的进阶之路，在持续探索与实践中完善技术能力。衷心希望本书能够成为各位软件开发征程中的实用指南，助力大家稳步前行，成长为更优秀的软件开发者！

目　录

第1章　直面软件复杂性

复杂性是敌人，简约是朋友。

—— Albert Einstein

理解、识别并有效管理软件复杂性是每位开发者都需要掌握的核心技能，这一能力直接关系到软件项目的成败。在软件开发过程中，复杂性不仅会增加开发成本，还会影响软件的可维护性、可扩展性和可靠性。因此，如何有效地控制复杂性，简化系统设计，是开发者需要面对的挑战。

本章将围绕以下几个主题展开讨论：什么是"软件复杂性"？如何判断一个软件系统是否过度复杂？复杂性产生的原因是什么？哪些因素导致了不必要的复杂性？如何通过有效的方法来控制复杂性？通过对这些问题的深入分析，本章将为后续章节奠定基础，后续内容将围绕设计原则、开发方法和编程实践，具体探讨如何控制软件开发中的复杂性，从而提高开发效率和软件质量。

1.1　代码为什么会越来越混乱

熵增定律，即热力学第二定律，是物理学中的基本原理，用于描述孤立系统中熵（混乱度）不断增加的现象。根据这一定律，随着时间的推移，系统的无序程度会逐渐增加，直至达到热平衡状态。

这一定律揭示了宇宙中的一种不可逆过程：所有事物随着时间的推移都会趋向无序。遗憾的是，这一定律不仅适用于物理世界，软件系统同样会经历类似的熵增过程。在软件开发中，"熵增"指的是随着时间的推移，软件系统的复杂性逐步积累的现象。这种复杂性的增加通常表现为代码库的膨胀、技术债务的积累、维护成本的攀升等问题。

当软件系统的规模不断扩大，若缺乏有效的管理和控制，则系统会变得愈发难以理解、维护和扩展。最终，这种混乱可能导致系统性能的下降，甚至系统崩溃，对客户业务造成严重负面影响。因此，如何借鉴熵增定律的思想，有效应对软件系统的复杂性积累，成为每个开发团队必须直面的挑战。

1.2　复杂性的真相

"复杂性"通常指系统中各组件间的相互依赖与交互关系，以及由此形成的整体涌现特性。这种特性使得我们难以全面理解系统的工作原理，从而增加系统建模、迭代和维护的难度。复杂系统的整体往往大于部分之和。换句话说，即便单纯了解系统中单个组件及其相互关系，仍然无法全面理解整个系统的行为。在这种系统中，对某一部分的任何修改，都可能引发其他部分的连锁反应，加大行为预测与控制的难度。

在金融投资领域，风险控制极为关键。投资风险通常分为系统风险和非系统风险。其中，系统风险指影响整个市场或行业的风险，如经济衰退、政策变化、自然灾害等，这些风险是投资过程中固有的，无法通过分散投资来消除；而非系统风险则是指特定公司或行业的风险，通常可以通过多元化投资组合来规避或降低。在投资决策中，理解这两类风险的区别，有助于投资者制定更加合理的资产配置策略，实现风险优化管控。

类似地，在软件开发中，复杂性可以分为系统复杂性和非系统复杂性。

1. 系统复杂性

系统复杂性通常与软件规模、架构设计、业务逻辑、模块依赖和数据流转等因素紧密相关。

例如，系统可能需要与多个外部系统进行集成，或因规模庞大而涉及多个技术栈架构和模块集成，从而提高整个系统的复杂性。这类复杂性通常难以避免，但可以通过模块化设计和服务化架构等方法有效控制，确保系统在变更或扩展时仍能保持较高的稳定性与灵活性。

2. 非系统复杂性

非系统复杂性是指局部或特定模块的复杂性，通常由不良的架构设计、重复的代码片段、不规范的开发实践等导致。非系统复杂性往往是开发者在项目中可以主动控制的，并非软件系统的固有部分，而是系统设计和开发过程中的"副产品"。例如，不合理的类设计、大量重复的代码块、过多的硬编码等都会使代码变得冗长且难以理解。与系统复杂性不同，非系统复杂性可以通过代码重构、应用设计模式等手段来消除。它的存在不仅会增加系统的维护成本，还会增加开发和测试难度，因此需要开发团队在项目周期内尽早识别并消除。

就像在金融投资领域一样，理解系统复杂性与非系统复杂性的区别对软件开发的应对策略至关重要。软件开发者的目标应是通过合理的架构设计和良好的开发实践，控制并降低系统复杂性；同时通过消除非系统复杂性，提高软件系统的可维护性和可扩展性。

从本书的角度来看，复杂性被定义为：任何阻碍理解和修改软件系统的因素。这一定义涵盖了系统复杂性和非系统复杂性，尤其侧重于代码层面表现出来的复杂性。例如，代码的运行逻辑难以理解；在改动系统时，开发者需要花费大量精力识别修改范围；在修复问题时，可能引发新的问题等。

值得强调的是，软件复杂性与系统规模、功能数量并无直接关联：小型系统可能因混乱的代码结构和复杂逻辑而表现出高复杂性；大型系统也能通过清晰的架构设计和良好的代码组织，保持低复杂性。因此，衡量软件复杂性的核心维度是系统的可理解性、可修改性和变更成本，而非代码规模或功能数量。

本质上，软件复杂性直接决定系统变更和扩展的成本与风险：如果变更成本高或伴随高风险，那么软件可以被视为复杂；如果变更成本较低且风险可控，那么软件可以被视为简单。因此，软件复杂性的核心在于变更的难易程度和相关风险。

1.3　复杂性无处不在

在软件开发中，复杂性是一个不可避免的挑战。随着系统的发展，复杂性往往会不知不觉地增加，但通过制定良好的设计方案和持续优化可以有效控制其增长。复杂性的积累最终可能影响系统的可维护性、可扩展性和稳定性。为深入理解复杂性的演变规律，可以从以下三条软件复杂性定律入手进行分析。

1. 软件复杂性第一定律：设计优良的系统随着时间的推移易发生退化

在软件开发中，每一次变更（如添加新功能、修复 bug 或性能优化等）都可能引入新的复杂性。如果开发者未及时识别和管理这些变更，那么系统的复杂性便会不断增加。随着时间的推移，系统容易变得越来越难以理解、维护和扩展，最终导致技术债务累积，甚至使系统无法继续演进。因此，持续重构和保持规范设计是防止系统退化的关键。只有严格把控代码质量，才能有效避免复杂性失控。

2. 软件复杂性第二定律：局部复杂性的减少往往伴随其他部分的复杂性增加

这一定律揭示了软件简化过程中的一个悖论：在简化系统的某一部分时，可能会在其他部分产生新的复杂性。简化并非消除所有复杂性，而是要在系统的各个部分之间建立合理的平衡。为有效控制复杂性的转移，开发者需要通过权衡分析，全面评估简化某一部分的副作用；避免将复杂性集中在单一模块中；维持系统各个层次的复杂性平衡。此外，完善的文档体系和系统化的团队培训有助于团队成员更好地理解和应对新增的复杂性，并通过渐进式简化逐步优化系统，避免一次性大规模重构引发的复杂性问题。

3. 软件复杂性第三定律：软件复杂性不存在绝对上限

该定律强调：无论如何设计和优化，软件复杂性在持续演进的过程中，往往没有明确的上限。虽然架构设计、代码重构、自动化测试等措施可以控制复杂性增长速度，但是复杂性累积是一个不可避免的过程，尤其在功能持续扩展的系统中。因此，开发团队必须始终保持警觉，持续进行架构优化和代码重构，以应对复杂性挑战，确保系统能够持续、健康的发展。

1.4　你的代码正在失控

斯坦福大学教授、Tcl 语言发明者 John Ousterhout 在其著作 *A Philosophy of Software Design*（软件设计哲学）中，明确指出软件复杂性的 3 种主要表现形式。

- **变更扩散**：在对软件进行简单变更时，可能需要修改多个不同的代码部分，从而增加引入错误的风险。随着系统规模扩大和模块间依赖加深，变更扩散会使系统变得脆弱，提高新错误产生的概率。一个简单的功能改动或缺陷修复可能影响多个模块，造成系统在长期运行中的累积影响，进而增加维护成本。随着代码库的扩大，开发者需要更深入地理解系统，以免对其他部分产生意外影响。

- **认知负担**：开发者在完成任务的过程中所需掌握的知识量，即为认知负担。较高的认知负担意味着开发者需要耗费大量时间去寻找和理解相关信息，才能有效地修改软件，增加因遗漏关键信息而引发错误的风险。认知负担不仅与代码的复杂性有关，还与团队对技术栈的熟悉程度、文档的完善程度，以及代码注释的质量密切相关。过高的认知负担往往使开发者感到困惑或面临压力，甚至对开发效率和代码质量产生负面影响。

- **未知的未知**：这是最具挑战性的复杂性表现，指开发者在修改代码时，无法预知需要修改哪些代码或缺乏完成修改所需的全部信息。这类问题通常在代码变更后才显现，开发者只能通过反复修改、调试，逐步发现并修复这些隐性问题。"未知的未知"通常意味着系统的设计存在深层次缺陷，或者开发者对系统整体理解不足。随着时间的推移，这种隐性复杂性通常会不断引发问题，直至系统无法维护。

在上述 3 种表现形式中，"未知的未知"被认为是最为严重的，因为它涉及对关键信息缺乏认知，而这些信息通常在问题发生时才暴露。开发者可能在未意识到的情况下做出错误修改，导致他们不得不反复检查代码、重新理解系统逻辑，从而逐步发现根本问题。此过程不仅耗费大量时间，还容易引入新的错误，进而加剧系统的复杂性。由于开发者无法预知所有潜在问题及其影响，因此这类复杂性会持续侵蚀系统，严重削弱其可维护性与可扩展性。

基于上述表现，软件复杂性的具体症状主要体现在以下方面。

- **代码难以理解和维护**：代码结构混乱、变量命名不规范、代码冗余等问题，导致开发效率低下，维护成本激增。维护人员如果没有深入了解代码的背景，就需要耗费大量时间才能理解每个模块的职责和实现方式。即便是小范围的修改，也可能导致原有功能失效。代码的可读性差通常是软件编程复杂性最直接的体现。

- 代码耦合度高：模块间依赖关系紧密，修改单个模块需要考虑对其他模块的影响，增加功能扩展的难度。高耦合度使系统变得脆弱，任何微小变动都可能引发连锁反应，导致其他模块的功能受到影响。此外，低内聚度的模块往往使得系统的功能划分不明确，开发者很难在不影响其他部分的情况下扩展功能。

- 测试覆盖率低或测试困难：复杂的代码结构会提高测试难度，难以保障系统稳定性与质量，提高质量保障成本。高复杂性代码可能缺乏足够的测试覆盖，或者测试覆盖率难以量化。模块间复杂的依赖关系使得单元测试和集成测试的编写异常困难，进而导致潜在问题未能在开发阶段及时发现。

- 性能瓶颈定位困难：系统中可能存在性能瓶颈，但因代码复杂性高，难以定位问题根源。性能瓶颈通常与数据流、并发管理或资源竞争等因素有关，开发者很难在缺乏完整日志或深入分析的情况下，准确找出其根源。这使得性能问题的诊断周期变长，优化成本增高。

- 开发和部署周期过长：系统的复杂性会延长开发和部署周期，拉长从需求到交付的时间链。复杂的代码结构和庞大的依赖关系使开发团队难以高效交付，并且在开发过程中需要频繁调试、沟通，从而导致交付时间延迟。此外，系统的复杂性还会影响后期的运维和部署，使升级、迁移等工作变得更加烦琐且高风险。

- 过多的技术债务累积：为追求短期目标或快速交付，开发过程中可能忽视架构设计和最佳实践，导致技术债务不断累积，系统复杂性不断提高。技术债务的累积意味着未来的开发工作将面临更多困难，开发者需要花费额外精力和时间去修复之前未解决的问题，甚至可能需要重新设计部分架构。

- 系统扩展性差：随着需求的变化，系统难以适应新的功能，在添加新功能时往往需要对现有系统进行大规模的修改。缺乏灵活扩展的架构设计可能导致系统无法快速响应市场变化或业务需求，进而影响公司的竞争力。

- 团队沟通困难：系统复杂性导致团队成员对系统理解存在差异，沟通成本大幅提升，甚至可能导致不同团队间的协作效率低下。不同团队可能有不同的理解和优先级，这种信息不对称通常导致重复工作或无效沟通，对整体开发进度和质量造成影响。

- 编码风格不统一：不同开发者使用不一致的编码风格，导致代码难以维护，在多人协作的开发环境中，这种问题尤为突出。一致的编码风格有助于提高代码的可读性和可维护性，而不一致的编码风格则会增加开发者理解和修改他人代码的难度，从而提高团队合作的复杂性。

- 文档缺失或滞后：系统文档未及时更新或内容不完整，使得开发者难以理解系统的设计意图和实现细节。文档缺失或滞后不仅使团队成员在快速交接或新成员加入时面临较高的学习成本，还可能导致在系统升级时引发操作失误，从而增加维护成本和操作风险。

1.5　为什么简单的代码会变复杂

在了解了软件开发复杂性的概念和表现形式之后，我们需要进一步了解复杂性背后的根本原因。软件复杂性并非一成不变，而是多种因素共同作用、相互交织的结果。这些因素可以归结为两个关键方面：依赖关系和模糊性。

1. 依赖关系

依赖关系指的是系统中各个模块、组件或服务之间的相互依赖关系。在软件开发的过程中，几乎所有系统都会在设计和实现阶段引入一定的依赖关系。每当我们定义一个函数、类或模块时，都会引入某种形式的依赖。依赖关系本身并非问题，但当这些依赖关系变得冗余、混乱或不清晰时，会大幅提高系统的复杂性，进而影响系统的可理解性、可维护性和可扩展性。

依赖关系所带来的复杂性具体表现在多个方面。

（1）过多的外部库和服务依赖可能使系统变得脆弱。如果这些外部库或服务发生更新、弃用或停止维护，则可能对整个系统的稳定性和安全性造成严重影响。

（2）层次结构中各层间的依赖关系若没有清晰的界定和管理，则会导致系统的理解和管理变得困难。在多层架构中，尤其是当系统的数据结构和数据流向存在复杂依赖时，确保数据的一致性和完整性就变得极为棘手。

依赖关系的复杂性通常引发以下问题：首先，系统对变化高度敏感，复杂的依赖关系会放大这种敏感性，任何小改动都可能引发大规模调整，增加引入错误的风险；其次，依赖关系过于紧密导致模块间耦合度过高，使得系统难以独立扩展或修改，测试也因此变得困难（因为单独测试某个模块时，往往需要处理大量外部依赖，这大大提高了单元测试的复杂性）；最后，复杂的依赖关系会增加系统扩展的难度。如果现有的系统架构中依赖过多或不清晰，则在添加新的功能或模块时，开发者需要花费更多的精力理解和修改现有代码，从而显著提高开发和维护的成本。

2. 模糊性

模糊性指系统中存在不明确、不确定或含糊不清的部分，是导致软件复杂性的另一个主要原因。模糊性会让代码的理解、开发和维护变得更加困难。

需求模糊性是常见的一种情形。当需求不明确或不断变化时，开发者往往基于假设开发，导致代码和系统实现与实际需求脱节，进而提高复杂性。

此外，设计和架构的不明确也会加剧模糊性。如果系统设计缺乏清晰的指引原则，则开发者可以基于个人理解实施功能，导致系统结构混乱，难以维护。

另一个典型的模糊性表现是接口的不清晰。模块或服务之间的接口若定义不明确，则很容易导致不同部分之间的通信和数据传递出现问题。

系统中缺乏完整文档或文档未及时更新，也是模糊性的一种体现。缺乏详细文档使新加入的开发者难以理解系统设计和实现细节，从而增加学习和开发成本。

错误处理和异常管理的模糊性同样会导致系统行为不可预测，从而提高复杂性。

模糊性通常引发多个问题：首先，需求和设计上的不明确容易引发开发者的误解，导致实现错误和功能上的不一致。其次，为弥补这些模糊性，团队之间通常需要进行大量沟通和讨论，从而导致项目的时间和成本增加。最后，系统的不明确性使维护人员在修改和调试代码时，难以快速定位问题的根源，从而增加维护的难度。

软件复杂性的产生并非偶然，是依赖关系和模糊性相互作用的结果。理解并缓解这些因素的影响，是有效管理软件复杂性的关键。

1.6 控制复杂性的策略

在物理系统中，通过外部能量的消耗和转化，系统可以实现熵减，从无序走向有序。这一过程依赖于系统的开放性和外部能量输入，通过持续的能量输入减少系统的无序性，提升其秩序与效率。类比到软件开发领域，要实现熵减，需要在各开发阶段采取有效措施降低复杂性，使系统更高效、更具可维护性和可扩展性。

软件开发过程包括需求分析、架构设计、编程实现、构建、部署与维护等多个环节。虽然每个环节对软件复杂性都有影响，但实践表明，架构设计和编程实现对软件复杂性的影响最大。良好的架构设计有助于确保系统结构清晰、模块化，减少不必要的耦合；而高质量的编程实现则有助于通过清晰、简洁的代码降低软件复杂性，提高代码的可读性和可维护性。本书将重点讨论编程实现阶段的工作，探讨如何通过良好的编程实践有效管理和降低软件复杂性。

要有效管理软件开发的复杂性，首先要认识到，复杂性不仅是技术问题，还涉及开发过程中的方法论、团队协作等。复杂性管理的核心在于通过合理的设计和规范化的开发流程，避免不必要的复杂性，并确保系统各部分在高效、有序的状态下协同工作。下面是一些有效的编程实践原则。

1. 设计原则：管理软件复杂性的基础

软件设计原则，如单一职责原则、开放封闭原则、依赖倒置原则等，都是经过长期实践验证的有效设计准则。这些原则帮助我们构建清晰、高效、可维护的系统，不仅能降低系统耦合度，还能在系统变更时降低风险，确保系统能够灵活应对需求变化。第 2 章将深入探讨这些设计原则，并展示其在实际项目中的应用，帮助开发者设计出结构清晰、易于扩展和维护的系统。

2. 编程规范：管理软件复杂性的前提

除了遵循设计原则，遵守编程规范同样是管理软件复杂性的重要准则。没有统一的编程规范，代码容易变得杂乱无章，增加理解难度和团队沟通成本。统一的编程规范能够有效避免编码风格的不一致，提高代码的可读性和可维护性，减少因理解偏差而引起的错误。第 3 章将讨论常见的编程规范，讲解其如何帮助开发者降低代码中的模糊性，提高代码质量，推动团队协作的顺畅进行。

3. 可维护性代码：应对软件复杂性的核心

随着系统的发展和功能迭代，代码的复杂性可能急剧上升。通过编写清晰、简洁、易于扩展和维护的代码，开发者可以有效减缓复杂性的累积，并在后期的扩展过程中降低技术债务。第 4 章将详细探讨如何编写可维护性代码，分享在实现功能时避免不必要复杂性的具体方法。

4. 模块化编程：降低软件复杂性的有效策略

模块化编程是降低软件复杂性的有效策略之一。在实际应用中，模块化编程可能导致模块间接口定义复杂、模块划分不合理等问题，开发者需要通过合理的接口设计评审、模块功能梳理等方式来避免这些问题。通过将系统分解成多个相对独立的模块，可以降低各模块之间的耦合度，使每个模块都能够独立开发、测试和维护，从而提高系统的可扩展性和可维护性。第 5 章将讨论模块化编程的重要性，并介绍如何通过接口设计、信息隐藏、封装和抽象等手段实现模块化，提高系统的灵活性和可测试性。

5. 面向数据结构编程：降低软件复杂性的关键方法

合理选择和设计数据结构不仅可以提高代码的执行效率，还能够显著降低代码的复杂性。合适的数据结构能够简化算法的实现，使代码更加简洁和易于理解。第 6 章将讨论如何根据具体需求选择和设计数据结构，以及如何通过优化数据结构来提高系统性能和代码的可维护性。

6. 编程范式：降低软件复杂性的有效途径

探索不同的编程范式有助于降低软件复杂性，同时提高代码的表达能力。过程式编程、面向对象编程和函数式编程等编程范式在不同场景下有着不同的优势。通过选择合适的编程范式，开发者能够实现更简洁、清晰且易于理解的代码结构。第 7 章将讨论这些编程范式，并阐述它们如何在实际开发中应用，帮助开发者灵活应对不同的开发需求。

7. 业务和技术分离：降低软件复杂性的有效策略

将业务逻辑和技术实现分离能够帮助开发者厘清系统的核心功能与实现细节，避免过度耦合，提高系统的可维护性和可扩展性。第 8 章将探讨领域驱动设计的方法，介绍如何实现业务逻辑和技术实现的分离，从而优化系统架构和提高代码质量。

8. 测试驱动开发：保障代码质量与降低复杂性的方法

测试驱动开发是一种有效提高代码质量的方法，通过先编写测试用例，再编写功能代码，确保功能的正确性和稳定性。单元测试作为测试驱动开发的重要环节，能够有效减少回归错误，同时帮助开发者在编码过程中保持系统设计的清晰性。第 9 章将详细讨论如何在开发过程中实施测试驱动开发，实现在保障代码质量的同时降低软件复杂性，减少不必要的重复代码。

9. 优化代码性能：降低软件复杂性的重要手段

性能瓶颈往往会导致软件复杂性的增加，因为开发者需要在架构设计和功能实现上做出额外的妥协。通过基准测试和性能分析，开发者可以精准定位性能瓶颈，并采取有效措施进行优化，进而提高系统的运行效率，降低因性能问题引发的软件复杂性。第 10 章将讲解性能优化的具体方法，并分享提高代码运行效率的实用策略。

10. 持续重构代码：管理软件复杂性的重要策略

随着软件的持续演化，系统架构和代码实现难免会变得臃肿和复杂。定期进行代码重构，能够帮助开发者保持代码的简洁性，避免技术债务的累积。重构不仅能提高代码质量，还能增强系统的灵活性，使得系统在不断变化的需求中保持良好的适用性。第 11 章将探讨代码重构的最佳实践，指导开发者如何在不改变系统功能的前提下，优化代码结构和设计。

11. 文档和知识共享：提高团队协作效率的关键

通过详细的程序文档、清晰的代码注释和知识共享平台，团队成员可以更快速地理解系统的设计和实现细节，有效降低因沟通不畅而导致的复杂性。此外，完善的文档体系能够帮助新成员快速融入团队，缩短学习周期，提高团队整体的开发效率。第 12 章将讨论如何通过规范文档撰写和代码注释加强知识共享，减少沟通障碍，实现更高效的团队协作开发。

通过遵循上述编程实践原则，我们能够有效管理软件复杂性，降低系统风险和开发成本，提高开发效率和软件质量。

1.7　小结

　　本章介绍了软件复杂性的核心概念、表现形式、成因，以及有效管理复杂性的方法。软件复杂性不仅是开发者在日常工作中不可避免的挑战，还是影响软件开发效率和质量的关键因素。其根源主要在于系统中的依赖关系和模糊性。开发者在评估一段代码、函数或模块时，应重点关注是否消除了模糊性，是否降低了认知负担，以及系统的依赖关系是否清晰、易于理解和修改。本书将进一步详细介绍具体的实践方法，帮助读者有效应对软件编程中的复杂性，从而提高开发效率和软件质量。

　　为了更直观地理解软件复杂性管理的重要性，不妨回顾我早期编程时走过的弯路。在初涉编程阶段，我并未意识到管理复杂性是软件编程的核心问题。由于对软件复杂性管理缺乏深刻认知，我在项目开发过程中出现了诸多问题。例如，在编写代码时，未充分考虑可扩展性与可读性，构建了复杂、混乱的代码逻辑架构，同时未严格遵循既定的设计原则与编程规范等。这些问题导致代码模块间的依赖关系变得错综复杂，新增功能时需要花费大量时间梳理逻辑；代码的模糊性增加，新接手的开发者难以理解代码意图。这不仅无形中提高了软件系统的复杂性，还使得后期维护成本大幅提高，给后续维护代码的同事带来巨大困难。知乎曾有一个问题："当你开始编程时，最希望知道什么？"我的回答是："我希望能尽早认识到有效管理复杂性是软件开发的核心，在编程过程中有意识地优化自己的编码习惯，从而开发出更易于维护的软件。"如果再问我："如果只能给初学编程的同学一个建议，你会说什么？"我依然会回答："学会识别并管理复杂性，这是软件编程的核心。"

　　希望读者能够深度掌握书中应对实际编程复杂性的方法，并将这些实践应用到项目中。接下来，我们将从遵循设计原则开始，探讨如何提高软件架构设计的效率，这是有效管理软件复杂性的重要基础。

第 2 章　遵循设计原则

优雅的设计是解决复杂问题的最佳途径。

—— John Maeda

软件设计是构建高质量软件系统的关键环节。所谓"磨刀不误砍柴工",预先设计清晰的模块交互关系不仅能显著提高开发效率,还能大幅提升系统的整体质量。优秀的软件设计不仅能保障开发进程高效推进,还能提高系统的可维护性、可扩展性和可靠性,使系统在未来的需求变化中具备更强的适应能力和韧性。因此,开发者在进行软件设计时,应遵循经过时间考验的设计原则,确保设计决策是合理且可持续的。

构建健壮、灵活和可维护的软件系统,离不开坚实的设计原则支撑。本章将探讨单一职责原则、开放封闭原则、里氏替换原则、接口隔离原则、依赖倒置原则和迪米特法则这六大核心软件设计原则。下面将一一解析这些原则的含义、应用场景和代码示例,帮助开发者在设计过程中做出更加明智的决策。

2.1　单一职责原则

单一职责原则的定义:**一个类或模块应该只有一个引起其变化的原因,即每个模块应该仅负责一个特定的功能。**该原则也被称为单一功能原则,是软件设计的核心原则之一,着重强调设计的简洁性和清晰性。它由 Robert C. Martin 在《敏捷软件开发:原则、模式和实践》一书中首次提出。

在单一职责原则中,"职责"指的是类或模块发生变化的原因。如果一个类具有多项职责,则应将这些职责拆分到不同的类或模块中,让每个组件都专注于一个特定的功能。遵循这一原则不仅能使系统更易于理解和维护,还能显著提高系统的模块化程度。

将系统中的每个组件都限制在单一职责上,能够大大简化调试和测试流程。一旦出现问题,开发者可以迅速定位到具体组件,不需要顾虑多个功能间的交互影响。此外,系统的修改与扩展也会变得更加高效,某个功能的改动不会引发其他功能的连锁反应,从而有效降低意外错误发生的概率。

对于大型系统,将复杂的功能拆分为多个职责明确的小组件,能够有效降低系统的耦合度,增强模块之间的独立性,最终构建出高质量的软件架构。

实现单一职责原则的步骤如下。

1. 确定类或模块的职责

仔细分析现有的类或模块，识别它们所承担的各项职责。为每项职责定义清晰的功能需求，避免将多个不相关的职责合并到同一个类或模块中。

2. 拆分类或模块

对于承担多项职责的类，将其拆分为多个类或模块，确保每个新的类或模块都有明确的责任，专门解决单一问题。

3. 确保每个类的接口清晰

每个类的接口应仅暴露其负责的功能，避免公开不必要的方法和属性。

4. 遵循高内聚、松耦合原则

确保每个类或模块内部的功能高度相关，同时降低与其他类或模块的关联程度，做到松耦合。

单一职责原则是一项核心设计原则，适用于所有编程语言。以 Go 语言为例，其简洁的语法、强大的标准库和高效的并发支持为实施该原则提供了良好的环境。在设计 Go 语言的包（package）或结构体（struct）时，开发者应明确其单一职责。每个包或结构体应仅承担一组紧密相关的功能，从而形成清晰、易懂的功能边界。

2.1.1 未遵循单一职责原则的代码示例

以下 Go 语言代码示例展示了一个未遵循单一职责原则的设计，请对其进行重构以遵循该原则。

```go
type EmailService struct {
    db *gorm.DB
    smtpHost string
    smtpPassword string
    smtpPort int
}
func NewEmailService(db *gorm.DB, smtpHost string, smtpPassword
string, smtpPort int) *EmailService {
    return &EmailService{
        db:            db,
        smtpHost:      smtpHost,
        smtpPassword:  smtpPassword,
        smtpPort:      smtpPort,
    }
```

```
}
func (s *EmailService) Send(from string, to string, subject string,
message string) error {
    email := EmailGorm{
        From:       from,
        To:         to,
        Subject:    subject,
        Message:    message,
    }
    err := s.db.Create(&email).Error
    if err != nil {
        log.Println(err)
        return err
    }
    auth := smtp.PlainAuth("", from, s.smtpPassword, s.smtpHost)
    server := fmt.Sprintf("%s:%d", s.smtpHost, s.smtpPort)
    err = smtp.SendMail(server, auth, from, []string{to},
[]byte(message))
    if err != nil {
        log.Println(err)
        return err
    }
    return nil
}
```

以上代码定义结构体 EmailService，并且它只有一个方法 Send()。这个服务用于发送电子邮件。尽管它看起来可以正常工作，但我们可以看到，当深入检查时，这段代码违反了单一职责原则的各个方面。EmailService 结构体不仅负责发送电子邮件，还负责将它们存储在数据库中，以及通过 SMTP 发送它们。这与描述一个类应该承担唯一责任的原则相冲突。

一旦在描述某个代码结构体的职责时需要使用"和"这个词，就已经违背了单一职责原则。这个示例在多个层面上违反了单一职责原则。首先，在函数层面，Send() 方法不仅负责将消息文本保存到数据库中，还负责权限验证和通过 SMTP 发送邮件。这使得函数的职责过于复杂，影响了代码的可维护性。其次，在结构体层面，EmailService 结构体承担了两个截然不同的功能：一是将数据存储到数据库，二是发送邮件。这样的设计会导致以下问题。

（1）代码耦合度高：当我们需要更改数据库表结构或更改存储类型时，不得不修改处理邮件发送的代码。这种紧耦合使得在修改某一部分代码时可能引发意想不到的错误。

（2）集成复杂性：以上实现存在集成耦合问题。例如，将邮件服务从 SMTP 切换为 API 服务时，需要修改与 MySQL 数据存储相关的代码，使系统的灵活性与扩展性受到限制。

（3）重复逻辑：在选择不同的邮件发送集成方式（如使用不同的邮件服务提供商）时，每种集成都需要重新实现数据库存储的逻辑。这不仅会增加开发工作量，还可能导致代码重复和不一致。

（4）团队协作困难：假设我们将应用开发任务分配给两个不同的团队，一个负责数据库维护，另一个负责邮件服务集成。由于这两个团队都需要在相同的代码上工作，因此他们可能会因代码混乱和职责不明确而导致协作困难。

（5）单元测试困难：EmailService 结构体涉及多项职责，在进行单元测试时会变得极其困难。测试人员无法独立测试邮件发送和数据库存储功能，只能进行复杂的集成测试，这降低了代码的测试覆盖率和可靠性。

2.1.2　遵循单一职责原则的代码示例

让我们遵循单一职责原则对以上代码进行重构。为确保每个模块仅承担一项职责原则，我们需要创建两个独立的结构体：一个专门用于数据存储，另一个专注用于处理邮件发送。这将使每个结构体都承担单一的职责。

优化后的代码如下：

```go
type EmailModel struct {
    gorm.Model
    From string
    To string
    Subject string
    Message string
}
type EmailRepository interface {
    Save(from string, to string, subject string, message string) error
}
type EmailDBRepository struct {
    db *gorm.DB
}
func NewEmailRepository(db *gorm.DB) EmailRepository {
    return &EmailDBRepository{
```

```go
        db: db,
    }
}
func (r *EmailDBRepository) Save(from string, to string, subject
string, message string) error {
    email := EmailModel{
        From: from,
        To:    to,
        Subject: subject,
        Message: message,
    }
    err := r.db.Create(&email).Error
    if err != nil {
        log.Println(err)
        return err
    }
    return nil
}
type EmailSender interface {
    Send(from string, to string, subject string, message string) error
}
type EmailSMTPSender struct {
    smtpHost     string
    smtpPassword string
    smtpPort     int
}
func NewEmailSender(smtpHost string, smtpPassword string, smtpPort
int) EmailSender {
    return &EmailSMTPSender{
        smtpHost: smtpHost,
        smtpPassword: smtpPassword,
        smtpPort: smtpPort,
    }
}
func (s *EmailSMTPSender) Send(from string, to string, subject string,
message string) error {
    server := fmt.Sprintf("%s:%d", s.smtpHost, s.smtpPort)
```

```
    auth := smtp.PlainAuth("", from, s.smtpPassword, server)
    err := smtp.SendMail(server, auth, from, []string{to},
[]byte(message))
    if err != nil {
        log.Println(err)
        return err
    }
    return nil
}
type EmailService struct {
    repository EmailRepository
    sender     EmailSender
}
func NewEmailService(repository EmailRepository, sender EmailSender)
*EmailService {
    return &EmailService{
        repository: repository,
        sender:     sender,
    }
}
func (s *EmailService) Send(from string, to string, subject string,
message string) error {
    err := s.repository.Save(from, to, subject, message)
    if err != nil {
        return err
    }
    return s.sender.Send(from, to, subject, message)
}
```

这里我们创建两个结构体：第一个结构体是EmailDBRepository，是EmailRepository接口的实现，包含对数据库中持久数据的支持；第二个结构体是EmailSMTPSender，仅负责通过 SMTP 发送邮件，是 EmailSender 接口的实现。EmailService 结构体包含上述接口，负责处理发送邮件的请求。EmailService 结构体并不直接处理电子邮件的存储或传输，而是委托给底层服务。通过委托机制，EmailService 结构体的职责被限制在邮件处理的协调和调度上，而具体的存储和传输实现由底层服务完成。这种设计遵循了单一职责原则，使得 EmailService 结构体的职责更加明确和专注。

应用单一职责原则显著提升了软件设计的质量。当系统中的每个组件仅承担单一职责时，系统会变得更具模块化。这种模块化不仅简化了调试和测试过程，还可以追溯到具体组件，从而更精准地定位问题。同时，这种设计因对某一功能的调整不会对其他功能产生意外影响，从而使更新和修改变得更加高效。

然而，实施单一职责原则也面临一定挑战。它需要精心规划和深思熟虑的设计，以确保职责的准确划分。保持平衡是关键：一方面，过于细化的组件可能导致类数量激增，从而增加管理开销并潜在地影响性能；另一方面，过于宽泛的组件则可能变得繁重且难以维护。因此，在实践中，合理应用单一职责原则可以实现有效的模块化，同时避免不必要的复杂性和冗余，是设计中的关键要点。

2.2　开放封闭原则

开放封闭原则（OCP）是软件设计中的一项重要原则，最早由 Bertrand Meyer 于 1988 年在《面向对象软件构造》一书中提出。该原则的核心思想：**软件实体（如类、模块、函数等）应对扩展开放，对修改封闭**。简单来说，当我们需要为软件系统添加新功能时，应通过扩展现有代码而非修改现有代码的方式。这种方法不仅有助于保持系统的稳定性，还能避免因修改已有代码引入新的错误。

遵循开放封闭原则的关键在于：在扩展功能时，不直接修改现有代码，而是通过引入新代码或新模块实现新需求。这种设计方式减少了对现有系统的影响，降低了引入错误的风险，有效提高了系统的稳定性、可靠性和可维护性。通过应用开放封闭原则，开发者可以更轻松地扩展软件系统，同时保持代码的清晰性和一致性。

在实际开发中，遵循开放封闭原则通常依赖于抽象和接口的运用。通过定义清晰的接口或抽象类，可以将系统的各部分解耦，使其相互独立。当需要引入新功能时，只需创建新的实现类或扩展现有的接口，而不必修改已有的代码。例如，通过定义接口和具体实现类，系统可以在不修改现有逻辑的情况下添加新的功能模块。这种设计既避免了对现有代码的直接修改，又提高了系统的可维护性和可扩展性，使软件系统更具灵活性和适用性。

2.2.1　未遵循开放封闭原则的代码示例

以支付系统为例，假设我们需要支持多种支付方式（如信用卡支付、微信支付等），并希望在不修改现有代码的情况下，方便地增加新的支付方式。以下是一个未遵循开放封闭原则的代码示例：

```
// 使用 PaymentService 结构体处理支付（不符合 OCP）
type PaymentService struct{
    method string
}
```

```go
func (pp *PaymentService) SetPaymentMethod(method string) {
    pp.method = method
}
func (pp *PaymentService) ProcessPayment(amount float64) error {
    switch pp.method {
    case "credit_card":
        // 处理信用卡支付
        return nil
    case "wechat":
        // 处理微信支付
        return nil
    default:
        return errors.New("unsupported payment method")
    }
}
func main() {
    ps := PaymentService{}
    // 信用卡支付
    ps.SetPaymentMethod("credit_card")
    ps.ProcessPayment(100.0)
    // 微信支付
    ps.SetPaymentMethod("wechat")
    ps.ProcessPayment(600.0)
}
```

在上述代码示例中，PaymentService 结构体的 ProcessPayment()方法涵盖了诸如信用卡支付、微信支付等多种常见支付方式的处理逻辑。倘若我们要新增一种支付方式，如支付宝支付、银联支付等，就不得不修改 ProcessPayment()方法，添加新的 case 语句。这种做法明显违背了开放封闭原则，因为每添加一种新的支付方式，都要对现有代码进行修改。这不仅可能影响到现有支付方式的正常运行，还会大幅增加测试成本和难度，稍有不慎就可能引入新的错误，破坏系统的稳定性。

2.2.2 遵循开放封闭原则的代码示例

接下来，我们深入探讨如何借助接口和抽象来优化这一设计，使之符合开放封闭原则：

```go
// 使用 PaymentMethod 接口定义支付方法
type PaymentMethod interface {
```

```
    Pay(amount float64) string
}
// CreditCard 支付方式 - 信用卡
type CreditCard struct {
    CardNumber string
}
// Pay()实现信用卡的支付方法
func (cc *CreditCard) Pay(amount float64) string {
    return fmt.Sprintf("Paid %.2f using credit card %s", amount,
cc.CardNumber)
}
// WeChat 支付方式 - 微信支付
type WeChat struct {
    Account string
}
// Pay()实现微信支付的支付方法
func (wc *WeChat) Pay(amount float64) string {
    return fmt.Sprintf("Paid %.2f using WeChat account %s", amount,
wc.Account)
}
// 使用 PaymentService 结构体处理支付
type PaymentService struct {
    method PaymentMethod
}
// 使用 SetPaymentMethod()方法设置支付方式
func (ps *PaymentService) SetPaymentMethod(method PaymentMethod) {
    ps.method = method
}
// 使用 ProcessPayment()方法处理支付
func (ps *PaymentService) ProcessPayment(amount float64) string {
    return ps.method.Pay(amount)
}
func main() {
    ps := PaymentService{}
    // 信用卡支付
    cc := &CreditCard{CardNumber: "123456"}
    ps.SetPaymentMethod(cc)
```

```
fmt.Println(ps.ProcessPayment(100.0))
// 微信支付
wc := &WeChat{Account: "wechatuser"}
ps.SetPaymentMethod(wc)
fmt.Println(ps.ProcessPayment(600.0))
}
```

在优化后的代码中：

- PaymentMethod 是一个接口，定义了支付方法的抽象行为。具体的支付方式（如 CreditCard 和 WeChat）需要实现这个接口，并提供各自的支付逻辑。
- PaymentService 结构体通过持有一个 PaymentMethod 接口的实例来处理支付请求。它与具体的支付方式无关，在处理支付请求时，通过调用接口中定义的方法来实现支付功能。
- 当需要添加新的支付方式时，只需创建新的实现类（如 Alipay），并实现 PaymentMethod 接口，而不需要修改 PaymentService 结构体的代码。

这种设计方式使得系统能够方便地扩展，而不需要修改现有代码，从而符合开放封闭原则。每当我们需要添加新的支付方式时，只需添加新的实现，而不必触及已经稳定的业务逻辑部分。这种方法提高了系统的可扩展性，减少了对现有代码的干扰，使得系统更加灵活且易于维护。

2.3 里氏替换原则

里氏替换原则是面向对象设计中的核心原则之一，由 Barbara Liskov 于 1987 年提出。该原则指出，**子类对象应能够替换其父类对象，并在父类对象可以出现的任何地方正常工作，而不会引发意外的行为或错误**。简单来说，子类必须严格保持父类的行为契约，不能改变其原有的功能和特性。

里氏替换原则的核心在于，子类可以在不影响父类预期行为的情况下替代父类对象。然而，要遵循这一原则，继承关系必须满足两个基本要求。

（1）契约一致性：子类必须遵循父类的行为契约，保证方法的预期行为和语义一致。子类不应破坏父类定义的行为预期，特别是在方法的输入输出和状态变化方面。

（2）行为不变性：在子类替换父类时，所有行为（包括方法的输入、输出和副作用）都应保持一致。这样可以确保替代操作不会引发功能异常或程序错误。

这两个基本要求是判断继承关系是否符合里氏替换原则的重要标准，同时能保证代码的稳定性与可靠性。

里氏替换原则要求子类能够在不影响程序正确性的情况下替换父类对象。换句话说，如果一个程序依赖于父类对象，则在使用子类对象时必须保证程序行为完全一致。接下来，通过一个简单的示例来阐明里氏替换原则的应用场景。

2.3.1　未遵循里氏替换原则的代码示例

假设我们有一个图形（Shape）接口，其中包含一个计算面积的方法。我们定义了矩形类（Rectangle）和正方形类（Square），它们都继承自图形接口。根据里氏替换原则，正方形应该能够替换矩形，并且在任何需要矩形的地方都能够正确工作。以下是一个未遵循里氏替换原则的代码示例：

```go
// Shape 接口
type Shape interface {
    Area() float64
}
// Rectangle 是一个矩形类
type Rectangle struct {
    width  float64
    height float64
}
// Area()方法用于计算矩形的面积
func (r *Rectangle) Area() float64 {
    return r.width * r.height
}
// Square 是一个正方形类
type Square struct {
    Side float64
}
// 错误实现，Square 未遵循里氏替换原则
func (s Square) Area() float64 {
    return s.Side * s.Side
}
```

在上述代码示例中，Square 结构体实现了 Shape 接口，但它的 Area()方法的实现逻辑与 Rectangle 结构体的 Area()方法的实现逻辑存在差异。这种差异表现在以下几个方面。

（1）属性和行为不一致：Rectangle 结构体和 Square 结构体都实现了 Shape 接口，但它们的行为不一致。对 Rectangle 结构体来说，Area()方法根据宽度和高度计算面积，而 Square 结构体则直接用边长计算面积。这种差异使得 Square 结构体无法直接

替代 Rectangle 结构体，不符合里氏替换原则。

（2）替换性问题：如果代码中有一个只考虑矩形特性（如根据宽度和高度计算面积）的函数，而 Square 结构体的实现方式与之不一致，那么 Square 结构体就无法正确替代 Rectangle 结构体。这种替换性的问题可能导致程序错误。

（3）破坏预期行为：当函数设计用于处理矩形时，如果它遇到 Square 结构体，则可能引发不一致的结果或错误。由于正方形的宽度和高度始终相等，因此这种约束未在函数设计中考虑。

2.3.2　遵循里氏替换原则的代码示例

为了修复这个问题，我们可以重新设计类的结构，使用组合而非继承，使得子类能够在不破坏父类行为的情况下替代父类。以下是一个遵循里氏替换原则的代码示例：

```go
package main
import "fmt"
// Shape 是形状接口
type Shape interface {
    Area() float64
}
// Rectangle 是矩形类
type Rectangle struct {
    width  float64
    height float64
}
// NewRectangle()方法用于创建矩形实例
func NewRectangle(width, height float64) *Rectangle {
    return &Rectangle{width: width, height: height}
}
// Area()方法用于计算矩形的面积
func (r *Rectangle) Area() float64 {
    return r.width * r.height
}
// Square 是正方形类，通过组合 Rectangle 实例实现
type Square struct {
    Rectangle
}
// NewSquare()方法用于创建正方形实例
```

```
func NewSquare(side float64) Square {
    return Square{Rectangle{Width: side, Height: side}}
}
// Area()方法用于计算正方形的面积
func (s *Square) Area() int {
    return s.side * s.side
}
// PrintShape()方法用于打印形状的面积
func PrintShape(s Shape) {
    fmt.Printf("Area: %d\n", s.Area())
}
func main() {
    rect := NewRectangle(4, 5)
    sq := NewSquare(4)
    PrintShape(rect) // 打印矩形的面积
    PrintShape(sq)   // 打印正方形的面积
}
```

在改进后的代码示例中，Square 结构体通过组合 Rectangle 实例相关功能来实现 Shape 接口。Square 结构体持有 Rectangle 实例，并在自身的方法中调用 Rectangle 实例的部分方法，以复用面积计算等相关逻辑。这种方式不是继承行为，而是通过功能组合，使得 Square 结构体在部分功能上与 Rectangle 实例保持行为一致性，从而在一些特定场景下可以替代 Rectangle 实例。不过需要注意的是，若要完全遵循里氏替换原则，则需要进一步对类的设计和方法逻辑进行优化，避免因 Square 结构体和 Rectangle 实例在属性约束（如边长与宽高关系）上的本质差异，导致在某些依赖 Rectangle 实例特定属性变化逻辑的场景下出现替代错误。只有经过更完善的设计，才能确保既遵循里氏替换原则，又保持程序的正确性和可维护性。

2.4　接口隔离原则

接口隔离原则是面向对象设计中的一项关键原则，由 Robert C. Martin 在《敏捷软件开发：原则、模式和实践》一书中提出。接口隔离原则的核心思想为：**客户端不应该依赖其不需要的接口**。换句话说，类应该仅依赖自身所需的接口，而不应该被迫依赖那些不需要的接口。

接口隔离原则包含以下要点。

（1）接口的专一性：一个接口应该只承担单一的责任，避免将多个不相关的功能合并到同一个接口中。与其使用一个庞大复杂的接口，不如设计多个更小、更专一的接口。

（2）减少不必要的依赖：实现某个接口的类不应被强制要求实现它不需要的方法，从而避免冗余依赖。这使得类之间的耦合度降低，系统灵活性提高。

（3）接口的粒度平衡：接口的粒度需要合理。如果接口定义过于细化，则可能导致接口数量过多，设计复杂性增加；如果接口过于庞大，则会降低灵活性，导致无法针对特定需求进行定制，进而增加项目风险。

接口隔离原则与单一职责原则看似相似，但它们关注的领域有所不同，具体如下。

从原则约束来看，单一职责原则针对的是模块、类、接口的设计。它要求一个模块、类、接口仅承担一项职责，只有一个引起它变化的原因。而接口隔离原则则是针对接口的设计，要求接口的设计尽量小，只提供客户端需要的方法，属于接口层面的原则。

从接口的细化程度来看，接口隔离原则强调接口细化到客户端所需程度，避免过度或不恰当的聚合；而单一职责原则从更宽泛的角度要求模块、类、接口职责单一。两者在接口细化方面的侧重点不同，不能简单判定单一职责原则对接口划分更精细。

从应用的角度来看，单一职责原则更多关注业务功能的划分，而接口隔离原则则主要关注架构设计，通过简化接口设计，确保系统的高内聚与松耦合。

实现接口隔离原则的关键在于，设计小而专一的接口，确保类只依赖它们实际需要的功能。实施接口隔离原则的步骤和方法如下。

（1）识别接口的职责：在设计接口时，首先识别接口的职责，确保每个接口只包含与其职责相关的方法。

（2）拆分大型接口：将大型接口拆分为多个更小、更专注的接口。每个接口聚焦于一个特定功能领域，仅包含实现该功能所需的方法，剔除无关功能。

（3）实现精细化接口：类应仅实现它实际需要的方法，避免实现不相关的功能，从而降低系统耦合度，增加灵活性。

2.4.1 未遵循接口隔离原则的代码示例

假设我们正在设计一个设备接口 Device，该接口包含打印和扫描功能。以下代码示例未遵循接口隔离原则，因为某些设备可能只需打印功能而不需扫描功能，然而它们都被迫实现完整的接口。

```go
package main
import "fmt"
// Device 是一个不符合接口隔离原则的接口
type Device interface {
    Print()
```

```
    Scan()
}
// AdvancedPrinter （高级打印机）实现了 Device 接口，支持打印和扫描
type AdvancedPrinter struct{}
func (a *AdvancedPrinter) Print() {
    fmt.Println("Printing...")
}
func (a *AdvancedPrinter) Scan() {
    fmt.Println("Scanning...")
}
// SimplePrinter （简单打印机）实现了 Device 接口，但只支持打印
type SimplePrinter struct{}
func (s *SimplePrinter) Print() {
    fmt.Println("Printing...")
}
// Scan()是一个不必要的方法实现
func (s *SimplePrinter) Scan() {
    fmt.Println("Scan method not supported!")
}
func main() {
    var device Device
    device = &AdvancedPrinter{}
    device.Print() // 输出: Printing...
    device.Scan()  // 输出: Scanning...
    device = &SimplePrinter{}
    device.Print() // 输出: Printing...
    device.Scan()  // 输出: Scan method not supported!
}
```

在上述代码示例中，Device 接口包含 Print()和 Scan()两个方法，但 SimplePrinter
只支持 Print()方法，因此 Scan()方法是不必要的。这不符合接口隔离原则，因为
SimplePrinter 被迫实现了不需要的方法。

2.4.2　遵循接口隔离原则的代码示例

为了遵循接口隔离原则，我们可以将 Device 接口拆分为两个更小的接口，分别
包含 Print()和 Scan()方法。这样一来，不同的设备只需实现其所需要的功能即可。重
构后的代码示例如下：

```go
package main
import "fmt"
// Printer 是一个专注于打印的接口
type Printer interface {
    Print()
}
// Scanner 是一个专注于扫描的接口
type Scanner interface {
    Scan()
}
// AdvancedPrinter 实现了 Printer 和 Scanner 接口
type AdvancedPrinter struct{}
func (m *AdvancedPrinter) Print() {
    fmt.Println("Printing...")
}
func (m *AdvancedPrinter) Scan() {
    fmt.Println("Scanning...")
}
// SimplePrinter 只实现了 Printer 接口
type SimplePrinter struct{}
func (s *SimplePrinter) Print() {
    fmt.Println("Printing...")
}
func main() {
    var printer Printer
    var scanner Scanner
    printer = &AdvancedPrinter{}
    printer.Print() // 输出: Printing...
    scanner = &AdvancedPrinter{}
    scanner.Scan()  // 输出: Scanning...
    printer = &SimplePrinter{}
    printer.Print() // 输出: Printing...
}
```

在重构后的代码示例中，我们将 Device 接口拆分为 Printer 和 Scanner 两个接口，分别包含 Print()方法和 Scan()方法。这样一来，SimplePrinter 实例只需实现 Printer 接口，而 AdvancedPrinter 实例则需要同时实现 Printer 和 Scanner 接口。这个设计遵循接口隔离原则，确保每个类只实现它真正需要的方法，从而避免不必要的依赖和耦合。

2.5 依赖倒置原则

依赖倒置原则是软件设计中的重要原则之一，由 Robert C. Martin 在《敏捷软件开发：原则、模式与实践》一书中提出。其核心思想为：**高层模块不应依赖于低层模块，两者都应依赖于抽象；抽象不应依赖于细节，细节应依赖于抽象。**

在软件设计领域，"依赖"是指模块 A 对模块 B 的功能存在调用关系，即模块 A 依赖于模块 B。在通常情况下，软件系统中的模块可以划分为高层模块与低层模块两个层次。其中，低层模块主要承担数据存取、网络通信等基础操作；高层模块则用于封装复杂的业务逻辑和应用功能，并且需要依赖低层模块提供的服务或数据来实现自身功能。

依赖倒置原则强调面向接口编程，开发者通过这种方式实现系统各部分的解耦，进而显著提高系统的灵活性和可维护性。具体来说，依赖倒置原则认为：接口或抽象类相比具体实现，具有更高的稳定性。一个系统若建立在抽象之上，则其整体架构会更稳健、更长久；若过度依赖具体实现细节，则系统的稳定性和可维护性会大打折扣。

在实际应用中，借助接口或抽象类，依赖倒置原则能够在高层模块和低层模块间构建起有效的隔离层，使模块间的依赖关系更为松散。具体来说，高层模块不再直接依赖低层模块，而是依赖于接口或抽象类；低层模块则负责实现接口或抽象类。这样一来，具体实现的变动不会对高层模块产生直接影响，从而确保系统具备良好的扩展性和灵活性。

在传统的结构化设计中，高层模块往往直接依赖低层模块的具体实现。例如，高层模块会直接调用低层模块的具体方法，以获取数据或执行操作。这种设计虽然在一定程度上简化了开发流程，但存在明显弊端。一旦低层模块发生变动，高层模块将不可避免地受到影响，进而导致整个系统稳定性下降，扩展难度增大。因此，更为理想的设计方案是通过接口或抽象类实现高层模块与低层模块的解耦，使高层模块摆脱对低层模块实现细节的直接依赖。

在面向对象设计中，优化依赖关系的关键在于管理高层模块与低层模块之间的交互逻辑。高层模块通常需要利用低层模块提供的服务，这种依赖关系不可避免。面向对象设计中主要存在两种依赖关系模式，具体如下。

- 具体耦合：高层模块直接依赖于低层模块的具体类（而非接口或抽象类），如直接调用具体类的方法。在这种关系中，高层模块通过直接调用低层模块的具体方法，可以提高两者的耦合度，降低系统的灵活性和可维护性。
- 抽象耦合：高层模块依赖于接口或抽象类，低层模块负责实现该接口。在这种设计中，高层模块并不直接依赖于低层模块的具体实现，而是通过接口或抽象类与低层模块交互，从而解耦高层模块和低层模块的直接依赖。

当高层模块直接调用低层模块具体类的方法时，就形成了具体耦合关系。在这种情况下，高层模块直接依赖于低层模块，这种紧耦合的设计可能导致系统难以扩展和维护。然而，通过引入抽象耦合，我们可以在高层模块和低层模块之间定义一个接口或抽象类。高层模块通过该接口调用方法，而低层模块则实现接口。这种设计将高层模块对低层模块具体类的直接依赖转换为对接口或抽象类的依赖，从而实现"抽象不应依赖于细节，细节应依赖于抽象"的原则。

2.5.1 未遵循依赖倒置原则的代码示例

在下面的代码示例中，展示了未遵循依赖倒置原则的传统调用方法：

```go
package main
import "fmt"
// MySQLDatabase 是低层模块，负责与 MySQL 数据库交互
type MySQLDatabase struct{}
// Query()方法用于执行查询
func (db *MySQLDatabase) Query(query string) {
    fmt.Println("Executing query on MySQL:", query)
}
// UserService 是高层模块，依赖于 MySQLDatabase
type UserService struct {
    db *MySQLDatabase
}
// NewUserService()方法用于创建新的 UserService
func NewUserService(db *MySQLDatabase) *UserService {
    return &UserService{db: db}
}
// GetUser()方法用于执行查询操作
func (s *UserService) GetUser(id int) {
    query := fmt.Sprintf("SELECT * FROM users WHERE id = %d", id)
    s.db.Query(query)
}
func main() {
    db := &MySQLDatabase{}
    userService := NewUserService(db)
    userService.GetUser(1)
}
```

在上述代码示例中存在如下问题。

- 紧耦合：UserService 直接依赖于 MySQLDatabase。在需要更换数据库（如从 MySQL 切换到 PostgreSQL）时，必须对 UserService 的代码进行修改，这无疑增加了系统的维护成本。
- 难以扩展：如果系统后续需要支持更多类型的数据库（如 MongoDB 等），则需要按照当前设计修改现有代码。这种情况明显违反了开放封闭原则（OCP），无法做到扩展时不修改现有代码。

2.5.2 遵循依赖倒置原则的代码示例

以下是一个通过引入接口或抽象类进行改进的遵循依赖倒置原则的代码示例：

```go
package main
import "fmt"
// Database 是一个接口
type Database interface {
    Query(query string)
}
// MySQLDatabase 是低层模块，具体实现 Database 接口
type MySQLDatabase struct{}
// Query()方法用于执行查询
func (db *MySQLDatabase) Query(query string) {
    fmt.Println("Executing query on MySQL:", query)
}
// PostgreSQLDatabase 是另一种数据库实现，具体实现 Database 接口
type PostgreSQLDatabase struct{}
// Query()方法用于执行查询
func (db *PostgreSQLDatabase) Query(query string) {
    fmt.Println("Executing query on PostgreSQL:", query)
}
// UserService 是高层模块，依赖于 Database 抽象
type UserService struct {
    db Database
}
// NewUserService()方法用于创建新的 UserService
func NewUserService(db Database) *UserService {
    return &UserService{db: db}
}
```

```
// GetUser()方法用于执行查询操作
func (s *UserService) GetUser(id int) {
    query := fmt.Sprintf("SELECT * FROM users WHERE id = %d", id)
    s.db.Query(query)
}
func main() {
    var db Database
    // 使用 MySQL 数据库
    db = &MySQLDatabase{}
    userService := NewUserService(db)
    userService.GetUser(1)
    // 使用 PostgreSQL 数据库
    db = &PostgreSQLDatabase{}
    userService = NewUserService(db)
    userService.GetUser(2)
}
```

在改进后的代码示例中，我们通过引入 Database 接口，使得 MySQLDatabase 和 PostgreSQLDatabase 分别实现该接口。UserService 不再直接依赖具体的数据库实现，而是依赖抽象的 Database 接口。这样的设计让 UserService 能够与任何实现 Database 接口的类协同工作，极大提高了系统在扩展和维护时的灵活性。同时，MySQLDatabase 和 PostgreSQLDatabase 等具体实现类也依赖于该接口或抽象类，完全符合依赖倒置原则的要求。

依赖倒置原则的核心在于，构建类之间的关系应以接口或抽象类为基础，而非基于具体类。该原则将原有的错误依赖关系进行"倒转"，使得具体实现类依赖接口或抽象类，而不是高层模块直接依赖低层模块的具体类。这种"倒转"使得系统结构更具弹性，有效降低了模块间的耦合度。

依赖倒置原则给予开发者重要启发：在软件开发过程中，应坚持面向接口编程，而非面向实现编程。也就是说，当使用某个功能时，应依赖定义该功能的接口，而非具体的实现类。这种编程方式可以提高系统的可扩展性与灵活性，让后续的系统修改和功能扩展更为便捷。

2.6 迪米特法则

迪米特法则也被称为最少知识原则（Principle of Least Knowledge, PLK），是软件设计中的关键原则之一。迪米特法则由美国计算机科学家 Ian Holland 于 1987 年提出，其核心思想为：一个对象应当尽可能少地了解其他对象的内部实现，即一个

类应只了解其直接交互的对象，而对这些对象的实现细节保持最小认知。

迪米特法则旨在降低类之间的耦合度，进而提高系统的稳定性和可维护性。它强调通过减少对象之间的依赖，提高系统的模块化程度与可维护性。遵循该法则可以使系统的结构更为清晰，减少因模块间过度依赖引发的错误，并有助于在系统需要修改时有效降低影响范围。

对于编码设计是否遵循了迪米特法则，我们通常可以使用一段经典的描述来判断，该描述为"只和朋友通信，不和陌生人说话"。"朋友"和"陌生人"是解释对象交互关系的重要概念，帮助我们理解并应用迪米特法则，以降低系统的耦合度。

"朋友"指对象直接依赖和交互的对象。根据迪米特法则，一个对象只应与"朋友"交互。这些"朋友"包括以下内容。

（1）该对象自身的方法：对象可自由访问自身的所有数据和功能。

（2）直接持有的对象：作为本对象成员变量的其他对象，本对象可以直接调用其公开方法。

（3）作为参数传递进来的对象：对象方法中接收的参数对象，可以调用其公开方法，但应避免过度了解其内部实现。

（4）方法的返回值对象：方法返回的对象，可调用其公开方法。

"陌生人"指对象未直接依赖或交互的对象。按照迪米特法则，对象不应直接与"陌生人"交互。这些"陌生人"包括以下内容。

（1）对象的深层次成员：不应直接访问对象内部的其他成员或对象的内部状态。

（2）链式调用：不应通过多个对象链式调用方法。例如，在调用 object1.GetObject2().GetObject3().DoSomething()时，这种调用方式使得 object1 需要了解 Object2 和 Object3 的内部实现，从而提高模块的耦合度。

（3）不必要的外部方法：不应调用外部对象中与当前功能无关的方法或状态。

应用迪米特法则能够有效降低系统的耦合度，提高模块化程度和可维护性。要想有效地应用这一法则，可以遵循以下步骤。

（1）识别并定义类结构。明确对象间的交互关系，确定各对象的直接依赖对象，以及所需的功能和数据。

（2）在类结构设计上，每个类都应尽量降低成员变量和成员函数的访问权限。

（3）为对象定义清晰的接口。这些接口应仅暴露必要的公共方法，避免暴露对象的内部状态或细节。

（4）减少对象间的直接依赖关系。在设计系统时，尽量减少对象之间的直接依赖关系，如避免对象间的链式调用。

2.6.1　未遵循迪米特法则的代码示例

下面通过一个简单的订单管理系统案例，详细展示未遵循迪米特法则的代码实现。

```go
// customer/customer.go:
package customer
// Customer 代表客户
type Customer struct {
    Name string
}
// NewCustomer()方法用于创建新的客户
func NewCustomer(name string) *Customer {
    return &Customer{Name: name}
}
// product/product.go:
package product
// Product 代表产品
type Product struct {
    Name  string
    Price float64
}
// NewProduct()方法用于创建新的产品
func NewProduct(name string, price float64) *Product {
    return &Product{Name: name, Price: price}
}
// order/order.go:
package order
import (
    "fmt"
    "example.com/customer"
    "example.com/product"
)
// Order 代表订单
type Order struct {
    customer *customer.Customer
    product  *product.Product
    quantity int
```

```
}
// NewOrder()方法用于创建新的订单
func NewOrder(c *customer.Customer, p *product.Product, qty int)
*Order {
    return &Order{customer: c, product: p, quantity: qty}
}
// GetOrderSummary 用于获取订单摘要
func (o *Order) GetOrderSummary() string {
    // 违反迪米特法则：直接访问 Customer 和 Product 的内部字段
    return fmt.Sprintf("Customer: %s, Product: %s, Total Price: %.2f",
        o.customer.Name, o.product.Name,
o.product.Price*float64(o.quantity))
}
// main.go
package main
import (
    "fmt"
    "example.com/customer"
    "example.com/product"
    "example.com/order"
)
func main() {
    c := customer.NewCustomer("Alice")
    p := product.NewProduct("Laptop", 999.99)
    o := order.NewOrder(c, p, 1)
    fmt.Println(o.GetOrderSummary())
}
```

在上述代码示例中存在如下问题：Order 直接访问了 Customer 的 Name 字段和
Product 的 Price 字段。Order 需要了解 Customer 和 Product 的内部实现，从而提高耦
合度。如果 Customer 或 Product 的内部实现发生变化，则可能需要修改 Order 类的
代码，从而降低系统的可维护性。

2.6.2 遵循迪米特法则的代码示例

在优化代码时，我们可以通过 Go 语言的包结构和未导出的字段（小写字母开
头）来遵循迪米特法则。通过这种方式，Order 只与 Customer 和 Product 的公开接口
进行交互，而不直接访问它们的内部字段。优化后的代码示例如下：

```go
// customer/customer.go:
package customer
// Customer 代表客户
type Customer struct {
    name string
}
// NewCustomer()方法用于创建新的客户
func NewCustomer(name string) *Customer {
    return &Customer{name: name}
}
// GetName()方法用于返回客户的名字
func (c *Customer) GetName() string {
    return c.name
}
// product/product.go:
package product
// Product 代表产品
type Product struct {
    name  string
    price float64
}
// NewProduct()方法用于创建新的产品
func NewProduct(name string, price float64) *Product {
    return &Product{name: name, price: price}
}
// GetPrice()方法用于返回产品的价格
func (p *Product) GetPrice() float64 {
    return p.price
}
// order/order.go:
package order
import (
    "fmt"
    "example.com/customer"
    "example.com/product"
)
// Order 代表订单
```

```go
type Order struct {
    customer *customer.Customer
    product  *product.Product
    quantity int
}
// NewOrder()方法用于创建新的订单
func NewOrder(c *customer.Customer, p *product.Product, qty int)
*Order {
    return &Order{customer: c, product: p, quantity: qty}
}
// GetOrderSummary()方法用于获取订单摘要
func (o *Order) GetOrderSummary() string {
    return fmt.Sprintf("Customer: %s, Product: %s, Total Price: %.2f",
        o.customer.GetName(),
o.product.GetPrice()*float64(o.quantity))
}
// main.go
package main
import (
    "fmt"
    "example.com/customer"
    "example.com/product"
    "example.com/order"
)
func main() {
    c := customer.NewCustomer("Alice")
    p := product.NewProduct("Laptop", 999.99)
    o := order.NewOrder(c, p, 1)
    fmt.Println(o.GetOrderSummary())
}
```

在优化后的代码中，Order 仅通过 Customer 和 Product 的公开方法 GetName()和 GetPrice()进行交互，从而避免直接访问 Customer 和 Product 的内部字段，如 name 和 price。这种设计可以减少 Order 对 Customer 和 Product 内部实现的依赖，以便更好地符合迪米特法则，进而降低系统的耦合度。

然而，过度应用迪米特法则可能导致系统中出现大量的中介类，从而提高系统的复杂性，降低模块之间的通信效率。因此，在使用迪米特法则时，需要在高内聚和松耦合之间找到平衡，以确保系统结构既清晰又高效。

2.7 设计原则并非教条

设计原则并非软件开发的最终目标，而是实现高质量软件系统的方法论。构建可维护、可扩展的系统才是我们的核心追求，而有效管理复杂性是实现这一目标的关键。因此，在应用设计原则时，需要始终围绕这一核心目标展开。

在应用某一设计原则时，应深入理解其背后的动机。换句话说，唯有明晰原则的应用缘由，方可合理运用，切忌盲目套用。盲目应用设计原则，不仅可能徒增不必要的工作量，还可能背离原则的初衷。

过度使用设计原则可能引发一系列问题，对系统的可维护性、开发效率和性能等方面产生负面影响，具体如下。

首先，过度工程化是一个常见问题。当设计原则被过度应用时，会使代码结构变得过于复杂，不仅难以理解，还会降低系统的可维护性。实际上，在许多场景下，简单直接的解决方案反而更高效，也更便于团队管理。

其次，误用设计原则是不容忽视的问题。设计原则并非适用于所有场景的通用解决方案，需要根据具体需求灵活运用。以单一职责原则为例，该原则主张一个类仅承担一项功能，但在实际开发中，某些类可能需要承担多个相关职责。严格遵循此原则可能导致类数量激增、功能划分过细，使系统结构混乱且维护烦琐，进而增加开发难度与维护成本。

再次，增加认知负担是另一个潜在的风险。设计原则和设计模式（如工厂模式、策略模式等）虽然能提高系统的灵活性，但是也可能使代码更加复杂，加大新加入的开发者理解系统设计和业务逻辑的难度。团队成员可能需要花费大量时间掌握这些模式，而这在简单业务场景中并非必要。

最后，性能问题也不能忽视。某些涉及抽象和灵活性的设计原则可能带来额外的性能开销。例如，接口隔离原则通过细分接口使得系统更具灵活性，但这可能引入更多的接口调用、动态代理等操作，从而在运行时造成性能损耗。特别是对高性能要求的系统，过多的抽象层可能影响响应时间和系统吞吐量。

2.8 小结

本章详细介绍了软件设计中的六大核心设计原则：单一职责原则、开放封闭原则、里氏替换原则、接口隔离原则、依赖倒置原则和迪米特法则。这些原则为开发者构建高质量、可维护、可扩展的软件系统提供了重要指导，能够有效提高系统的可读性、可维护性及可扩展性。然而，设计原则并非放之四海而皆准的真理，在实际应用中，开发者需要结合项目的具体需求、团队的技术能力及系统的性能要求，灵活运用这些原则。同时，开发者应避免过度应用或误用设计原则，防止出现过度工程化、场景匹配错误、认知负担增加等问题。

下一章将聚焦编程规范的相关内容，涵盖命名规则、注释规范、代码格式规范等。通过制定并遵循统一的编程规范，开发者不仅能显著提高代码的可读性与可维护性，还能减少因编码风格差异引发的潜在错误。统一的编程规范有助于提高团队协作效率，确保团队成员能够快速理解和修改彼此代码，为构建高质量软件系统筑牢基础。

第3章　遵守编程规范

无规矩，不成方圆。

——《荀子·礼论》

在软件开发领域，编程规范（又称编码标准、编码风格指南）是不可或缺的基础性规则。它涉及源代码存储方式、命名规则、代码格式、异常处理和线程管理等多个方面，贯穿代码的每个细节。编程规范不仅为开发者提供清晰指引，还能确保代码库的一致性、可读性与高质量。遵循良好的编程规范可以有效减少潜在错误，提高团队协作效率，并为后续的代码维护和扩展奠定坚实的基础。

本章将深入探讨编程规范的重要性，系统介绍常见的规范类型，详细阐述制定合理编程规范的方法，并提供一些实用的建议，帮助团队在实际项目中有效落实这些规范。通过理解和应用编程规范，开发团队不仅能提升代码质量，还能构建更加高效、和谐的工作环境。

3.1　编程规范的多维内涵

编程规范是指在软件开发过程中，针对编码风格、组织结构、命名方式、文档注释等方面制定的统一规则和约定。这些规则和约定帮助开发者在编码过程中保持一致性，确保代码整洁、可读。编程规范的范畴不仅包含代码的格式化（如缩进、空格、换行等），还包含编程实践原则（如模块化编码方式、函数单一职责实现）、命名规则（如变量、函数、类名的命名规则）、注释标准、错误处理机制等多个层面。统一的编程规范旨在通过清晰明确的标准化流程，确保团队成员编码风格一致，使代码更具可读性与可维护性，能有效减少因风格差异引发的潜在错误，延缓技术债务的积累。

编程规范并非单纯的"硬性规定"，更是一种开发理念，其核心在于通过标准化开发流程提高开发效率、减少错误、保障代码质量。遵循统一的编程规范，团队能够确保不同开发者的代码在风格和结构上保持一致，避免因个人风格差异而导致混乱。尤其在大型项目或多人协作开发中，编程规范的重要性更为凸显。统一的编程规范有助于降低团队成员之间的沟通成本，减少潜在的理解歧义，提高协作效率。开发者遵循编程规范，可以将更多精力聚焦于功能实现，而不需要耗费过多精力理解和适应其他开发者的编码风格。

反之，缺乏统一的编程规范可能使代码库陷入杂乱无序的状态。不同开发者的编码风格差异会导致代码理解难度增大、可维护性降低，进而加大后续扩展和修改的复杂度。代码库的可读性差，容易导致团队成员在调试、优化或协作过程中产生误解与冲突，甚至引发系统性错误。特别是当项目规模扩大、团队成员构成多样化时，缺少统一规范的项目将面临诸多不可预见的风险。因此，规范化的编程标准不仅能提高代码质量，还能确保软件项目的长期可维护性，减缓技术债务积累速度，为项目的可持续发展奠定坚实的基础。

3.2　编程规范的重要性

在软件开发的整个生命周期中，据统计约 80%的时间都用于维护工作。而在实际情况中，很少有软件能始终由最初的开发者维护。开发者通常会接手已存在一段时间的旧代码。如何高效处理这些代码，直接影响开发者的工作效率与满意度。如果代码的质量低下，逻辑混乱，修改后频繁出现不可预测的 bug，则会让开发者的工作效率和满意度都大打折扣。其主要原因通常是缺乏有效的编程规范。

因此，严格实施编程规范可以显著提高代码质量和可维护性。规范化的代码结构和统一的编码风格，使新加入的开发者能够更快速地理解和适应现有的代码库，降低理解难度和学习成本，减轻认知负担。良好的编程规范还能降低 bug 的产生率，增强代码稳定性和可靠性。团队在项目初期制定并严格执行编程规范，不仅能提高代码质量，还能建立高效的工作流程，确保软件在后期的可维护性和可扩展性。如此一来，开发者在处理旧代码时会更容易进行修改和调试，从而提高工作效率和满意度。

编程规范的重要性不仅体现在提高开发效率和代码质量上，还延伸至团队协作、技术传承、代码可扩展性等多个方面。随着项目的推进，尤其是在代码量增大、功能日趋复杂时，编程规范的作用愈发显著。它不仅能帮助开发者顺利进行代码维护和扩展，还能在团队内部建立高效的协作模式，避免因编码风格不一致而导致的技术债务积累。

编程规范的重要性主要体现在以下几个方面。

1. 维护代码库的一致性

统一的编码风格能够保持代码库整洁，避免因开发者风格差异导致的混乱和碎片化。规范化的代码结构使代码更易理解，便于团队成员间的协作和交接，确保代码整体结构清晰一致。基于统一规范的编码风格，团队成员能够快速适应彼此的编码习惯，节省时间和精力，减少理解偏差。

对于大型项目，代码库的一致性尤为重要。随着时间的推移，团队成员的变动和代码量的增加，让不同开发者在编写代码时存在风格差异。如果缺乏统一的编程规范，代码库将变得越来越杂乱无章，团队成员在查找和修改代码时会面临困难。统一规范可以消除这种不一致性，大幅度提升代码的可维护性和可读性。

2. 提高代码质量

编程规范为开发团队提供明确的开发标准和实践指引，有助于团队及早发现潜在问题，减少后期的修复工作。这种标准化使开发者更容易识别并解决代码中的问题，提高代码的质量和开发效率。遵循统一编程规范能让开发者在编写代码时具有清晰的方向，减少错误和重复工作。

高质量的代码不仅能提高开发效率，还能减少长期维护过程中的 bug 数量，降低问题发生率。当团队成员遵循统一的编程规范时，代码中的重复性错误和不必要的复杂度将显著减少，程序也变得更加健壮。例如，遵循软件设计原则（详见第 2 章）能够确保代码设计结构良好，而遵循命名规则则能避免混淆和歧义。落实这些规范最终可以帮助团队降低生产环境缺陷率，提高代码的稳定性。

3. 增强团队协作效率

当团队成员都遵循统一的编程规范时，代码审查、讨论和调整将更加高效。成员间能够快速理解彼此的代码，避免因风格差异产生误解和沟通障碍。编程规范使团队成员协作更紧密、协调，从而提高团队整体的工作效率。

团队中每位成员的工作可能在多个模块之间交织。若开发者采用不同的编码风格或未遵循编程规范，则会使其他团队成员在理解代码时面临困难，导致频繁返工和无效沟通，浪费时间并可能延误项目进度、降低开发效率。通过统一团队编码风格，团队成员可以快速领会其他开发者的意图，减少因风格差异而造成的理解偏差，从而提高整体工作效率。

4. 对齐行业最佳实践

编程规范通常参考行业最佳实践和公认的编码标准，从而确保代码符合最新的技术趋势和发展方向。这不仅能帮助团队避免重复劳动，还能确保代码与行业标准保持一致，增强代码的现代性和竞争力。团队通过遵循编程规范跟随行业变化，确保代码库始终紧跟技术的前沿。

采用行业最佳实践不仅能提高代码质量，还能确保团队的代码实现始终符合当下的技术潮流。例如，随着微服务架构的兴起，行业对代码的模块化组织和接口定义提出了更高要求，相应的编程规范已成为共识。这些规范不仅能提高系统的可扩展性，还能帮助团队快速响应变化需求，增强项目的市场竞争力。此外，遵循最佳实践可以有效降低开发成本，避免不必要的技术债务。

总体来说，编程规范的核心作用在于保障代码的一致性和可维护性。通过标准化的编程实践，团队可以在提高开发效率的同时，保证代码质量的稳定性。这不仅有助于团队成员之间的协作，还为软件的长期维护和扩展奠定坚实的基础。随着团队和项目的发展，规范化的代码将成为提高团队效率、降低技术债务和增强项目可扩展性的关键要素。

3.3 编程规范核心要素解析

编程规范是保障代码质量、可读性、可维护性和团队协作效率的重要工具。它涵盖多个方面的内容，适用于项目设计、实现到维护的各个阶段。良好的编程规范可以帮助团队避免混乱、减少错误，并确保代码在长期维护和扩展中保持稳定。虽然不同编程语言和组织可能有不同的规范，但很多核心内容具有通用性，以下是编程规范通常涉及的关键方面。

1. 命名规则

命名是编程的基础环节，直接影响代码的可读性和可维护性。命名应具备描述性和一致性，能够清晰表达变量、函数、类和模块的功能和用途。命名规则应遵循相应语言或框架的标准。例如，使用 CamelCase 命名变量和函数，使用 PascalCase 命名类和接口，或者使用 snake_case 命名文件和目录。避免使用单字母变量名或过度简化的缩写，防止代码理解困难或产生歧义。良好的命名应准确反映变量的含义及其在程序中的作用，避免仅凭上下文猜测。

同时，命名规则还应保持一致性。无论是同一个模块内的命名，还是跨模块的命名，都应遵循统一规则。如果在一个项目中不同的开发者采用了不同的命名风格，则会导致代码变得难以理解和维护。因此，编程团队应在项目初期明确命名规则，并通过定期代码审查确保规范得以执行。

2. 代码结构与组织

代码的结构与组织方式决定其可读性和可维护性。优质的代码结构需要清晰划分功能模块，确保每个类、函数或模块具有高内聚和低耦合的特性。单一功能模块应仅实现单一的职责，避免出现过大的类或函数。大部分编程语言都支持模块化和面向对象的编程，开发者应充分利用这些特性，将代码拆分为小的、可复用的部分。在模块导入方面，避免使用通配符导入（如 import *），而应明确列出所需的具体模块或函数，以减少命名冲突，提高代码可读性。

代码的格式化和缩进也是结构化的重要部分。统一的格式和缩进风格能够使代码的层级关系更加清晰，便于开发者快速理解代码的逻辑结构。团队应统一缩进风格，通常使用 2 个或 4 个空格进行缩进，并将每行代码的长度控制在合理范围内（例如，80 或 120 个字符）。此外，代码中的大括号"{}"和圆括号"()"的使用应保持格式一致，以增强代码的可读性和一致性。

3. 代码注释和文档

注释和文档是软件开发的重要组成部分，有助于开发者理解复杂的逻辑和代码背后的设计思路。优质注释应阐明代码的设计目的、使用场景和潜在边界情况，对复杂逻辑的实现细节进行重点说明。注释应尽量简洁、明了，避免赘述和冗余。特别是在函数和类的实现中，注释应清楚说明函数的输入、输出、功能，以及任何可能的异常情况。对于复杂的逻辑业务规则，注释应详细解释其背后的设计思路和处理流程。

除了代码注释，文档也是非常重要的一环。项目文档应涵盖架构设计、模块功能和关键代码等内容，帮助新加入的团队成员快速了解项目背景和技术细节，也便于团队成员在修改或扩展代码时参考已有的设计决策。文档可以包含系统架构、模块依赖关系、函数调用流程说明，以及典型的使用案例和最佳实践。

4. 异常/错误处理

异常/错误处理是保障系统稳定性的关键环节。合理的错误处理机制可以帮助开发者在系统出现异常时快速定位和解决问题，防止系统崩溃或异常状态扩散。在代码中，应通过合适的机制（如异常处理框架、错误码或状态码）捕获和处理错误。开发者需要根据项目需求选择合适的异常处理模式。例如，使用 try-catch 语句捕获异常，并结合日志框架记录详细的错误信息（如堆栈跟踪、时间戳等），以便后续调试和问题定位。

除了捕获错误，开发者还应设计合理的错误处理逻辑。当无法处理异常时，系统应向用户反馈友好的错误提示，帮助用户了解错误原因和解决方法。同时，系统应具备健壮性，避免因单个错误导致整个系统崩溃或服务中断。对于外部接口和系统依赖，需要进行适当的错误检查和容错处理，确保系统能够在异常环境下稳定运行。

5. 版本控制与协作

版本控制是团队开发的核心实践，帮助团队管理代码的修改历史，追踪每次改动的内容和责任人。团队应选用合适的版本控制工具（如 Git），并遵循特定的工作流程（如 Git Flow 或 Trunk-based）。在每次提交代码时，提交信息应简洁且具有描述性，能清晰地说明这次提交所做的改动内容及原因。提交信息应遵循一定的格式，如"feat: add new authentication module"或"fix: resolve issue with input validation"，避免使用无意义的提交信息（如"fix"或"update"）。

协作是软件开发的基础，良好的版本控制实践能促进团队成员之间的协作和沟通。通过使用分支、拉取请求（Pull Requests）等机制，团队成员可以更便捷地进行代码审查、讨论和集成。拉取请求应提供充足的上下文信息，并鼓励团队成员进行代码审查，以发现潜在问题，并提高代码质量。定期进行代码审查和合并操作能够减少冲突，确保项目顺利推进。

6. 测试规范

测试是确保软件质量和可靠性的核心环节。团队应开展单元测试、集成测试、系统测试等，从不同层次保障代码的正确性和稳定性。自动化测试能够提高开发效率，降低手动测试的错误率和遗漏率，确保代码在不同环境下表现一致。测试代码应覆盖关键功能路径，并保持高可维护性，避免出现重复代码和复杂的测试逻辑。每个测试用例都应有明确的输入和期望输出，并能独立运行，不依赖其他测试或环境。

除了功能性测试，还应开展性能测试和安全测试，确保系统在高负载下能高效运行，并能抵御常见攻击（如 SQL 注入、XSS 攻击等）。测试应集成到持续集成（CI）流程中，保证每次代码提交后都能自动触发测试并反馈结果。通过测试，开发者可以尽早发现并修复缺陷，避免在发布阶段暴露问题。

7. 安全性规范

安全性是软件开发中的首要考虑因素。所有涉及外部输入的操作都必须经过严格验证，防止 SQL 注入、跨站脚本攻击（XSS）等安全漏洞。对于敏感信息（如用户密码、个人数据等），应进行加密存储，严禁在代码中硬编码敏感数据。开发团队应定期开展安全审计，及时发现和修复漏洞。使用安全框架和库可以降低安全风险。同时，持续关注并及时响应最新的安全威胁，也是保障系统安全的必要措施。

通过落实这些规范，开发团队能够保持代码的一致性，提高软件质量，保障项目长期可维护、可扩展，同时提高团队的协作效率。需要注意的是，编程规范并非固定不变，应随着技术的发展和团队需求的变化不断调整优化。

3.4　制定高效编程规范

在制定编程规范时，核心问题并非局限于"我们应该制定哪些规则？"，更关键的是明确"为什么要把某些内容纳入规范？这些规则对团队和项目的成功有哪些实际意义？我们期望达成什么样的目标？"。只有明确规则所服务的目标，才能准确判断哪些规则真正有助于达成这一目标。编程规范不仅是约束编码行为的标准，还是实现高效开发、保障代码质量、促进团队协作的关键工具。因此，在制定编程规范时，不能仅将目光聚焦于规则内容本身，更需要深入探究其背后的制定目的，审慎思考这些规则对团队协作效率提升和项目成功交付的实际价值。唯有明确规范服务的核心目标，才能精准筛选出真正契合团队需求、推动项目发展的有效规则。

随着公司规模不断扩张及团队成员持续增加，编程规范的重要性愈加显著。编程规范的核心目标在于，有效管控开发环境的复杂性，确保代码库具备良好的可维护性与可扩展性，从而为工程师营造高效的开发环境。为了达成这一目标，所制定的规则可能对开发者的自由发挥形成一定限制，甚至需要在某些技术选择上做出妥协，但从项目的长远发展来看，这些成本投入是完全值得的。编程规范绝非简单的行为约束，而是为团队提供一种结构化的方式，从根本上保障代码质量的稳定性，提高开发流程的整体效率。基于上述目标导向，在制定编程规范时可以遵循以下核心原则。

1. 入选规则需要具备实际作用

在编程规范的制定过程中，并非所有的规则都适宜纳入其中。要求所有开发者严格遵守每一条新设定的规则，会增加成本和负担。过多的规则不仅让现有开发者难以掌握所有细节，还让新加入的工程师因此感到难以适应。随着规则数量的增加，维护这些规则的难度和成本也会不断提高。

因此，编程规范中的每一条规则都必须具有明确的制定目的和实际意义，切实解决具体的开发问题，提高代码质量或可维护性。如果某条规则只是为了强行推行某种编程方式，却无法带来实质性收益，那么它不仅无法助力开发工作，反而会成为团队的负担。在制定编程规范时，应当以保障代码长期健康发展和维持团队持续高效运作为核心目标，而非单纯追求规范形式上的完美。

2. 保持编码风格的一致性

编码风格的一致性在编程规范中占据关键地位。统一的编码风格不仅能使代码库更加整洁有序，还能有效避免因开发者个人风格差异导致的代码混乱问题。编程规范应全面覆盖代码的各个层面，包括命名规则、缩进方式、注释规范等细节。

保持编码风格的一致性有许多显著的优点。

- 提高代码可读性：统一的编码风格能够大幅提高代码的可读性和可理解性。在面对风格一致的代码时，无论是新加入的开发者，还是团队中的老成员，都能更快地理解代码结构和逻辑。明确的命名规则、统一的缩进和格式使得代码的意图更加清晰，降低阅读代码时的认知难度。例如，统一的变量命名规则可以使开发者一眼识别变量的用途和功能，而不必解读不同开发者的命名习惯。此外，编码风格的一致性还使得代码模块化和重复检测变得更加容易。因此，需要特别关注命名规则的统一、常见编程模式的标准化使用，以及代码格式和结构的规范性。还有许多规则（例如，缩进空格数的设定、单行代码长度的限制）会在看似微小的问题上做出决策，旨在确保事情以唯一的方式进行。

- 简化代码维护流程：一致的编码风格可以有效降低代码维护的复杂性。当代码库中的编码风格统一时，开发者在排查和修复问题时能够更高效地定位问题代码，不必花费大量的时间去适应不同风格的代码。此外，编码风格的一致性还能减少代码冲突，降低错误发生概率，从而提高代码的稳定性与可靠性。例如，统一的代码注释格式和错误处理机制能够有效减少代码中的潜在错误与安全漏洞，进一步提高代码质量与可维护性。

- 提高团队协作效率：统一的编码风格能够有效促进团队成员间的协作。当团队中所有成员都遵循相同的编程规范时，代码审查和技术讨论将变得更加高效。开发者能够快速理解彼此编写的代码，减少因编码风格差异引发的误解和争议。这种一致性使得代码审查过程更加顺畅，团队成员能够更专注于代码的功能和逻辑，而不是花时间解决风格上的差异。
- 降低新成员学习成本：当编码风格一致时，新加入的开发者能够更快地融入团队并适应代码库。标准化的编程规范显著降低了学习门槛，使新成员能够迅速掌握符合规范的代码编写方式。统一的编码风格与规则为新开发者提供了清晰的指引，帮助其快速熟悉团队的编码习惯，减少因不熟悉编码风格而产生的错误与困惑。此外，保持编码风格的一致性还有利于开发者在不同项目间灵活切换，缩短其适应新团队的时间，增强组织应对人员变动的灵活性。在团队规模不断扩大的过程中，产品经理、设计师和测试人员等非开发角色也需要与代码进行交互，统一的编码风格能够让这些人员更轻松地理解代码逻辑，从而推动跨团队的高效协作与沟通。

3. 以代码可读性为中心

代码可读性应是编程规范的核心目标之一。编程规范需着重增强代码的清晰度，确保无论是团队中的老成员，还是新加入的开发者，都能够轻松理解代码逻辑。具体实现方式包括采用清晰的命名规则、保持规范的代码缩进与格式、添加精准有效的注释，以及构建层次分明的代码结构。变量、函数和类的命名应当准确反映其功能与用途，避免使用含义模糊或过度简化的名称。

此外，编程规范还应明确规定代码的组织和布局方式，确保代码逻辑清晰、结构合理。例如，函数的定义应简洁、专注于一个任务，避免引入不必要的复杂性。合理的代码结构和清晰的注释不仅能帮助团队现有成员快速理解代码，还能帮助新加入的成员快速融入开发工作，减少因代码理解困难导致的进度延误。

4. 避免易错和令人意外的编程结构

避免易错和令人意外的编程结构是制定编程规范的重要原则。编程规范应尽量避免那些容易引发错误或产生非预期行为的编程结构，鼓励使用经过实践验证、易于理解的编程模式，减少复杂或高风险编程结构的使用。例如，编程规范可以对存在稳定性问题或容易造成混淆的编程特性进行限制，推荐使用更可靠的替代方案，从而降低代码中潜在错误的发生概率，降低调试与维护的工作难度。通过排除易出错的编程结构，团队能够有效降低开发错误率，提高代码的稳定性与可靠性。

同时，编程规范应倡导简洁明了的代码设计，限制使用晦涩难懂的编程技巧或复杂的语法结构，防止代码意图变得模糊。简洁易懂的代码不仅便于阅读，还能显著减少理解偏差和错误概率。对于可能导致意外行为的语言特性，编程规范应推荐使用更加直观的实现方式，规避因语言特性的细微差异而引发的潜在问题。

5. 推动编程规范持续迭代优化

编程规范并非一成不变的标准，而应随着技术发展和团队需求变化持续进行改进与优化，这是确保其有效性的关键。随着新的编程语言特性、开发工具和行业最佳实践不断涌现，编程规范需要及时更新，以保持与行业发展趋势同步。持续优化编程规范有助于团队更好地应对需求变化，确保编程规范始终具备良好的适用性和实用性。

为推动编程规范持续迭代，应建立反馈机制，鼓励团队成员提出意见。团队成员通过定期收集反馈，能够及时发现并解决现有规范中存在的问题，同时针对未来可能面临的挑战提前进行调整。定期对编程规范进行回顾与优化，不仅能解决当下的实际问题，还能帮助团队成员提前适应未来的技术变革。这种持续更新与优化的过程有助于提高开发效率，优化代码质量，推动团队成员不断成长与创新。

6. 结合实际场景灵活制定规范

在制定编程规范时，必须充分考虑实际工作环境和项目需求，杜绝"一刀切"的编程做法。规则应根据团队技术水平、项目复杂程度及业务需求等具体情况灵活调整，确保规范具有可行性和实际应用价值。例如，团队的技术储备、项目的业务逻辑复杂度和具体的业务需求都会对编程规范的设计与执行产生直接影响。当过于严格的编程规范与项目实际需求冲突时，应适当调整，确保规范能够切实服务于实际开发工作，避免因盲目遵循规则而忽视现实需求。

在实际应用中，编程规范应具备足够的灵活性，以适应不同技术场景和项目阶段。例如，在采用新兴技术或处于开发初期的项目中，部分规范需要根据技术限制和项目特点进行适当调整。此外，团队成员的技能水平也是制定编程规范时需要考虑的重要因素。针对不同经验层次的开发者，应当制定差异化的规范要求，从而提高团队整体开发效率，减少因规范不合理导致的工作阻碍。

通过在理想规范与现实需求之间寻求平衡，团队能够制定出既符合行业最佳实践，又能适应实际情况的编程规范。这种灵活性不仅能提高团队的工作效率，还能确保规范在实际应用中发挥最大效能，在保障代码质量的同时，满足项目不断变化的需求。

7. 借鉴行业最佳实践经验

优秀的编程规范不仅是技术层面的标准，还是团队文化和工作模式的体现。行业内众多知名企业的编程规范为团队制定自身标准提供了丰富参考。例如，Google、

Microsoft、Airbnb 等公司公开的编程规范，在命名规则、代码结构、注释风格、错误处理等方面均有详细指导。参考这些规范，团队能够更高效地找到适合自身项目的编程方式，避免重复劳动。随着团队规模不断扩大，编程规范的重要性日益凸显。它能够显著提高代码的质量，减少代码缺陷和技术债务，进而提高团队开发效率和代码的长期可维护性。

借鉴行业最佳实践的编程规范，能让团队代码紧跟行业发展趋势，便于与其他组织合作共享。遵循被广泛认可的编程规范，不仅有助于团队提升整体技术水平，还能在与外部团队协作时提高工作效率。

3.5 规范执行比规范本身更重要

编程规范的制定虽然重要，但它的价值只有在实际应用中才能真正体现。如何确保编程规范在项目全周期中有效实施并持续优化，是每个团队需要解决的核心问题。编程规范不仅是技术细节的约定，还与团队文化塑造、工作流程优化及项目长期健康发展深度绑定。因此，在应用编程规范时，需要兼顾可操作性与灵活性，切实促进团队协作并提高代码质量。为达成这一目标，团队可以采用一系列措施，如专项培训、严格代码审查与自动化工具集成等，保障规范精准执行，降低执行漏洞风险，全面提高团队开发效率与代码质量。

1. 培养遵守规范的团队文化

编程规范的成功应用，首先需要在团队中形成共识，这种共识源于对规范价值的深刻理解。团队成员需要意识到，编程规范并非约束其创意的枷锁，而是提高团队协作效率、提高代码质量、减少技术债务的必要工具。为塑造这一文化，团队领导者需通过示范引领、系统培训和及时反馈等手段，推动编程规范融入日常开发流程。

团队领导者需要发挥示范作用，以身作则严格遵守规范，并通过日常工作传递规范的价值。若规范仅停留在文档层面，则极易被团队成员视作形式主义的规定，无法产生实质性的影响。尤其在项目初期，团队领导者应主动答疑解惑，帮助团队成员理解规范背后的逻辑与意义，确保规范深入人心。

此外，培训也是推动规范应用的重要环节。针对新加入的成员，需要开展定制化培训，帮助其快速适应团队文化并遵循既定的编程规范。培训内容不仅要覆盖规范细则，还要阐释规范制定的底层逻辑，让团队成员理解每条规范的初衷，避免因理解偏差导致规范执行不到位。

2. 建立有效的执行机制

编程规范的有效执行，既依赖于每位开发者的自觉遵守，又需要一套有效的执行机制作为支撑。最常见的方式是通过代码审查进行动态监督。在代码审查过程中，团队成员通过互相检查和讨论，确保代码不仅在功能上符合要求，还在风格、命名、结构等方面遵循规范。通过这种方式，团队成员能够互相学习、监督，进而促进编程规范的自我强化。

然而，单纯依靠人工审查存在一定的局限性，特别是在团队规模扩大、开发节奏加快的情况下。因此，引入自动化工具成为保障规范执行的另一重要手段。通过代码分析工具（如 linters、格式化工具等），可以自动化地检测代码是否符合约定的规范，从而节省审查人员的精力，并确保更高的执行精度。例如，集成化的持续集成工具可以在每次提交代码时自动执行代码质量检查，防止问题代码进入主分支。

自动化工具有多种类型，具体选择哪些工具取决于项目的技术栈和团队的需求。下面是常见的自动化工具类型。

- 代码格式化工具：用于自动调整代码的格式，以符合预定的风格规则。例如，clang-format（用于 C++）、gofmt（用于 Go 语言）、prettier（用于 JavaScript、TypeScript 等语言）和 Black（用于 Python）可以自动格式化代码，确保缩进、行长度和空白处理的一致性。
- 静态代码分析工具：用于检查代码的质量和风格，检测潜在错误和不规范的部分。例如，MISRA C/C++、golangci-lint（用于 Go 语言）、ESLint（用于 JavaScript）和 Pylint（用于 Python）可以识别并报告代码中的问题，帮助开发者遵循编程规范。
- 自动化构建和集成工具：可以在代码提交时自动运行格式化和分析任务。例如，Jenkins、GitHub Actions 和 GitLab CI 等持续集成工具可以在构建过程中集成代码格式化和检查任务，确保所有提交的代码都符合规范。

在执行过程中，需要保持适度的灵活性，以便在实际开发中根据不同的情境进行适当调整。部分规范可能在特定情境下并不适用，团队可以通过设立"例外规则"或"情境规则"来灵活应对。在这种情况下，规范本身需要具备一定的弹性，以适应项目的复杂性和技术的演进需求。

3. 应对规范执行中的挑战

在实际执行编程规范的过程中，团队可能会遇到一些挑战，需要针对性制定解决方案。

首先，部分团队成员可能会觉得规范过于烦琐，影响了开发效率，特别是在处理紧急问题或复杂需求时，可能会暂时放松规范的执行。为了解决这一问题，团队应确保规范的可行性，避免规定过于严格或细节化，以免让开发者感到束缚。规范的执行应以提高效率为目标，而非成为阻碍。

其次，规范的更新和优化是一个持续的过程。随着技术的演进和项目的推进，原有的规范可能不再适应新的需求。因此，团队需要建立定期回顾和更新规范的机制，以便在实践中不断优化规范。这种回顾机制不应仅局限于静态的文档审阅，还应结合实际项目中的问题和技术进步进行全面的调整。定期召开"回顾会议"，收集团队成员的反馈，并针对性地优化规范，是确保规范长期适应项目需求的有效方式。

最后，规范在执行过程中往往伴随着一定的摩擦，尤其在团队成员对某些细节的理解上存在偏差时。这时，团队需要保持开放的沟通渠道，鼓励成员提出问题和疑虑，并通过讨论和沟通找出最佳解决方案。这种沟通不仅能解决具体的执行问题，还能进一步增强团队对规范的认同感和归属感。

4. 推动规范持续进化与动态适配

编程规范需保持动态演进，以适配项目迭代与技术变革。在实际项目推进中，团队可能会遇到新的技术挑战或实现方式，此时原有的规范可能需要调整以适应新的需求。持续改进是编程规范的生命力所在。

一个有效的编程规范体系，除了要有明确的指导原则，还应具备高度的灵活性。特别是在一些具体实现上，编程规范应兼顾项目的技术栈、团队的工作方式，以及不同开发阶段的需求。例如，项目早期可能更注重代码的快速开发与原型构建，而项目后期可能更侧重于代码的可维护性与可扩展性。在不同的阶段，编程规范应具有适用性，以保证项目的灵活性和长期可持续发展。

通过定期评估规范的适用性，团队可以及时发现规则漏洞与过时条款，并针对性地进行优化更新。这一过程不仅能增强规范的执行力，还能提升团队的技术水平与凝聚力。

3.6　解读业界优秀编程规范

业界的优秀编程规范为开发团队打造高质量的代码库提供了系统性指引。下面选取 Google、Uber、阿里巴巴和 Airbnb 等知名企业的编程规范示例。这些规范在提高代码效率与增强可维护性方面具有显著实践价值，可以为团队制定专属编程规范提供重要参考。

- Google 编程规范是业界广泛认可的标准之一。Google 针对 C++、Go、Java、Python 等主流编程语言，制定了覆盖全维度的风格指南。这些指南不仅包含代码格式、命名规则等基础规范，还深入到代码注释规范、文档编写标准等领域。其核心目标在于确保代码库风格统一，提高代码的可读性，促进团队成员高效协作。如果需要查阅具体规范，则可以访问 Google 的编程规范列表。
- Uber 是一家美国硅谷的科技公司，也是 Go 语言的早期使用公司。Uber 开源了众多 Go 项目，诸如被 Go 语言开发圈熟知的 zap、jaeger 等。2018 年年末，Uber 将内部的 Go 语言风格规范开源到 GitHub。经过多年的积累和更新，该规范已经形成完整体系，并受到广大 Go 语言开发者的关注。其内容聚焦 Go 语言特性，为开发者提供贴合实践场景的编码指引，详情可参考 Uber 的 Go 编程规范。

- 阿里巴巴的 Java 开发手册是业内广泛采用的编程规范文档，旨在帮助开发者编写高质量、可维护的 Java 代码。手册内容覆盖 Java 基础语法规范、项目架构设计、命名规则、注释要求、异常处理策略和性能优化方案等，通过标准化的编码风格，有效降低代码潜在风险，提高开发效率。阿里巴巴的 Java 开发手册以其全面性和实用性，在业界获得了高度认可，是许多开发团队制定和完善自身编程规范的重要参考资料。

- Airbnb 的 JavaScript 编码风格指南是广泛使用的行业标准之一。Airbnb 提供了详尽的风格指南，涵盖了代码格式、变量命名、函数定义等方面。这些规范帮助开发者编写风格一致的高质量代码，减少代码中的潜在错误，提高代码的可维护性。

3.7　小结

编程规范是一套系统化的规则与标准，其核心目标在于提高代码质量、可读性和可维护性，帮助团队在开发过程中保持一致性，并遵循统一的编码风格、设计原则和高效实践。其范畴不仅涵盖代码书写格式、命名规则，还延伸至代码结构设计、注释规范、性能优化和异常处理策略等多维度。通过遵循编程规范，团队能够有效减少开发错误，提高协作效率，为项目长期迭代与扩展奠定坚实基础。

在制定编程规范时，团队需要根据自身的实际需求和项目特点进行调整。例如，小型团队更侧重规范的灵活性与开发的敏捷性，而大型团队则更关注系统扩展性、模块化设计和代码长期维护成本。因此，编程规范应具备动态适用性，能够根据开发阶段变化、团队规模差异进行灵活调整，确保规范持续贴合实际开发需求。

下一章将探讨如何编写可维护性代码，重点分析影响代码可维护性的关键因素，并从优化代码结构、简化业务逻辑和提高代码复用性等角度，提出系统化实践方案，帮助团队编写更易于维护和扩展的代码。

第4章 编写可维护性代码

可维护性是代码最重要的特性。

—— Robert C. Martin

在软件开发领域，代码质量的衡量标准不仅在于程序能否正常运行，还在于其是否具备良好的可维护性与可扩展性。许多程序在开发初期运行表现良好，但随着项目规模扩张、业务需求更迭和技术演进，往往会暴露出大量维护难题。那些设计欠佳、结构混乱的代码，随着时间推移会逐渐积累成沉重的技术债务，加大维护难度，严重阻碍项目的长期稳定发展。因此，编写易于维护的代码已成为开发者必须重点关注的核心工作。

所谓可维护性代码，其核心在于开发者能够便捷地对代码进行修改、扩展、缺陷修复与性能优化，同时避免引入新的问题。为实现这一目标，开发者需严格遵循一系列设计原则与编程实践，赋予代码应对变化的灵活性，降低长期维护成本。

本章将深入剖析编写可维护性代码的关键要素，包括代码的简洁性、可读性、生产力、可测试性等方面。通过丰富的实际示例，助力开发者理解如何编写出具有长期价值、易于扩展与修改的代码，确保软件系统在未来发展进程中始终能高效、灵活地响应不断变化的需求。

4.1 为什么"代码可运行"远远不够

在编程中，许多开发者往往将关注点集中在代码能否顺利运行并实现预期功能上。然而，可运行的代码并不等同于高质量的代码。它仅仅是代码的起点，而非终点。代码能正常执行当前任务固然重要，但在面对需求变更、功能扩展或日常维护时，代码的可维护性和可扩展性才是决定项目能否长期健康发展的关键。

一个简单的功能模块可能在短期内满足需求，但随着项目规模不断扩大和业务逻辑日益复杂，未充分考虑未来变化的代码会逐渐暴露出难以维护和扩展的问题。在开发初期，实现代码的基础功能运行的确至关重要，但随着需求迭代和系统复杂度提升，原有可运行的代码可能因无法适应新需求或变更，迫使开发者投入大量时间与资源进行重构。更严重的是，在功能扩展过程中，还可能引发意外错误和性能瓶颈。

以需求变更场景为例，若代码在设计阶段未预留足够的灵活性和可扩展性，则很可能需要重新设计或大规模重构。而重构过程往往伴随着诸多风险，如可能破坏现有功能的稳定性，引发难以预估的问题，进而显著提高开发与测试成本。因此，开发者必须在设计阶段就将代码的可维护性和可扩展性纳入核心考量，以保障在未来需求变动时能够高效地调整和扩展代码，避免陷入技术债务的困境。

代码的可维护性是衡量代码质量的重要指标之一。如果代码存在结构混乱、逻辑模糊或编程规范不统一等问题，则维护人员在修复问题或添加新功能时将面临巨大挑战。相反，具备良好可维护性的代码，不仅能有效降低出错概率，还能显著提高开发效率，大幅降低后续的维护成本。清晰的架构设计和结构化的代码组织能够帮助团队成员快速理解代码逻辑并进行修改，避免因理解障碍而导致的开发进度延误。

综上所述，可运行的代码虽然能解决当下的业务需求，但是代码的可维护性和可扩展性才是保障项目长期发展的核心要素。编写具备这些特性的代码，能够在需求动态变化时保持良好的适用性，降低维护复杂度，为团队实现高效开发和软件的持续优化升级奠定坚实的基础。

4.2　什么是可维护性代码

如果编写的程序仅供个人使用，且只需运行一次或偶尔使用，那么开发者可能会根据自己的习惯编写代码，甚至忽略部分编程规范。然而，当程序涉及多人协作，或是作为长期运行的软件系统组成部分时，代码的需求、功能和运行环境往往会发生变化。在这种情况下，编写可维护性代码就成为保障项目持续发展的关键要素。

可维护性代码是指在软件开发的整个生命周期内，能够方便修改、扩展和修复的代码。这类代码不仅能满足当下的功能需求，还能灵活适应未来的变化和演进。可维护性代码具备清晰的结构、统一的编程规范、易于理解的逻辑等核心特性，使得开发者能够高效地完成功能更新和问题修复。

具备良好可维护性的代码能够降低后期的维护成本，减少因修改导致的风险，并有效促进团队成员之间的协作。当代码结构清晰、逻辑简明时，开发者可以更轻松地理解和修改代码，甚至在没有深刻理解原始作者意图的情况下也能快速做出改动。因此，编写可维护性代码是确保软件长期稳定运行并适应需求变化的重要前提。可维护性代码一般具备以下显著特征。

1. 简洁性

有两种构建软件设计的方法：一种是让它简单到明显没有缺陷，另一种是让它复杂到没有明显的缺陷。第一种方法要困难得多。

—— C. A. R. Hoare

在软件开发中，简洁性为何如此重要？

在软件开发过程中，许多开发者都曾在面对复杂代码时产生"难以理解"的挫败感。看到一段复杂且混乱的代码，往往会感叹："我无法理解这段代码。"这种情况不仅令人困惑，在代码修改时，还会担心这些更改可能影响代码的其他部分。更糟糕的是，这些部分往往是我们不熟悉的，这种不确定性使修复问题变得更加困难。这种现象揭示了复杂性在软件开发中的挑战：它不仅使代码的理解变得更加困难，还会提高修改和维护的成本，进而降低软件的整体可靠性。

可维护性代码需要具备简洁性，这意味着代码应尽可能避免不必要的复杂性和冗余。简洁的代码设计通过减少复杂逻辑和冗余代码，使每个功能模块都专注于单一明确任务。这样的设计不仅能明确代码的功能，还能大大降低潜在错误的发生概率，简化后续的维护工作。简洁的代码可以直接传达其目的，不需要额外的解释或过度的解耦，从而让代码的修改和扩展更便捷。

这里需要澄清一个常见的误解：简洁和复杂并不是完全对立的概念，复杂的代码实现也能保持简洁。简洁的反面是"杂乱"，杂乱包含不必要的复杂性。实际上，简洁的代码应能清晰表达其意图，便于理解和维护。即使在处理复杂的逻辑时，合理的设计和结构化的代码也能保持简洁性。简洁性并不意味着代码缺乏功能或深度，而是通过合理的抽象和模块化，使复杂的实现能够被有效地管理和理解。

杂乱则通常是因不合理的设计、冗余的代码或缺乏清晰结构而导致的，这使得代码难以理解和维护。当代码杂乱无章时，即使其实现的功能相对简单，开发者也难以快速识别其中的逻辑关系。这种杂乱状态不仅提高了错误的发生概率，还使后续的扩展和修改变得更加困难。因此，在软件开发中，保持代码的简洁性是提高代码质量、降低维护成本的关键。

2. 可读性

程序必须为人类阅读而编写，仅仅偶尔为机器执行。

—— Harold Abelson，Gerald Jay Sussman，Julie Sussman《计算机程序的构造和解释》

可读性之所以如此重要，是因为代码不仅服务于机器执行，还可供开发者阅读和维护。尽管程序的基本功能是由计算机完成的，但软件的核心价值体现在人类对其使用和理解上。因此，代码的可读性直接影响团队的生产力和软件的长期可维护性。

实际上，代码的阅读频率远高于编写频率。在代码的生命周期中，每段代码都可能被反复阅读数百次，甚至上千次。每当新成员加入团队，或者现有团队成员对代码进行修改、调试时，都需要频繁地查看和理解已有的代码。正因如此，良好的可读性会直接影响开发的效率和质量。如果代码可读性差，则需要开发者花费更多时间去理解和修改它，容易引入错误并延误开发进度。因此，具备良好可读性的代码不仅能缩短学习和理解的时间，还能提高代码的准确性和稳定性，从而促进团队的高效协作，支持软件的长期发展。

可维护性代码必须具备高度的可读性，体现在明确的命名规则和充分的文档注释等方面。变量、函数和类的命名应清晰、易懂，能够准确传达其功能，帮助开发者快速理解代码的意图。良好的可读性不仅能帮助现有开发者更容易跟进和理解代码，还能降低新成员学习项目的门槛。此外，合理的注释和文档可以进一步提高代码的可读性。尤其对于复杂的逻辑或设计决策，适当的注释可以帮助开发者快速掌握背后的思路，而不必逐行分析代码实现。

3. 生产力

可维护性代码在提高生产力方面具有显著优势。一方面，清晰简洁的代码结构和统一的编码风格能有效缩短调试和修复的时间，进而提高开发效率。开发者可以更快速地理解和修改现有代码，提高故障排查效率。此外，高质量的代码往往具有较高的复用性，开发者能够在现有模块的基础上进行扩展，避免重复劳动，从而节省时间并降低错误的发生概率。

另一方面，在团队协作场景下，可维护性代码简化了沟通协作流程。统一的编程规范和详细的文档使得团队成员能够轻松理解和修改彼此的代码，降低协作难度。这种顺畅的协作不仅能提高团队的整体工作效率，还能缩短开发和部署周期。良好的代码可维护性还意味着系统能够更容易适应未来的需求变化和技术演进，为项目的长期发展奠定基础。

4. 可测试性

可维护性代码具有突出的可测试性特征，在提高代码质量和开发效率方面发挥关键作用。模块化设计将代码拆分为独立的组件，使每个组件都可以单独进行测试。这样的设计不仅能简化单元测试的实施，还能帮助开发者快速定位和修复问题。清晰的接口定义可以明确模块之间的交互，使测试人员仅通过接口即可验证模块功能，而不需要深入了解内部实现。该设计不仅能提高测试的准确性和效率，还能为后续的代码重构和扩展提供便利。

此外，可维护性代码通常会结合自动化测试工具和框架使用，大幅提高测试效率和可靠性。自动化测试能够快速执行大量的测试用例，全面检测代码的各个方面，进而提高测试覆盖率，减少手动测试的工作量，使测试过程更加高效、可重复且一致。同时，自动化测试与持续集成（CI）和持续交付（CD）系统的结合，确保每次代码在更改后都能自动触发测试，及时发现和修复潜在问题，从而保障代码质量的稳定性，推动代码持续改进。

4.3 如何编写可维护性代码

编写可维护性代码不仅有助于提高开发效率，还能保障软件在长期使用中的稳定性和可扩展性。为达成这一目标，开发者需要遵循一系列优秀的实践准则和设计原则。

（1）代码应具备清晰的结构与简洁的逻辑，确保其他开发者在阅读和修改代码时，能够迅速理解其意图，降低理解成本。

（2）统一的编程规范与良好的命名习惯可以显著提高代码的可读性和一致性，为团队成员在不同开发阶段的无缝协作奠定基础。

（3）模块化设计与合理的接口设计可以将功能拆分为独立组件，使每个模块既能独立实现其功能，又能进行单独测试与维护，进而提高开发效率和代码复用性。

文档和注释同样是可维护性代码的重要组成部分。恰当的文档能够提供必要的背景信息、使用说明和设计思路，帮助开发者更好地理解代码功能和实现细节；优质的注释能够阐明复杂性代码段或算法的核心逻辑，减少理解障碍，为后续的维护和扩展提供清晰的指引。

通过践行这些最佳实践，开发者可以编写出易于理解、修改和扩展的代码。这不仅能提高软件的质量，还能增强团队的生产力和协作效率。本节将结合示例代码和实践建议，详细介绍如何在实际开发中应用这些原则，助力开发者构建高质量的可维护性代码。

4.3.1 命名的艺术：让变量和函数自述身份

在编程过程中，为变量、函数、类型等实体命名是常被忽视却至关重要的环节。合理的命名不仅是代码文档的有机组成部分，还是提高代码可读性和可维护性的关键要素。清晰的名称能使代码更易于理解，减少对额外文档的依赖，并助力开发者快速定位和修复错误。反之，不恰当的命名则可能增加代码的复杂度，引发歧义和误解，甚至埋下难以察觉的 bug 隐患。因此，命名的选择往往会对代码的复杂度和后续的维护难度产生直接的影响。尽管单个变量的命名对系统整体复杂度影响有限，但在大型软件系统中，成千上万的变量与函数命名会对系统的可管理性产生深远影响。

1. 选择名称时要注重清晰，而非简单

编程的核心目标并非追求代码的巧妙或行数的精简，而是提高代码的可读性，使其对开发者更加友好。在命名时，应优先选择能够准确传达意图的名称，避免使用无意义的缩写或难以理解的词汇。优质的名称不仅要简洁易懂，还要准确描述变量、函数或类型的功能，而非单纯追求简短。

好的命名就像一个好的笑话。如果你需要解释它，那么它就不够好。

—— Dave Cheney

清晰的名称通常具备以下特征。

（1）名称应简洁明了。虽然名称不必追求极致简短，但应杜绝冗余。简洁的名称能高效传达其意图，减少信息干扰。

（2）名称应具有描述性。名称应明确描述变量或常量的用途，而非仅体现内容；应反映函数的结果或方法的行为，而非实现细节；应标识包的目的，而非内部实现。精准的名称能够更准确地表达所标识对象的功能。

（3）名称应具有可预测性。名称应直观易懂，使开发者能通过名称推测对象的功能和用途。这不仅要求具备描述性，还需要遵循行业惯例和编程规范。

参考以下代码示例。

反面示例：

```go
// 计算面积的函数
func CalcArea(w float64, h float64) float64 {
    return w * h
}
// 存储配置信息
type Config struct {
    U string
    E string
    T string
}
```

正面示例：

```go
// 计算矩形的面积
func CalculateRectangleArea(width float64, height float64) float64 {
    return width * height
}
// 存储用户的配置信息
type UserConfig struct {
    Username string
    Email    string
    Theme    string
}
```

在正面示例中，名称直观地描述了其功能和用途，使代码的意图一目了然。而在反面示例中，名称过于简短和模糊，需要额外的解释才能理解其含义，从而降低了代码的可读性和维护性。

2. 避免使用无意义的名称

编程中偶尔会出现无意义的名称，这类名称既无法描述变量的用途，又未提供任何上下文信息。这种现象通常源于开发者的疏忽或对命名规则的不熟悉。然而，无意义的名称会显著降低代码的可读性，使开发者难以理解代码的意图。因此，应避免使用无意义的名称。选择具有描述性的名称可以帮助他人快速理解变量或函数的作用，从而提高代码的可维护性和团队协作效率。

无意义的名称会引发以下问题。

（1）缺乏上下文信息：无意义的名称无法提供足够的上下文信息，导致代码阅读者需要消耗额外的时间去推测这些名称的实际含义。例如，temp、data、foo 等变量名无法明确传达变量的具体用途，容易让开发者陷入对代码意图的猜测。

（2）降低代码可读性：即使代码逻辑正确，无意义的名称也会使代码显得杂乱无章。开发者在阅读代码时需要费力理解这些变量或函数的作用，进而影响代码的整体可读性。例如，使用 x 和 y 作为变量名，虽然在数学计算中有一定意义，但在业务逻辑中则可能造成理解混乱，提高理解成本。

（3）增加代码维护难度：当代码中存在无意义的名称时，后续的维护工作将变得更为复杂。开发者在修改或扩展功能时，因难以快速理解这些名称的实际含义，可能面临更大的挑战，进而提高出错风险和维护成本。

参考以下代码示例。

反面示例：

```
func process(a int, b int) int {
    return a + b
}
var x int
var y int
```

在上述代码示例中，process()函数的 a 和 b 参数，以及 x 和 y 变量均未提供足够的上下文信息，导致代码阅读者需要额外思考，才能理解其作用。为了提高代码的可读性和可维护性，我们应该为这些变量和函数选择更具描述性的名称。优化后的代码示例如下：

```
func calculateSum(firstNumber int, secondNumber int) int {
    return firstNumber + secondNumber
}
var totalAmount int
var taxRate int
```

在这个优化后的代码示例中，calculateSum()函数的 firstNumber 和 secondNumber 参数，以及 totalAmount 和 taxRate 变量都清晰地传达了其具体含义。这样一来，代码的意图更加明确，阅读和维护变得更加直观和容易。

3. 名称应描述变量内容或功能，而非其类型或实现细节

变量、函数等的名称应着重描述其内容或功能，而非实现细节或工作方式。这种命名方式有助于提高代码的可读性和自解释性，使开发者能够快速理解代码的含义，从而更高效地进行协作和维护。

变量的名称应准确反映其存储的数据类型和内容。例如，如果变量存储的是用户列表信息，并命名为 arrayOfUsers，则该名称强调实现方式（数组），而非变量的功能。更优命名为 users，能直接描述变量的内容，使变量用途一目了然，便于开发者理解和维护代码。

避免使用描述变量使用方式或实现细节的名称。例如，intCount 仅表明变量为整数类型的计数，未提供实际意义，而更优命名为 totalItems 或 numberOfItems，以明确其含义；tempDataBuffer 虽表明是临时数据缓冲区，但未说明存储内容，而更优命名为 uploadedFileBuffer，能明确说明变量存储的内容（上传的文件数据）。

同样，变量名称不应涉及变量存在的原因。例如，result、data 等名称过于宽泛，无法准确反映变量的内容。相比之下，userProfile、transactionAmount 等名称能够清晰表达变量的用途和含义，避免过度抽象和不必要的猜测。

命名时应避免依赖变量的类型。就像我们不会将宠物命名为"狗"或"猫"，变量命名也不应包含类型信息。例如：

```
var usersMap map[string]*User
```

在该声明中，变量是 map 类型，并且键值对为*User 类型，但是在变量名称中使用"Map"后缀是多余的。在 Go 语言中，由于其静态类型特性可以确保类型安全，因此类型信息已经足够，后缀不会增加代码的可读性。使用 users 而非 usersMap 会使代码更加简洁且具有描述性。

假设有多个 map 类型的变量，如：

```
var (
    companiesMap map[string]*Company
    productsMap  map[string]*Products
)
```

此时，companiesMap 和 productsMap 这两个名称已经隐含了它们是 map 类型，且映射了不同的数据类型。在这种情况下，"Map"后缀并未增加额外的可读性，只是无意义的冗余，且提高了代码的复杂性。

因此，移除"Map"后缀后，代码会变得更加简洁且易于理解。优化后的代码示例如下：

```
var (
    users     map[string]*User
    companies map[string]*Company
    products  map[string]*Products
)
```

建议避免在名称中使用与变量类型相关的后缀。如果 users 名称描述性不足，那么 usersMap 也不会更好，应考虑更具描述性的名称。该建议同样适用于函数参数。例如：

```
type Config struct {
    //
}
func WriteConfig(w io.Writer, config *Config)
```

在这种情况下，config 作为参数名存在冗余，因为其类型已经在声明中明确。如果该变量的生命周期较短，则可以简化为 conf 或 c；如果作用域内存在多个 *Config 类型变量，则可以命名为 original 和 updated 等，比 conf1 和 conf2 能更加清晰地传达含义，避免混淆。

4. 使用一致的命名风格

在命名时，保持一致性是关键原则。在程序中，部分变量会被频繁引用。以文件系统中的块编号为例，它们在整个程序中可能被多次引用。因此，对于这类常用变量，应选择明确且具描述性的名称，并在整个代码中保持统一。

一致性在命名中有三个基本要求：其一，始终使用该场景的标准名称；其二，不将常用名称用于其他不相关的场景；其三，确保使用该名称的变量在行为上保持一致。

一致的命名能赋予名称可预测性，使读者在首次接触时就能快速理解其用途。标准名称应在不同的上下文中保持一致性，确保读者可以假定其含义不变，即好的名称应具有熟悉感，便于读者识别理解。

如果代码中传递了一个数据库连接句柄，则应确保每次出现该参数时都使用相同的名称，避免使用 d sql.DB、dbase sql.DB、DB sql.DB 或 database sql.DB 等不同名称。为保持一致性，建议统一命名为：

```
db *sql.DB
```

确保在所有相关的参数、返回值、本地声明和接收者中使用此名称。这不仅能提高代码的可读性，还能降低认知负担。在看到 db 时，立刻就知道它是一个*sql.DB 类型的对象，并且无论是本地声明还是由调用者传入的参数，含义都非常明确。通过这种方式，代码的结构和意图更加清晰，理解和维护也更加高效。

在编程过程中，变量、方法和其他实体的命名非常重要，但这一点常被忽视。恰当的命名不仅能提高代码的可读性和可维护性，还能减少对文档的依赖，帮助开发者快速发现并修复错误。清晰、简洁且具描述性的名称能够准确传达意图，而不当的命名则会增加代码复杂度，引发误解和潜在 bug。因此，命名时应优先考虑清晰性，避免无意义的名称，以提高团队协作效率。名称应专注于描述功能而非实现细节，以便其他开发者迅速理解其用途。统一的命名风格不仅有助于提高代码的可预测性，降低认知负担，还能促进团队间的高效协作。总的来说，良好的命名是高质量代码的重要组成部分，值得开发者在实践中高度重视并不断改进。

4.3.2　掌控逻辑控制流程和数据流向

在软件开发中，清晰的逻辑控制流程和数据流向是构建高质量代码的基石，对提高代码的可读性、可维护性，减少开发错误，增强团队协作具有重要意义。

1. 逻辑控制流程

逻辑控制流程是指代码中用于控制程序执行顺序的结构，包括条件语句、循环和函数调用等。清晰简洁的控制流程能使代码更易理解、修改和扩展，从而减少潜在的错误，降低排查难度。为了设计良好的控制流程，开发者应遵循以下原则。

1）使用简单的条件表达式

条件语句是控制程序流程的核心，应尽量保持简单直观。复杂的嵌套条件会使代码难以理解和维护，从而增加出错风险。因此，在编写条件表达式时，应避免不必要的嵌套和复杂逻辑。对于过于复杂的条件判断，可以将其拆分为多个简单的函数，以提高代码的可读性和可维护性。以下是优化前后的代码示例：

```
// 不推荐的复杂嵌套
if conditionA {
    if conditionB {
        // 执行操作
    }
}
// 推荐的简化方法
if !conditionA {
    return
}
```

```
if conditionB {
    // 执行操作
}
```

优化后的代码通过提前返回，减少嵌套层级，使逻辑更加清晰。

2）使用明确的条件表达式

条件表达式应明确易懂，避免使用过于复杂的逻辑运算符或隐式的类型转换。利用括号清晰地表达逻辑优先级，能够有效避免歧义和错误，增强代码的稳定性。以下是一个改进前后的代码示例：

```
// 反面示例：复杂的条件表达式
if user.IsActive && user.HasPermission || user.Role == "admin" {
    // 执行相关操作
}
// 正面示例：明确逻辑优先级的条件表达式
if (user.IsActive && user.HasPermission) || (user.Role == "admin") {
    // 执行相关操作
}
```

尽管两者判断条件相同，但是正面示例使用括号明确了逻辑优先级，避免了歧义，使代码意图更加清晰。

3）使用状态机代替复杂的条件表达式

对于复杂的状态转移逻辑，状态机可以显著提高代码的可读性和可维护性。状态机通过定义明确的状态及其转换规则，帮助开发者清晰理解状态间的关系，避免状态转移逻辑分散和复杂的条件判断。下面使用状态机改进订单状态管理。

反面示例：

```
package main
import "fmt"
type Order struct {
    State string
}
func (o *Order) UpdateState(action string) {
    switch o.State {
    case "pending":
        if action == "ship" {
            o.State = "shipped"
            fmt.Println("Order has been shipped.")
```

```
        } else if action == "cancel" {
            o.State = "canceled"
            fmt.Println("Order has been canceled.")
        }
    case "shipped":
        if action == "deliver" {
            o.State = "delivered"
            fmt.Println("Order has been delivered.")
        }
    }
}
func main() {
    order := &Order{State: "pending"}
    // 正确的状态转移
    order.UpdateState("ship")       // 订单已发货
    order.UpdateState("deliver")    // 没有输出，因为状态是 shipped
    order.UpdateState("cancel")     // 没有输出，因为状态是 shipped
}
```

在上述代码示例中，状态使用字符串类型，缺乏类型安全，容易出现拼写错误或状态不一致的问题。状态转移逻辑集中在 UpdateState()方法中，随着状态增多，逻辑会变得复杂且难以维护。任何新的状态或行为都需要修改该方法，以增加潜在的错误风险。

下面通过定义状态机来管理订单状态，确保状态转移的合法性。

正面示例：

```
package main
import (
    "fmt"
)
type OrderState int
const (
    Pending OrderState = iota
    Shipped
    Delivered
    Canceled
)
type Order struct {
```

```go
    State OrderState
}
func (o *Order) Ship() error {
    if o.State != Pending {
        return fmt.Errorf("cannot ship; current state: %v", o.State)
    }
    o.State = Shipped
    fmt.Println("Order has been shipped.")
    return nil
}
func (o *Order) Deliver() error {
    if o.State != Shipped {
        return fmt.Errorf("cannot deliver; current state: %v",
o.State)
    }
    o.State = Delivered
    fmt.Println("Order has been delivered.")
    return nil
}
func (o *Order) Cancel() error {
    if o.State != Pending {
        return fmt.Errorf("cannot cancel; current state: %v", o.State)
    }
    o.State = Canceled
    fmt.Println("Order has been canceled.")
    return nil
}
func main() {
    order := &Order{State: Pending}
    // 正确的状态转移
    if err := order.Ship(); err != nil {
        fmt.Println(err)
    }
    if err := order.Deliver(); err != nil {
        fmt.Println(err)
    }
    // 尝试在不合法状态下进行转移
```

```
if err := order.Cancel(); err != nil {
    fmt.Println(err) // 输出: cannot cancel; current state: 2
}
}
```

在上述代码示例中，我们使用 OrderState 类型定义订单状态，在每个状态转移前都进行了合法性检查，以确保操作的正确性。通过这种方式，状态机清晰地定义了各个状态和状态之间的转换条件，使代码的可读性、可维护性显著提升。

4）从函数中提前返回

在函数中使用提前返回是简化逻辑、提高可读性的有效手段。在条件不满足时立即返回，可以减少嵌套层次，避免冗余代码。例如：

```
// 反面示例:
func checkPositive(num int) error {
    if num > 0 {
        fmt.Println("Number is positive.")
    } else {
        return fmt.Errorf("number must be positive: %d", num)
    }
    return nil
}
// 正面示例:
func checkPositive(num int) error {
    if num <= 0 {
        return fmt.Errorf("number must be positive: %d", num)
    }
    fmt.Println("Number is positive.")
    return nil
}
```

在正面示例中，checkPositive()函数通过提前返回处理输入验证。当输入不满足条件时，函数立即返回错误，避免执行后续代码。在反面示例中，主要逻辑被嵌套在条件语句中，导致代码不够简洁。两者功能虽相同，但反面示例的阅读和维护难度更高。

5）使用异常处理机制

异常处理机制在捕获和处理错误方面发挥关键作用。在编写代码时，应考虑可能出现的异常情况，并使用适当的异常处理机制进行处理，避免过多依赖错误码或条件检查。通过明确的错误处理流程，可以提高代码的可靠性和稳定性。例如：

```
// 反面示例：
result := a / b   // b为0时（除数为0）可能导致运行时错误
// 正面示例：
result, err := divide(a, b)
if err != nil {
    log.Fatalf("Error: %v", err)
}
```

6）使用断言和日志

断言和日志是调试和排查问题的重要工具。断言可以帮助开发者验证假设并捕获潜在的错误；而日志则记录程序的执行过程，便于追踪和分析问题。合理使用断言和日志，能够加速问题定位和修复。例如：

```
// 反面示例：
if user == nil {
    // 忽略处理
}
// 正面示例：
assert(user != nil) // 断言用户不为 nil
log.Println("处理用户信息")
```

2. 数据流向

数据流向是指数据在程序中的传递与处理过程。清晰的数据流向不仅有助于理解代码，还能显著提高代码的可维护性，减少错误的引入和排查成本。为编写高质量、易维护的代码，开发者应遵循以下实践，确保数据流向简洁、清晰且可预测。

1）使用明确的数据传递方式

在程序设计中，数据传递应尽可能简洁明了。避免使用全局变量和隐式传递方式，因为其会提高代码的耦合度，降低代码的可维护性和可扩展性。推荐使用显式的参数传递和返回值传递，以清晰表达数据的流动关系。同时，避免在函数内部修改传入参数，以免提高代码的复杂性并引入不确定性。例如：

```
// 反面示例：addToTotal()函数直接修改全局变量 total，使得数据流向不够明确，进而提高代码的耦合度和维护难度
// 定义全局变量
var total int
// 修改全局变量
```

```
func addToTotal(amount int) {
    total += amount
}
func main() {
    addToTotal(5)
    addToTotal(10)
    fmt.Println("Total:", total) // 输出: Total: 15
}
// 正面示例：add()函数明确接受两个参数并返回结果，数据流向清晰，易于理解
func add(a, b int) int {
    return a + b
}
func main() {
    result := add(3, 5)
    fmt.Println("Result:", result)
}
```

2）使用数据结构封装数据

数据结构是组织和管理数据的重要工具，可以将相关数据进行封装与整合。合理使用数据结构不仅能提高代码的可读性和可维护性，还能减少数据冗余、提高复用性和可扩展性。选择合适的数据结构封装数据，可以使代码更加清晰，便于团队协作和未来的功能扩展。例如：

```
// 反面示例：使用多个独立变量存储相同的产品信息
func main() {
    var id int = 1
    var name string = "Laptop"
    var price float64 = 999.99
    fmt.Printf("Product info: ID: %d, Name: %s, Price: %.2f\n", id,
name, price)
}
// 正面示例：使用结构体封装产品信息
// 定义结构体以封装产品信息
type Product struct {
    ID    int
    Name  string
    Price float64
}
```

```go
func main() {
    product := Product{ID: 1, Name: "Laptop", Price: 999.99}
    fmt.Printf("Product info: %+v\n", product)
}
```

3）使用函数式编程

函数式编程强调函数的纯粹性和不可变性，有助于减少副作用，提高代码的可维护性。在编写代码时，应避免修改外部状态或传入参数，使用纯函数处理数据。在函数式编程中，数据结构通常是不可变的，这样可以减少潜在错误，提高代码的可预测性。

```go
// 反面示例：试图修改传入的切片，但实际不会影响原始切片的内容
// append()函数返回的是一个新切片，未赋值回原切片时，不会产生副作用
func ModifySlice(slice []int) {
    slice = append(slice, 4)        //注意：此操作不会影响原始切片
}
func main() {
    original := []int{1, 2, 3}
    ModifySlice(original)
    fmt.Println(original)           // 输出：[1 2 3]
}
// 正面示例：使用切片操作生成新切片，而非修改原切片
// 返回新切片，保持原切片不变
func AppendElement(slice []int, element int) []int {
    newSlice := append(slice, element)
    return newSlice
}
func main() {
    original := []int{1, 2, 3}
    updated := AppendElement(original, 4)
    fmt.Println(original)           // 输出：[1 2 3]
    fmt.Println(updated)            // 输出：[1 2 3 4]
}
```

4.3.3　设计包结构

在现代软件开发中，良好的包结构设计是实现代码可维护性、可扩展性和复用性的关键。合理的包结构设计不仅能降低代码的复杂性，促进团队协作，还能提高

项目的整体质量。随着项目的不断发展，包结构设计需要综合考虑业务需求、开发流程及团队规模，以确保项目在不同阶段都能高效运作且便于持续维护。

合理的包结构设计对提高代码的可读性、可维护性和可扩展性意义重大。精心设计的包结构能够清晰组织项目中的代码和资源，帮助开发者快速定位和理解各模块的功能。随着项目规模和复杂度的增加，包结构应随之演进，以适应不同的需求变化和开发模式。在设计包结构时，开发者需要综合考量项目的业务逻辑、模块间的依赖关系、团队协作方式及未来扩展的可能性，确保代码在长期维护过程中保持清晰高效。

包结构的选择并非固定不变，不同的项目和开发需求适配不同的包结构。合理的包组织能够显著提高代码的可读性和可维护性，进而提高开发效率。常见的包结构有 4 种：扁平结构、分层结构、模块结构和清洁架构（领域模型）。每种结构有其独特的优势和适用场景，开发者应根据项目的规模、复杂程度及团队协作模式选择最适合的包结构。

1. 扁平结构（单个包）

扁平结构是最简单的包结构，所有代码文件均位于同一级目录下。这种结构适用于小型项目或独立模块，能够快速启动和开发，尤其适合项目初期。扁平结构有助于避免不必要的复杂性和包之间的循环依赖，使代码管理更简洁。

扁平结构将所有内容集中于一处，有效规避了包之间复杂的相互依赖关系。如果将代码拆分到多个包中，则包与包之间的引用易形成复杂依赖链。随着项目的扩展，这种依赖关系会增加代码维护难度，导致许多函数或类型不得不公开，进而模糊 API 界限，增加代码理解与使用难度。

在使用扁平结构时，所有内容均处于同一个包中，开发者不需要频繁切换路径或纠结架构设计，只需专注于业务逻辑实现。需要注意的是，扁平结构并非要求所有代码都堆砌在单个文件中，仍然可以按功能或模块将代码拆分到不同文件中。这种设计简单直观，降低了理解与维护成本，尤其适合小型项目或快速迭代场景。

从最简单的开始，采用扁平结构。不要在早期就过于复杂化。当项目变得更大时，再考虑更复杂的结构。

——Dave Cheney

扁平结构示例：

```
courses/
  main.go
  server.go
  user_profile.go
  lesson.go
  course.go
```

在该示例中，项目的每个逻辑部分都分置于单独的文件中。假设一个文件负责用户管理，另一个文件负责课程管理。如果某个结构体放错文件，则开发者只需将其剪切并粘贴到正确的位置即可。每个文件代表应用程序中的一个完整功能模块，按内容或功能分组，便于查找和修改。

扁平结构的优势在于简单直观，特别适合小型项目或开发初期。然而，随着项目规模扩大，扁平结构可能出现代码文件过多、管理混乱的问题。在这种情况下，代码的组织方式需要逐步过渡到更加复杂的包结构，以实现更高效的管理和扩展。

2. 分层结构

分层结构是将代码按照功能或职责划分为不同层次，每层都可以独立处理特定的任务，层与层之间的依赖关系明确。常见的分层结构包括表示层、业务逻辑层和数据访问层等，每层都有明确的职能。通过这种方式，每层的代码都可以单独进行开发、测试和维护，显著提高代码的组织性和可维护性。分层结构适用于中等规模项目和团队协作，能够清晰地划分代码的功能职责，减少耦合，提高代码的可扩展性和灵活性。

在分层结构中，各层的职责通常如下。

表示层：负责与用户交互，展示数据或接收用户输入，通常包括 HTTP 路由、控制器和视图等组件。

业务逻辑层：处理应用的核心业务逻辑，负责执行业务规则和流程控制，通常包括服务、处理器等。

数据访问层：负责与数据库、文件系统或外部系统交互，进行数据持久化操作，通常包括数据模型和存储库等。

分层结构的显著优势在于将不同责任和功能模块化，使代码更具组织性且易于维护。每层可以独立开发和测试，减少层间的直接依赖，降低模块间的耦合度。同时，随着需求变化或项目扩展，新的层次或模块可以轻松地加入现有架构，具备良好的可扩展性。

分层结构示例：

```
courses/
├── cmd/
│   └── main.go
├── internal/
│   ├── handlers
│   │   ├── course.go
│   │   ├── lecture.go
│   │   ├── profile.go
│   │   └── user.go
```

```
├    ├── models
│    │      ├── course.go
│    │      ├── lecture.go
│    │      └── user.go
│    ├── repositories
│    │      ├── course.go
│    │      ├── lecture.go
│    │      └── user.go
│    ├── services
│    │      ├── course.go
│    │      └── user.go
└── pkg/
       └── log.go
```

在上述示例中，代码被清晰地组织到不同的目录中，分别对应不同的层次，便于理解和维护。每一层的代码职责明确，减少了层间的依赖，使得各个模块的开发和测试更为高效。

然而，分层结构也并非没有缺点。为保证跨层访问，许多类型、常量或函数必须是公共的，这可能导致一些不应暴露的实现细节被外部直接访问，进而提高程序的复杂性和维护难度。此外，随着层级的增多，代码的层次结构可能变得过于复杂，提高开发和调试的成本。在多层结构中，不同层之间的数据传递和转换可能带来额外的性能开销，尤其在数据交互频繁时更为明显。

尽管如此，分层结构仍是技术人员常用的设计方法，因为其符合将复杂应用划分为不同模块（如处理程序、服务、数据库等）的认知习惯。对初学者来说，分层结构提供了清晰的框架，有助于快速理解应用程序的基本结构和运行机制。

从长远看，分层结构可能会面临一些挑战，尤其在需求变更时，可能需要重新审视层间关系和业务逻辑的划分。但这并不意味着分层结构的设计就不可行或无效。事实上，众多成熟的应用程序都是基于这种设计模式构建的，能够高效处理复杂的业务逻辑和数据流向，并在实际运营中表现出色。因此，我们应根据项目的实际需求、开发团队的经验以及未来的扩展性灵活选择包结构。

3. 模块结构

模块结构通过将项目划分为多个独立的模块，使每个模块都专注于特定的功能，能够独立开发、测试和部署。这种结构能有效地对代码的职责和功能进行划分，提高项目的可维护性和可扩展性。模块结构适用于中大型项目，尤其在团队开发场景中，可以清晰界定模块的边界，避免模块间的耦合度过高。

在模块化设计中，每个组件都是应用程序的一个独立部分，通常提供某种独立的功能，并且几乎没有外部依赖。由于我们可以将组件视作"插件"，因此在运行应用程序时可以随时卸载或替换某个插件，而不影响整个应用程序的运行（尽管某些功能会受到限制）。这种情况在大规模生产系统中很常见，如某些特定的功能模块可以在不影响整体应用稳定性的情况下进行升级或替换。

模块化设计的关键在于，包的 API 应简洁明了，仅暴露必要的功能，而不是将实现细节暴露给使用者。通过清晰的模块边界和职责划分，开发者和使用者可以更加专注于模块提供的功能，而非内部实现逻辑。例如，存储模块只关注数据存储，HTTP 处理模块只关注客户端交互，其他细节均封装在内部。

每个模块应包含实现其业务价值所需的所有内容，如存储层、业务逻辑和 API 处理。例如，课程模块应包含课程数据模型、数据存储、服务逻辑等所有与课程相关的内容。这样一来，当某个模块的功能需要变更时，开发者只需在该模块内修改，不需要在整个项目中大范围查找和改动。

模块结构示例：

```
├── course
│   ├── httphandler.go    // HTTP 处理器
│   ├── model.go          // 数据模型
│   ├── repository.go     // 数据存储库
│   └── service.go        // 服务逻辑
├── main.go
└── profile
    ├── httphandler.go
    ├── model.go
    ├── repository.go
    └── service.go
```

在上述示例中，课程（course）和个人资料（profile）分别作为独立模块存在，每个模块内部都包含相关逻辑组件，如数据模型、HTTP 处理器、数据存储库等。通过这种方式，开发者在处理与课程相关的任务时，能够快速定位到 course 模块，而不必在整个应用中查找。同理，开发者在处理个人资料相关功能时，可以直接定位到 profile 模块。

然而，实现良好的模块化设计并非易事。在模块化设计的过程中，开发者可能面临模块边界不明确的问题，需要经过多次迭代和调整才能达到理想的包 API 设计。在初期阶段，开发者可能发现某些模块的功能过于庞大，而随着项目的推进，原本属于一个模块的部分功能可能发展成新的独立模块。因此，模块化设计要求开发者保持灵活性，在项目过程中不断优化和重构。

在模块化设计中，模块间难免产生依赖关系。例如，个人资料模块可能需要展示用户的最新课程信息，如果直接依赖课程模块，则会提高模块间的耦合度，不利于未来的扩展和维护。

最佳解决方案是使用接口来解耦模块间的依赖。例如，我们可以在个人资料模块中定义一个接口，用于描述所需的课程功能，而课程模块可以实现这个接口，以提供具体的业务逻辑。这种设计能够降低耦合度，允许模块间通过接口进行交互，而不必直接引用对方实现。

```
// 课程模块需要实现的接口
type Courses interface {
  MostRecent(ctx context.Context, userID string, max int)
([]course.Model, error)
}
```

课程模块中接口的实现：

```
type Courses struct {
  // 非导出字段
}
func (c Courses) MostRecent(ctx context.Context, userID string, max
int) ([]Model, error) {
  // 返回特定用户的最新课程
}
```

在个人资料模块中，只需依赖这个接口，而不需要关心课程模块的具体实现。这样一来，个人资料模块可以使用课程模块提供的接口，而不直接依赖课程模块的实现。通过这种方式，模块间的耦合度大大降低，代码更加灵活且易于扩展和维护。

```
// 个人资料模块依赖课程模块的接口
type Profile struct {
  Courses Courses
}
func (p Profile) GetUserProfile(ctx context.Context, userID string)
(*ProfileModel, error) {
  // 使用 Courses 接口获取最新课程
  courses, err := p.Courses.MostRecent(ctx, userID, 5)
  if err != nil {
    return nil, err
  }
```

```
// 处理个人资料逻辑
return &ProfileModel{Courses: courses}, nil
}
```

在实际的主程序中，开发者可以创建课程模块的实例，并将其传递给个人资料模块，这样就能完成模块间的解耦。

```
// main.go 中创建并传递依赖
courses := course.NewCourses()          // 在课程模块中创建接口实现实例
profile := profile.NewProfile(courses)  // 传递接口实例完成解耦
```

该方法的优势在于，个人资料模块和课程模块之间的依赖通过接口进行了隔离，降低了两者的耦合度。即使课程模块发生变动，个人资料模块也不需要做大的调整，从而提高代码的可维护性和灵活性。

模块结构通过清晰的功能划分和接口解耦，有效提高了项目的可维护性和可扩展性。它使每个模块都能独立开发和测试，同时通过接口和抽象减少模块间的直接依赖。这种结构能够有效降低模块间的耦合度，提高代码的灵活性和复用性。然而，模块化设计并非一蹴而就，需要开发者在实践中不断调整和优化，以达到理想的效果。

4. 清洁架构

清洁架构是一种高级的项目结构设计方法，旨在将业务逻辑与应用程序的其他部分（如用户界面、数据存储等）进行分离，进而提高代码的可测试性和可维护性。该架构通过领域模型表示业务逻辑，确保在面对需求变化时，业务层能够独立演化，减少与其他层的耦合。

清洁架构由著名软件工程师 Robert C. Martin 提出，通常将应用程序或模块划分为多个层次。具体层次的数量会根据代码库的规模和复杂度有所变化，但常见的 4 个核心层次为领域层（Domain）、应用层（Application）、端口层（Ports）和适配器层（Adapters）。在部分资料中，端口层和适配器层也被称为输入（Inbound）和输出（Outbound），但其核心思想是一致的，即将不同的功能区分开，确保每个部分的职责清晰，代码易于维护和扩展。

1）领域层

领域层是应用程序的核心，承载着系统的核心业务逻辑。所有的业务规则和行为均应在此层实现。因此，任何业务需求的变化或新增功能，基本只需在领域层更新。该层次代码应独立于任何外部系统或工具，专注于业务模型的定义与操作。开发者不需要关心数据是如何存储的，或者通过何种方式接收外部输入，而只需关注业务逻辑本身。

例如，在课程管理系统中，领域层可能包含以下业务逻辑：

```
course := NewCourse("How to use Go with smart devices?")
s := course.AddSection("Getting started")
l := s.AddLecture("Installing Go")
l.AddAttachement("https://attachement.com/download")
```

需要注意的是，此时不需要关心课程存储位置或新课程添加方式（是通过 HTTP 请求还是使用 CLI）。领域层仅描述课程的内容构成及可执行操作。

2）应用层

应用层连接领域层和基础设施层，负责实现应用的具体用例。在这一层，应用程序接收来自外部的输入（如 HTTP 请求、事件、CLI 命令等），将其转化为领域对象进行处理，并将处理结果返回或持久化到数据库等存储介质。应用层的职责是协调领域对象，确保业务逻辑能够正确执行，并通过适配器层与外部世界交互。

例如，在课程注册的场景中，应用层负责处理用户的注册请求，代码如下：

```
func (c Course) Enroll(ctx context.Context, courseID, userID string)
error {
  course, err := c.courseStorage.FindCourse(ctx, courseID)
  if err != nil {
      return fmt.Errorf("cannot find the course: %w")
  }
  user, err := c.userStorage.Find(ctx, userID)
  if err != nil {
      return fmt.Errorf("cannot find the user: %w")
  }
  if err = user.EnrollCourse(course); err != nil {
      return fmt.Errorf("cannot enroll the course: %w")
  }
  if err = c.userStorage(ctx, user); err != nil {
      return fmt.Errorf("cannot save the user: %w")
  }
  return nil
}
```

上述代码展示了用户通过应用层进行课程注册的过程。该层与领域对象（如课程、用户）交互，并通过基础设施层存取数据。

3）适配器层

适配器层也被称为输出层或基础设施层，负责与外部世界交互，通常涉及数据存储（如数据库）、文件系统或与其他服务的通信。适配器层的核心作用是将应用层的请求转化为可操作的数据格式，并通过底层技术（如数据库、消息队列等）进行处理。适配器层还可以提供 API 调用、文件存储等功能，是对低级细节的抽象。

适配器层使应用层不需要关心具体的存储技术或通信协议，从而提高代码的可测试性和灵活性。通过这种分层架构，应用层与基础设施的依赖关系得到了有效的隔离，便于后续技术栈的替换。

4）端口层

端口层也被称为输入层，是应用程序与外部世界交互的接口。端口层负责接收外部输入（如 HTTP 请求、事件、CLI 命令等），并将输入传递给应用层处理。端口层的职责是解析和验证输入数据，可以将其转交给应用层，最终根据应用层的处理结果将响应返回给外部世界。

下面是一个简单的 HTTP 端口层示例，用于处理课程注册请求：

```go
func enrollCourse(w http.ResponseWriter, r *http.Request) {
body, err := io.ReadAll(r.Body)
    if err != nil {
        w.WriteHeader(http.StatusBadRequest)
        logger.Errorf("cannot read the body: %s", err)
        return
    }
    req := enrollCourseRequest{}
    if err = json.Unmarshal(body, &req); err != nil {
        w.WriteHeader(http.StatusBadRequest)
        logger.Errorf("cannot unmarshal the request: %s", err)
        return
    }
    if err = validate.Struct(req); err != nil {
        w.WriteHeader(http.StatusBadRequest)
        logger.Errorf("cannot validate the request: %s", err)
        return
    }
    if err = app.EnrollCourse(req.CourseID, req.UserID); err != nil {
        w.WriteHeader(http.StatusInternalServerError)
        logger.Errorf("cannot enroll the course: %s", err)
```

```
    return
  }
}
```

在上述示例中，enrollCourse()函数负责接收 HTTP 请求、解析请求体、验证数据，并将其传递给应用层进行处理。

清洁架构通过明确区分各个层次的职责，使应用程序更具模块化、可扩展性和可测试性。每个层次都专注于其核心职责，其中领域层专注于业务逻辑，应用层专注于实现业务用例，适配器层负责与外部系统交互，而端口层则负责接收外部输入并将其转交给应用层。这种架构提高了代码的可维护性和可测试性，优化了团队协作的效率。然而，要想维持各层之间的清晰边界和一致性，就需要开发者具备高度的自律性和良好的实践能力，这也是许多开发者在实现清洁架构的过程中常面临的挑战。

4.3.4　异常管理

在编程过程中，错误和异常是不可避免的。它们可能由用户输入错误、网络故障、资源不可用或代码自身缺陷等多种因素引发。有效的错误处理机制对于构建稳定可靠、用户体验良好的应用程序起着至关重要的作用。合理的错误处理不仅能增强系统的稳定性、提升用户体验，还能为后期维护和问题追踪提供便利。

1. 错误和异常的概念区分

在软件开发领域，"错误"和"异常"是两个紧密相关但有所区别的概念。

错误通常是指程序中因逻辑错误或逻辑不一致导致的问题，如除以零、数组越界或空指针引用等情况。这类错误通常源于程序员的编码问题，需要通过修复代码来解决，通常可以在编译或测试阶段被发现并修正。

异常是指程序执行过程中遇到的意外事件，通常表示程序的某种异常状态。在众多编程语言中，异常可以通过特定机制（如 try/catch 语句）进行捕获和处理，使程序能够在遇到异常时采取恰当的应对措施，继续运行或以安全的方式终止。

2. 编程语言的错误和异常处理机制

不同编程语言提供了丰富多样的错误和异常处理机制，常见的处理方式如下。

1）基于返回值的错误处理

在 Go、C 等语言中，错误常通过函数返回值来表示。函数返回一个特殊值（如 –1 或 nil）以指示错误，调用者需要对这些返回值进行检查和处理。这种机制简单直接，但容易降低代码可读性，且存在错误处理被遗漏的风险。

2）异常抛出和捕获

在 Java、C#、Python、JavaScript 等语言中，异常处理机制非常常见。开发者可以使用 try/catch 语句捕获并处理异常，从而以更合理的方式管理错误。该机制结构清晰，能够集中处理错误，提高代码的可读性。然而，过度使用异常处理可能会带来性能损耗，同时增加调试的复杂度。

3）类型安全的错误处理

Rust、Swift 等现代编程语言引入了类型安全的错误处理机制，通过 Result 或 Option 等类型表示可能出现的错误。这种方式要求开发者显式处理每个潜在错误，在编译阶段就能捕捉问题，极大地增强了代码的健壮性与可维护性。但它存在较高的学习门槛，且可能导致代码冗长。

4）结合日志记录的错误处理

在 Python 和 Ruby 等语言中，开发者可以结合日志记录框架记录详细的错误信息，以便后续分析和排查。通过详尽的日志记录，能够快速定位问题，提高系统的可维护性，但也会带来一定的性能开销。

不同编程语言中的错误和异常处理机制各有特点，体现了各自的设计理念和目标。基于返回值的错误处理适用于低级语言，而异常机制则提供了灵活的错误管理机制，类型安全的错误处理增强了代码的健壮性。开发者应根据项目需求和团队编程习惯选择最合适的错误处理策略。

3. 错误和异常处理示例

在实际项目开发中，错误和异常处理是一项复杂且关键的工作。下面是一些实用的错误处理实践。

1）提早处理错误

在代码中尽早检测并处理错误，防止错误扩散。这有助于减少错误的影响范围，提高代码的可维护性和可读性。例如：

```
func processInput(input string) error {
    // 先检查输入是否为空
    if input == "" {
        return errors.New("input cannot be empty")
    }
    // 处理输入
    // ...
    return nil
}
```

2）适当抽象错误

将错误信息抽象为合适的错误类型，帮助开发者更好地理解和处理。错误类型应具备清晰的语义，准确指示错误的性质和位置。例如：

```go
// 定义自定义错误类型
type ValidationError struct {
    Field string
    Err   error
}
func (e *ValidationError) Error() string {
    return fmt.Sprintf("validation error on field %s: %v", e.Field,
e.Err)
}
func ValidateUser(name string) error {
    if name == "" {
        return &ValidationError{Field: "name", Err: errors.New("name
cannot be empty")}
    }
}
```

3）避免过度捕获异常

只捕获能够处理的异常。过度捕获异常会使代码逻辑混乱，增加可读性和调试难度。因此，我们应专注于捕获已知且能够合理处理的错误。例如：

```go
func divide(a, b int) (int, error) {
    if b == 0 {
        return 0, errors.New("division by zero")
    }
    return a / b, nil
}
func main() {
    result, err := divide(10, 0)
    if err != nil {
        fmt.Println("Error:", err) // 只处理特定的异常
        return
    }
    fmt.Println("Result:", result)
}
```

4）记录错误信息

错误日志应包含错误类型、发生时间、堆栈跟踪等详细信息，以便后期分析和排查问题。这样能够帮助开发者快速定位问题，并有效缩短调试时间。例如：

```go
func riskyFunction() error {
    return fmt.Errorf("something went wrong")
}
func main() {
    if err := riskyFunction(); err != nil {
        log.Println("Error:", err) // 记录错误信息
    }
}
```

5）恢复和重试

在条件允许的情况下，可以尝试恢复错误或重试操作。这对提高系统的稳定性和可用性尤其重要。通过设置合理的重试次数，可以避免因偶发性错误而导致的系统崩溃。例如：

```go
func unstableOperation() error {
    // 模拟随机错误
    return fmt.Errorf("Random failure")
}
func retryOperation(maxRetries int) error {
    for i := 0; i < maxRetries; i++ {
        err := unstableOperation()
        if err == nil {
            return nil
        }
        fmt.Printf("Retrying... (%d/%d)\n", i+1, maxRetries)
    }
    return fmt.Errorf("Max retries exceeded")
}
```

6）避免空异常

避免返回空的错误对象。空异常不仅没有提供有用的调试信息，还会增加开发者的排查难度。例如：

```go
func getValue(data map[string]int, key string) (int, error) {
```

```
    if value, exists := data[key]; exists {
        return value, nil
    }
    // 提供有意义的错误信息
    return 0, fmt.Errorf("key '%s' not found", key)
}
func main() {
    data := map[string]int{"a": 1, "b": 2}
    _, err := getValue(data, "c")
    if err != nil {
        fmt.Println("Error:", err)
    }
}
```

通过提早处理错误、适当抽象错误、避免过度捕获异常和记录错误信息等最佳实践，开发者可以显著提高代码的可维护性和系统的稳定性。适时的恢复与重试操作也能有效改善用户体验。避免空异常、始终提供有意义的错误信息，能够帮助开发者快速定位问题。总之，良好的错误处理不仅能帮助开发者快速定位和解决问题，还能增强系统的可靠性，是高质量代码的重要组成部分。

4.3.5　提高代码的可测试性

代码的可测试性指的是软件系统在进行测试时的难易程度。具备高可测试性的代码能够更高效、精准地发现缺陷，从而保障软件的质量和可靠性。具备良好可测试性的代码通常具有模块化、清晰性和独立性等特征。具体来说，模块化意味着代码被划分为独立的单元；清晰性意味着代码易于理解且目的明确；独立性则意味着代码单元可以在不依赖外部系统或状态的情况下独立进行测试。

具有高可测试性的程序通常具备以下关键特性。

单一职责设计：每个代码单元应只负责一项明确的功能，避免同时涉及多个功能或复杂的依赖关系。单一职责设计使得代码更易进行单元测试，从而提高测试的准确性和效率。

模块化设计：可测试的代码应当具备模块化特征，即将代码划分为独立的单元，每个单元具有明确的功能和职责。模块化设计便于单独测试每个模块，从而提高测试的灵活性和准确性。

易于初始化与模拟：可测试的代码应便于在测试环境中进行初始化和模拟。通过使用模拟对象，可以有效控制外部依赖，确保测试过程的可靠性和可维护性。

可控的输入参数：可测试的代码应允许灵活地设置和修改输入参数。这使得在测试环境中能够随时调整输入，从而反复执行测试，方便集成到持续集成（CI）流程中，实现自动化测试。

易于验证的输出结果：可测试的代码应产生易于验证的输出结果。每个操作都应产生可预期的输出，输出可以表现为返回值、内部状态或外部行为等。无论输出的形式如何，它都应具备可追溯性，以便验证结果的正确性。借助 assertEqual()或verify()等简单的验证方法，可以快速得出测试结果，从而降低测试的复杂度。

采用接口和依赖注入的方式能够显著提高代码的可测试性。当代码采用面向接口编程时，实现依赖注入会更加直观简便。广泛使用依赖注入可以方便地替换外部依赖。将接口与依赖注入相结合是编写可测试代码的有效模式。

抽象依赖：将代码中的外部依赖抽象为接口，确保这些接口的实例不由被依赖的代码创建，而由调用方注入。

封装实现：将第三方依赖封装为上述接口的实现，由调用方创建具体实例并注入业务逻辑中。

通过这种松耦合的设计，我们能在测试中轻松模拟接口实现，替换真实的外部依赖。图 4.1 所示为松耦合的设计示例。

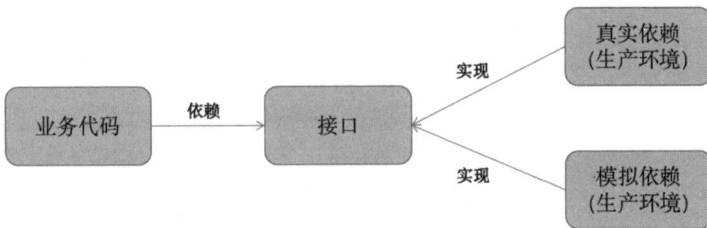

图 4.1　松耦合的设计示例

从图 4.1 可以看出，业务代码通过依赖注入的接口与具体环境实现隔离，测试代码则可以轻松模拟并替换依赖项。

假设我们在一个电商系统中设计 transaction 类，用于记录每笔订单的交易情况，其中的 Execute() 函数负责执行转账操作，转账的实现通过支付宝或微信调用银行的SDK 完成：

```go
type transaction struct {
    ID        string
    BuyerID   int
    SellerID  int
    Amount    float64
    createdAt time.Time
    Status TransactionStatus
```

```
}
func (t *transaction) Execute() bool {
    if t.Status == Executed {
        return true
    }
    if time.Now() - t.createdAt > 24.hours { // 交易有效期
        t.Status = Expired
        return false
    }
    client := BankClient.New(config.token) // 调用银行的 SDK 执行转账
    if err := client.TransferMoney(id, t.BuyerID, t.SellerID,
t.Amount); err != nil {
        t.Status = Failed
        return false
    }
    t.Status = Executed
    return true
}
```

在这个实现中，对 Execute()函数进行测试存在一定难度，因为它依赖于以下两个外部因素。

（1）行为不确定的 time.Now()函数，它的每一次调用都会产生不同的结果。

（2）银行提供的转账 SDK，真实调用成本高且难以控制。

为了解决这个问题，我们可以模拟这些外部依赖。以银行的 SDK 为例，首先，我们定义一个 Transferer 接口来表示转账操作：

```
type Transferer interface {
    TransferMoney(id int, buyerID int, sellerID int, amount float64)
error
}
```

接下来，我们将 BankClient 的实例创建移到调用者中，即由调用者创建一个实现 Transferer 接口的实例，并注入 transaction 类中。这样一来，transaction 类就能接受该实例。对于实例的传递方式，我们可以选择通过 Execute() 函数的参数传递，但如果依赖较多，则可能导致函数参数过于繁杂。因此，更常见的做法是将其作为类成员属性。重构后的 transaction 类及其构造函数如下：

```
type transaction struct {
    ID          string
```

```
    BuyerID  int
    SellerID int
    Amount   float64
    createdAt time.Time
    Status TransactionStatus
    // 增加了一个存放接口的属性
    transferer Transferer
}
func New(buyerID, sellerID int, amount float64, transferer Transferer)
*transaction {
    return &transaction{
        ID:        IdGenerator.generate(),
        BuyerID:   buyerID,
        SellerID:  sellerID,
        Amount:    amount,
        createdAt: time.Now(),
        Status:    TO_BE_EXECUTD,
        transferer: transferer, // 注入 transaction 类中
    }
}
func (t *transaction) Execute() bool {
    //...
    //不直接创建，而是使用别人注入的接口实例
    t.transferer.TransferMoney(id, t.BuyerID, t.SellerID, t.Amount)
    //...
}
```

在单元测试中，我们可以通过自定义的模拟类轻松替换掉银行的 SDK 调用：

```
// 定义一个满足 Transferer 接口的 mock 类
type MockedClient struct {
    responseError error // 实例化时可以将期望的返回值保存进来
}
func (m *MockedClient) TransferMoney(id int, buyerID int, sellerID
int, amount float64) error {
    return m.responseError
}
func Test_transaction_Execute(t *testing.T) {
```

```
// 实例化一个可以自由控制结果的 client
transferer := &MockedClient{
    responseError: errors.New("insufficient balance"),
}
tnx := New(buyerID, sellerID, amount, transferer)
if succeeded := tnx.Execute(); succeeded != false {
    t.Errorf("Execute() = %v, want %v", succeeded, false)
}
}
```

这样一来，我们就能够在测试中替换掉实际的支付接口调用，降低测试的成本。

接下来，我们处理 transaction 类中的过期交易场景。最直观的做法是将 transaction 类实例中的 createdAt 属性值设置为 24 小时前，从而模拟过期交易场景。然而，由于 createdAt 是私有属性，在交易生成时会自动获取当前系统时间，因此我们无法直接对其赋值修改。为了既能解决该问题又保持类的封装性，我们可以通过引入一个中间人来获取当前时间，将 time.Now() 作为参数传入：

```
type transaction struct {
    ID         string
    BuyerID    int
    SellerID   int
    Amount     float64
    createdAt  time.Time
    Status     TransactionStatus
    transferer Transferer
    // 增加一个函数属性
    now func() time.Time
}
func New(buyerID, sellerID int, amount float64, transferer Transferer,
now func() time.Time) *transaction {
    return &transaction{
        ID:         IdGenerator.generate(),
        BuyerID:    buyerID,
        SellerID:   sellerID,
        Amount:     amount,
        createdAt:  now(),
        Status:     TO_BE_EXECUTD,
        transferer: transferer,
```

```
            now:              now, // 注入 transaction 类中
    }
}
func (t *transaction) Execute() bool {
    //...
    if t.now() - t.createdAt > 24 * time.hours { // 交易有效期
        t.Status = Expired
        return false
    }
    //...
}
```

在测试中，我们可以传入一个返回固定时间的函数来模拟当前时间：

```
func Test_transaction_Execute(t *testing.T) {
    // 实例化一个可以自由控制结果的 client
    transferer := &MockedClient{
        responseError: errors.New("insufficient balance"),
    }
    // 传入一个返回固定时间的函数
    tnx := New(buyerID, sellerID, amount, transferer, func() time.Time
{
        return time.Now().Add(-25 * time.Hour)
    })
    if succeeded := tnx.Execute(); succeeded != false {
        t.Errorf("Execute() = %v, want %v", succeeded, false)
    }
}
```

虽然我们没有像定义 Transferer 接口模拟银行 SDK 调用那样显式定义一个接口来模拟 time.Now()，但这种通过函数参数注入时间的方式同样属于依赖注入。

通过上述重构，我们成功解耦了代码的依赖关系，使代码更具灵活性、可测试性。这种依赖注入的方式不仅降低了单元测试的难度，还显著提高了代码的可维护性和可扩展性。

4.3.6　使用设计模式

设计模式是软件设计中常见问题的典型解决方案，犹如可按需调整的预制蓝图，旨在帮助开发者解决代码中反复出现的设计难题。通过设计模式，开发者可以借鉴

前人的经验，避免"从头开始"设计，从而提高开发效率并保证代码的质量。

然而，使用设计模式并非简单地"套用公式"。它们并不是特定的代码实现，而是针对特定问题的抽象概念或思维方式。开发者应根据具体的项目需求，灵活地应用设计模式的思想，从而设计出符合实际情况的解决方案。因此，设计模式在实践中的应用需要结合项目的具体背景和需求，不能盲目依赖。

本节并不深入探讨具体的设计模式及其实现方式，感兴趣的读者可以参考《设计模式：可复用面向对象软件的基础》等经典书籍进行深入学习。在应用设计模式时，开发者需要注意以下几点。

1. 理解设计模式的本质

设计模式本质上并不是一成不变的解决方案，而是一种解决问题的思维方式。理解设计模式的核心思想和适用场景，有助于开发者在面对具体问题时能灵活运用，而非机械套用。通过深刻理解设计模式的理念，开发者可以在面对复杂的系统需求时做出更为恰当的设计决策，防止问题过于复杂化或偏离实际需求。

2. 避免过度使用设计模式

设计模式并非万能，并非适用于所有问题。设计模式的引入往往是为了在特定场景下提供一个高效的解决方案，并且这种解决方案通常以复杂度换取灵活性。因此，开发者在决定是否采用某种设计模式时，需要权衡其带来的复杂性与实际效益。若引入设计模式会导致不必要的复杂性，或者其灵活性无法显著提高代码的可维护性和可扩展性，则应谨慎使用。

编程的核心目标是通过编写可维护、易理解的代码，降低系统的复杂度。如果设计模式有助于实现这一目标，那么它们便是值得采用的工具。然而，开发者应始终保持对设计模式的批判性思维，避免盲目追求"设计模式的数量"，而忽视系统的实际需求和可维护性。

4.4 代码评审

代码评审（Code Review）是软件开发过程中的一个重要环节。它是团队成员之间相互检查和评估代码的过程。通过代码评审，团队不仅能有效把控代码质量，还能提升整体编程能力，促进知识共享，确保软件的安全性。工程师在审阅他人编写的代码时，旨在识别潜在问题、提高代码质量和保持代码一致性。在通常情况下，代码评审流程是由代码作者发起的，邀请团队成员对其代码进行审查。审阅者在审阅过程中提出改进建议，开发者根据反馈对代码进行修改，直至最终通过评审。

1. 为什么进行代码评审

代码评审的价值远不止于发现代码缺陷，还体现在多个层面。

首先，代码评审能够在开发流程的早期发现潜在问题，避免后期修复时产生不必要的成本。很多通过代码评审发现的问题往往是其他途径难以察觉的。通过多人审阅，开发者可以识别代码中的错误、不良实践和潜在的技术债务，从而有效提高代码的整体质量。

其次，代码评审是增强代码理解性的有效途径。通过让非作者的开发者检查代码，团队成员能够获得不受个人思维定式影响的反馈，帮助验证代码对更广泛受众的可理解性。毕竟，代码的阅读频率远超其编写次数，因此确保代码具备较高的可理解性尤为重要。选择拥有不同背景和经验的审阅者，尤其是那些未来可能会维护或使用相关代码的人，能更有效地提高代码的易读性和可维护性。

再次，代码评审为团队成员提供了一个知识共享的机会。审阅者往往在特定领域具备专业知识，这不仅能帮助开发者改进代码，还能通过知识的传递和讨论，推动团队成员技术能力的成长。审阅过程中的反馈和建议，不仅限于代码本身，还可能涉及更高层次的设计决策、技术栈选择及最佳实践，从而实现知识的双向流动，提升团队整体技术水平。

最后，代码评审有助于建立和维护团队的质量标准。通过持续的审查，团队成员能够在代码质量、设计决策、实现细节等方面达成共识，进而形成一套共同的规范和标准。这不仅能提高团队的协作效率，还能确保团队在快速迭代中保持高质量的输出。

2. 代码评审的关注点

在进行代码评审时，审阅者需要关注多个重要方面。

首先，代码评审需要关注代码的设计，审阅者需要评估变更的整体设计是否合理。具体来说，检查代码间的交互是否正常，变更是否符合现有代码库的架构，能否与系统的其他部分无缝衔接。此外，还需考虑是否在合适的时机添加了新功能，避免过度设计或不必要的复杂性。

其次，对代码功能实现的审查是代码评审的重要环节。审阅者应仔细检查代码是否实现了预期的功能，并且没有引入新的问题。需要特别关注代码的逻辑正确性、边界条件的处理及异常情况的防范，以确保代码在不同场景下都能正常运行。

可读性是代码质量的另一个关键指标。代码不仅需要正确地完成任务，还应易于理解和维护。审阅者应检查代码的命名是否清晰、结构是否合理、注释是否充分，并确认代码是否遵循团队的编程规范。良好的可读性能够在后续开发中降低理解成本，使得其他开发者能够快速上手和修改。

代码复杂度同样是代码评审的重点关注对象。复杂代码易引发理解困难、性能瓶颈及潜在错误等问题。审阅者需要评估代码复杂度是否合理，避免出现不必要的复杂设计，同时考量其时间与空间复杂度，保障代码在规模扩展时的运行效率。

除了关注代码本身的复杂性与功能性，代码运行过程中的安全性同样不容忽视。审阅者应检查代码是否存在安全漏洞，如输入验证是否充分、敏感数据是否得到妥善保护等。对安全性的重视有助于提前发现潜在的安全隐患，确保软件的安全性。

最后，代码的测试覆盖率同样是代码评审的重要考量。审阅者应确保代码具备足够的测试覆盖，重点检查单元测试、集成测试和系统测试的完整性与有效性。测试能够有效确保代码在各种场景下的稳定性和正确性，是提高软件质量的重要保障。

3. 代码评审实践

在实际开发中，大多数团队使用 GitHub、GitLab 等基于 Git 的代码托管平台作为代码版本管理工具。Git 的 Commit 和 Pull Request（PR）功能是代码评审的核心工具。Commit 用于记录每次的代码变更，而 Pull Request 则用于提交变更并发起审阅请求。一个 PR 可能包含一个或多个 Commit，提交后，GitLab 等平台会展示此次提交的代码与原有代码之间的差异，方便审阅者查看和评论。

代码开发者在完成代码编写后，将代码提交到 Git 仓库，并发起 PR，请求团队成员审阅。在 PR 页面中，审阅者可以针对代码提出意见建议，或者就某些代码变更展开讨论。开发者可以根据反馈调整代码，新的改动会作为新的 Commit 提交到 PR 中，直至最终通过评审。

在明确代码评审的操作流程后，审阅者还需遵循相应的评审原则，以保障评审工作的有效性。在审阅过程中，审阅者应遵循以下基本原则：当代码能够显著提升系统性能、稳定性，或者优化功能实现，且经测试可正常运行时，即便存在诸如注释不足、命名不够规范等非关键性问题，也应倾向于通过此次变更。代码评审旨在推动持续改进，而非追求绝对完美。过度纠结细节可能延误项目进度，而那些能够提高系统可维护性、可读性和可理解性的改动应优先安排上线。

4. 代码评审中的原则

在整个代码评审流程中，团队成员应秉持以下几个原则。

首先，保持谦逊态度，避免将代码评审作为个人炫技的场合。审阅者需以建设性方式提出意见，尊重代码作者的劳动成果，帮助其改进代码。

其次，审阅者应专注于代码本身，避免针对作者个人的批评或无关评论。代码评审应集中在代码的质量、设计和实现细节上，而非对开发者的能力和经验进行评判。

在审阅过程中，审阅者应坚持技术和数据优先于个人偏好，如果作者能用数据或公认的设计原则证明其选择的方案是合理的，则审阅者应接受其方案。而在设计不确定的情况下，应依据标准的软件设计原则进行评估。

最后，适度的代码提交和评审量是确保代码评审高效进行的关键。每次评审的代码量不宜过多。在理想状态下，单次提交和评审应聚焦于单一问题，确保审阅者能细致审查，防止因内容过载而遗漏重要问题。

综上所述，代码评审是软件开发过程中的重要环节，有助于提高代码质量，促进团队协作和知识共享。在代码评审时，团队成员通过保持谦逊态度、聚焦代码问题、遵循技术数据准则，并合理把控评审规模，能够有效控制代码质量，深化团队协作与知识共享，进而提高系统的可维护性和稳定性。

4.5　小结

本章深入探讨了可维护性代码的关键特征，包括简洁性、可读性、可扩展性和可测试性，着重强调仅仅能够正常运行的代码并不足以称之为高质量的代码。虽然代码能够实现预定功能是基础要求，但真正高质量的代码还必须具备易于理解、修改和扩展的特性。

随后，本章详细阐述了编写可维护性代码的若干基本原则和方法，包括良好的命名习惯、清晰的逻辑控制流程、合理的包结构设计、有效的异常处理机制，以及确保代码可测试性等方面。

此外，本章还深入讨论了代码评审的实践方法和注意事项。有效的代码评审不仅能帮助团队成员及时发现问题，提高代码质量，还能促进团队的技术沟通与协作。代码评审并非单纯的错误查找过程，更是提高代码整体质量、共享最佳实践和技术经验的重要途径。

基于对可维护性代码及代码评审的探讨，后续章节将深入阐释模块化设计的核心概念，重点说明如何通过合理的模块划分进一步提高代码的可维护性、可复用性及灵活性。通过清晰的模块边界和职责分配，能够有效降低代码的耦合度，使软件项目更容易适应需求变化和长期演进。

第 5 章　模块化编程

良好设计的第一个特征是将系统划分为模块。

—— David Parnas

模块化编程是现代软件开发中的关键设计理念，自 20 世纪 60 年代提出后，便在提高软件架构质量的进程中持续发挥重要作用。其核心思想是将一个复杂的软件系统分解为一组相对独立的模块，这些模块在编程实现上可表现为类、函数等代码单元，在系统架构层面则体现为子系统、服务等形态。通过模块化设计，开发者能够有效降低系统的复杂性，提高代码的可维护性与可扩展性，同时为团队协作提供更清晰的边界和规范。

在理想的模块化系统中，每个模块都具有明确的职责，且尽可能与其他模块解耦。这种设计使开发者能够聚焦于各自负责的模块，不需要深度理解整个系统，从而有效降低协作复杂度和开发错误风险。

本章将深入剖析模块化编程的原则与实践方法，助力读者熟练运用模块化设计，打造高质量的软件系统。

5.1　模块：分而治之

在模块化编程中，模块是用于实现特定功能的独立代码单元：在编程层面通常由变量、函数、类等代码实体构成；在系统架构层面，可体现为子系统、服务等形态。通过模块化设计，开发者能够将复杂的系统拆解为若干功能明确、相对独立的组成部分，进而提高代码的可维护性和可复用性。

模块的核心特征之一是封装性。模块对外仅暴露必要的接口，而内部的实现细节则完全隐藏。这种设计不仅提高了模块的安全性，还降低了外部对内部实现的依赖程度，使模块能够独立完成开发、测试和维护工作。此外，模块的独立性使其能够在不同项目中重复使用，从而显著降低开发成本。

优秀的模块设计离不开高内聚和松耦合特性。高内聚要求模块内部元素紧密关联，能够协同完成特定任务；松耦合则强调减少模块间复杂的依赖关系，避免因修改一个模块而对其他模块产生不必要的影响。此类设计可以确保系统在进行功能扩展或问题修复时，依然能够维持良好的灵活性和稳定性。

虽然从理论上讲，理想的模块应具备完全独立性，但在实际软件开发过程中，模块间的协作不可或缺。这种协作可以通过函数或方法调用、消息传递、事件驱动等多种方式实现，不可避免地会引入一定的依赖关系。例如，当一个模块的接口发生变化时，其他调用该接口的模块可能需要同步调整。为了降低这种影响，模块化设计应致力于简化接口设计，并明确接口的使用规范。如果模块的实现方式发生变化但接口保持不变，则其他模块不会受到波及，从而提高了系统的可维护性。

在关注模块间协作关系的同时，模块接口设计的优劣同样对系统可维护性有着重要影响。模块设计应秉持“接口简单优于实现复杂”的理念，这种设计策略既能降低模块对系统整体复杂性的影响，又能为模块内部的优化调整提供更大的灵活性。当接口清晰简洁时，模块的实现细节可以在不影响外部调用的前提下进行改进，这对代码的长期维护至关重要。

通过合理的模块化设计，开发者能够构建清晰、高效的系统结构，将复杂的问题拆解简化，最终实现软件项目开发效率和质量的双重提升。

5.2 接口：连接的桥梁

在软件工程领域，接口是设计模块化、可扩展和可维护系统的重要基础。接口提供了一种机制，使得不同的软件组件可以进行交互，而不需要暴露具体实现细节，从而实现了具有抽象化、封装性和可扩展性的设计目标。

接口的本质是定义了一种契约，规定了软件实体必须执行的操作，但不涉及这些操作的具体实现方式。通过这种方式，接口将“做什么”与“如何做”分离，帮助开发者构建灵活且可互换的组件。无论是面向对象编程、过程式编程，还是函数式编程，接口都在组织和交互软件组件中扮演着不可或缺的角色。

1. 接口的组成

模块的接口通常由形式化信息和非形式化信息两部分组成。

形式化接口部分在代码中明确规定，并且其中一些信息可以通过编程语言进行正确性检查。例如，方法的形式化接口由其签名构成，包含参数的名称和类型、返回值的类型，以及可能抛出的异常信息。大多数编程语言会确保每次调用方法时，提供的参数数量和类型与签名一致。类的形式化接口则由所有公共方法的签名及任何公共变量的名称与类型组成。

除了形式化信息，每个接口还包括非形式化元素。这些元素并未以编程语言可理解或强制执行的方式进行说明，主要涵盖接口的高级行为。例如，某个函数可能会删除其参数指定的文件。如果类的使用存在约束（如某个方法必须在另一个方法之前调用），则这些约束同样属于类接口的一部分。一般来说，如果开发者在使用模块时需要了解特定信息，则该信息应被视为模块接口的组成部分。非形式化接口部分通常只能通过注释描述，而编程语言无法确保这些描述的完整性或准确性。对大多数接口来说，非形式化接口部分往往比形式化接口部分更加庞大且复杂。

2. 接口设计原则

在设计接口时，应遵循以下关键原则。

（1）保持接口小而专注：每个接口应专注于单一职责，避免设计过于庞大的单体接口。将大型接口拆分为多个小型、专注的接口，便于实现和维护，同时提高代码的灵活性。

（2）避免过度设计：接口的设计应基于实际需求，避免引入不必要的复杂性或额外的维护成本。过度设计的接口可能造成资源浪费，并增加系统的理解难度。

（3）明确定义接口行为：接口应清楚地定义其预期行为及使用方式，包括明确的输入、输出和约束条件。这样可以减少开发者对接口的使用误解和错误。

（4）优先使用接口组合：接口组合是一种灵活的设计方式，可以将多个小型接口组合成一个更复杂的接口，从而提高代码的可复用性和可扩展性。

反面示例：

以下代码展示了一个设计过于庞大的接口，难以实现和维护。

```go
package main
import "fmt"
// 大型接口，包含多个不相关的方法
type ComplexShape interface {
    Area() float64
    Perimeter() float64
    Draw()                  // 不相关的方法
    Translate(x, y float64) // 不相关的方法
}
type Triangle struct{}
func (t *Triangle) Area() float64 {
    return 0 // 假设的实现
}
func (t *Triangle) Perimeter() float64 {
    return 0 // 假设的实现
}
func (t *Triangle) Draw() {
    fmt.Println("Drawing triangle...")
}
func (t *Triangle) Translate(x, y float64) {
    fmt.Printf("Translating triangle by (%f, %f)\n", x, y)
```

```
}
func main() {
    var s ComplexShape = &Triangle{}
    s.Draw() // 输出: Drawing triangle...
}
```

正面示例：

改进后的代码通过接口拆分提高了灵活性和可维护性。

```
package main
import "fmt"
// 定义小接口
type AreaCalculator interface {
    Area() float64
}
type PerimeterCalculator interface {
    Perimeter() float64
}
// 组合接口
type Shape interface {
    AreaCalculator
    PerimeterCalculator
}
type Rectangle struct {
    width, height float64
}
func (r *Rectangle) Area() float64 {
    return r.width * r.height
}
func (r *Rectangle) Perimeter() float64 {
    return 2 * (r.width + r.height)
}
func main() {
    var s Shape = &Rectangle{width: 4, height: 3}
    fmt.Println(s.Area())        // 输出: 12
    fmt.Println(s.Perimeter())   // 输出: 14
}
```

（5）面向接口编程，而不是实现：在编写代码时，应尽量关注接口而非具体实现。这种做法可以降低代码的耦合度，提高其灵活性和可维护性。

反面示例：

```go
package main
import "fmt"
// 不使用接口编程
type EmailNotifier struct{}
func (en *EmailNotifier) Notify(message string) {
    fmt.Println("Sending email:", message)
}
// 依赖 EmailNotifier 具体实现
func SendEmailNotification(en EmailNotifier, message string) {
    en.Notify(message)
}
func main() {
    notifier := &EmailNotifier{}
    // 依赖 EmailNotifier 具体实现
    SendEmailNotification(*notifier, "Hello, World!")
}
```

正面示例：

```go
package main
import "fmt"
// 定义接口
type Notifier interface {
    Notify(message string)
}
// 实现 Notifier 接口的类型
type EmailNotifier struct{}
func (en *EmailNotifier) Notify(message string) {
    fmt.Println("Sending email:", message)
}
// 使用接口编程：Notifier 接口作为参数
func SendNotification(n Notifier, message string) {
    n.Notify(message)
}
func main() {
    var notifier Notifier = &EmailNotifier{}
```

```
SendNotification(notifier, "Hello, World!") // 输出: Sending
email: Hello, World!
}
```

5.3 抽象：提取共性，减少重复

抽象是模块化设计中的核心原则之一。它通过隐藏不必要的细节，明确定义接口以暴露必要特性，从而简化复杂系统的理解和使用。在模块化编程中，抽象不仅能帮助开发者有效管理复杂性，还能显著提高代码的可用性和可维护性。

在模块化编程中，每个模块通过其接口提供抽象。接口展现了模块功能的简化视图，而实现细节则在抽象层面被屏蔽。屏蔽的细节之所以可以忽略，是因为这些细节对模块的使用者来说并不重要。"不重要"这一概念在抽象设计中尤为关键：省略的细节越多，抽象设计就越优秀。然而，这种省略需要谨慎对待。如果某些细节对模块的使用者至关重要，那么它们就不应被抽象所隐藏。

抽象的设计过程需要权衡取舍，平衡好简化与完整之间的关系。省略多余的细节有助于降低复杂性，但省略关键信息则可能导致抽象失效。因此，理想的抽象应能够准确传递模块的核心功能，同时避免让使用者承担不必要的认知负担。

在设计抽象时，开发者可能会遇到以下两种常见问题。

（1）抽象过度复杂：抽象中包含了不必要的细节，这使得设计显得臃肿且难以理解，从而增加开发者的认知负担。例如，将实现中的所有细节都暴露在接口中，可能让使用者面对无关的细节，迷失在复杂性中。

（2）抽象不够完整：抽象可能遗漏了使用者所需的重要信息，从而引发模糊性。例如，当某些关键细节被忽略时，使用者可能无法正确理解或使用模块。在这种情况下，虽然抽象表面上看起来简洁，但实际上会给使用者带来混淆甚至错误。

设计高质量抽象的关键在于深刻理解哪些信息对使用者是重要的，并在此基础上优化抽象的设计。优秀的抽象能够最大限度地简化信息量，同时保证使用者能够获得必要的关键信息。

抽象与具体实现的分离是模块化编程中的重要原则。抽象提供了使用模块的统一入口，而具体实现则隐藏在接口背后。这种分离带来的直接好处是：模块的使用者不需要关心其实现细节，从而降低了模块之间的耦合度，提高了代码的可维护性和可扩展性。

通过抽象，开发者能够更轻松地理解和使用模块。例如，一个提供文件操作功能的模块，其接口可以抽象为"打开文件""写入文件""关闭文件"。这些抽象操作屏蔽了具体实现中的底层逻辑，如文件句柄管理或操作系统调用。这不仅提高了模块的可用性，还为未来的功能扩展或实现替换提供了灵活性。

5.4 深模块和浅模块

在 *A Philosophy of Software Design* 一书中，作者 John Ousterhout 提出了"深模块"（Deep Module）和"浅模块"（Shallow Module）的概念。他认为，最佳的模块是深模块。深模块的优势在于通过简单的接口将复杂的内部逻辑隐藏起来，用户不需要了解模块内部复杂的实现细节，就能便捷地使用其功能；而浅模块的接口设计则较为复杂，且无法有效隐藏内部复杂性。此外，浅模块在功能方面也存在局限。这种设计使得用户在使用浅模块时，需要花费更多精力理解其接口和功能，从而增加认知负担。图 5.1 所示为深模块和浅模块对比。

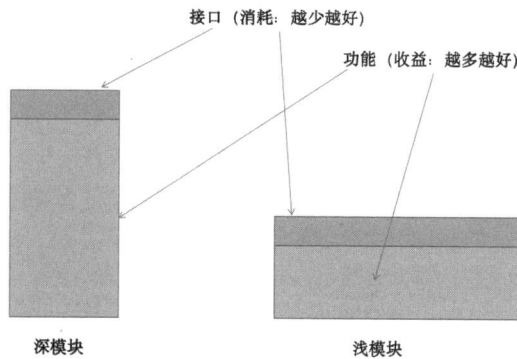

图 5.1　深模块和浅模块对比

从图 5.1 可知，最好的模块是深模块，因为它们通过简单的接口提供了大量的功能。相反，浅模块的接口相对复杂，功能却十分有限，未能充分封装复杂性。

5.4.1 深模块

深模块是指那些在内部实现中封装了复杂逻辑、行为和多层功能的模块。这些模块通常负责处理复杂的任务，可能依赖于多个内部组件以确保其正常运作。深模块提供了较高的抽象层次，使得用户可以以简单的方式访问丰富的功能，通常具有更广泛的功能范围。由于深模块隐藏了内部复杂性，仅暴露出必要的功能，其接口往往更为简洁。这种设计使得开发者可以更轻松地使用模块，而不需要深入了解其复杂的实现细节，从而提高了代码的可用性和可维护性。

下面以支付处理系统的接口设计为例，展示一个深模块的设计。在支付处理系统中，深模块封装了复杂的逻辑，如支付网关、欺诈检测和交易管理。该模块向应用程序的其他部分提供了一个简单的接口。

```
type PaymentProcessor interface {
```

```
    ProcessPayment(amount float64, currency string paymentMethod
string) (Transaction, error)
    RefundPayment(transactionID string) (Refund, error)
    GetTransactionStatus(transactionID string) (TransactionStatus,
error)
}
```

支付处理系统内部需要实现以下内容。

- 支付网关：与不同支付网关的各种集成（如微信、支付宝等）。
- 欺诈检测：用于检测欺诈活动的复杂算法。
- 交易管理：处理交易状态、回滚和重试。

通过提供一个简单的接口，支付处理模块使开发者能够与复杂的逻辑进行交互，而不需要了解每个支付网关或欺诈检测机制的复杂性。

5.4.2　浅模块

浅模块是指接口相对复杂，且与所提供的功能相比，显得过于烦琐的模块。例如，实现链表的类就是一个典型的浅模块。操作链表的代码量虽不大（如插入或删除一个元素只需几行代码），但链表的抽象未能有效隐藏其内部实现细节。这使得链表接口的复杂性与其实现复杂性几乎相当。虽然浅模块在某些情况下可能无法避免，但由于其接口未能有效抽象出重要功能，对降低系统复杂性的作用有限。因此，开发者在使用浅模块时需要更加小心，以确保准确理解和使用接口。

下面以用户资料管理为例，展示浅模块设计。该模块因涉及各种操作而拥有相对复杂的接口，但其底层功能并不丰富。

```
type UserProfileManager interface {
    CreateProfile(userID string, data UserProfileData) error
    UpdateProfile(userID string, data UserProfileData) error
    DeleteProfile(userID string) error
    GetProfile(userID string) (UserProfileData, error)
}
```

该接口中的函数需要多个参数和验证检查。然而，实际操作（如创建、更新、删除和检索用户资料等）可能只涉及简单的数据库查询。因此，尽管该接口看起来复杂，但实际功能较为简单，这使其成为一个浅模块。

深模块通过简洁的接口封装复杂功能，是模块设计的理想范例；浅模块则因未能有效隐藏复杂性，容易增加系统维护的难度。在开发中，设计深模块能够显著提高系统的易用性与可维护性，而浅模块的使用应谨慎，尽量在必要场景下使用。

5.5　封装和信息隐藏

"封装"和"信息隐藏"常被视为同义词，但二者实际上存在细微差别。信息隐藏是一种设计原则，强调通过屏蔽内部实现细节来降低系统复杂性；封装则是实现这一原则的技术手段，通过在模块或类中隐藏数据和逻辑，提供一个简单的对外接口。

封装的作用体现在保护内部状态、明确代码逻辑边界及降低模块耦合度上。例如，通过将数据成员设为私有，仅暴露受控的操作方法，可以确保模块的内部逻辑不被外部干扰，从而减少系统中因模块交互带来的不确定性。以下代码展示了这一原则的简单应用：

```go
type Account struct {
    balance float64 // 私有字段
}
func (a *Account) Deposit(amount float64) {
    if amount > 0 {
        a.balance += amount
    }
}
func (a *Account) GetBalance() float64 {
    return a.balance
}
```

在这个示例中，balance 字段被隐藏，确保外部只能通过预定义的方法访问或修改，从而维护状态的一致性。

信息隐藏的核心价值在于降低模块间的耦合度，并降低系统复杂性，提高代码的可维护性。通过提供简单一致的接口，隐藏实现细节，模块不仅便于扩展，还更加易用。例如，一个文件操作模块的接口可能屏蔽了底层的格式差异，但对外提供统一的操作方法：

```go
type FileHandler interface {
    Read() ([]byte, error)
    Write(data []byte) error
}
```

这样的设计让模块的实现可以随需求变化而调整，而使用者不需要关心底层逻辑。

通过封装实现信息隐藏的关键在于将复杂逻辑封装在接口之后，同时提供足够高的抽象层级，使用户能够专注于功能而非实现细节。信息隐藏的合理运用是构建清晰、灵活系统的基础，能够显著提高代码的复用性与维护性。

5.6 组合优于继承

在软件开发中，代码复用是提高开发效率和系统质量的关键目标。继承和组合是实现代码复用的两种常见手段。然而，随着系统规模和复杂性的增加，继承逐渐暴露出诸多弊端。因此，越来越多的开发者提倡组合优于继承这一设计原则，以提高系统的灵活性、可扩展性和可维护性。

1. 继承的特点及其局限性

继承是面向对象编程中的一种机制，通过子类继承父类的属性和方法来实现代码复用。其典型场景是子类与父类之间的 "is-a"（是一个）关系，如 "狗是一种动物"。尽管继承可以减少重复代码并清晰表达层次关系，但也存在以下问题。

- 耦合度高：子类和父类之间的耦合度较高，子类的实现依赖于父类的细节。这种紧耦合意味着一旦父类发生修改，所有子类的行为可能会受到影响，提高了代码维护的复杂性，并引入了潜在的副作用。
- 继承层级复杂：多层继承容易导致系统难以理解和维护。随着继承层级的增加，代码的可读性降低，容易出现脆弱父类问题，即父类的改动会影响所有子类，导致系统的不稳定。
- 灵活性不足：继承是一种静态绑定关系，子类在编译时就确定了其父类。这种静态结构限制了系统的扩展能力，使得在运行时动态改变行为变得困难。
- 复用受限于层次结构：在继承体系中，代码复用只能通过类的层次结构实现，限制了跨层次或不相关类之间的功能共享。

2. 组合的特点与优势

相比继承，组合是一种更灵活的设计方式，通过将一个对象作为另一个对象的组成部分，并定义它们之间的交互，可以实现多样化的行为。组合所表达的是 "has-a"（有一个）关系，如 "狗有一个叫声行为"。这种设计模式避免了继承的局限性，并提供了更灵活的代码复用方式。

- 松耦合：组合使对象之间保持松耦合，各个对象独立工作，减少了不同模块之间的依赖。对象的修改不会影响其他对象，降低了副作用风险，提高了代码的可维护性。
- 灵活的行为替换：组合是一种动态关系，可以在运行时灵活调整对象之间的关联。与继承相比，这种灵活性使得系统更易扩展，能够根据需求随时替换或组合新的功能。
- 避免层次结构的复杂性：组合避免了多层继承带来的复杂性，使系统设计更加平坦和直观。通过减少层次结构的深度，开发者能够更轻松地理解和维护代码。

- 灵活的代码复用：组合突破了继承层次结构的限制，实现了跨类复用和更丰富的功能组合。不同对象之间可以通过组合来协作，形成新的行为模式，提高了系统的复用性和模块化设计的灵活性。

3. 继承和组合示例对比

以下示例展示了继承和组合的对比。假设我们有一个动物园，每种动物都会有两种主要行为。

- 叫声（Sound）：如狗的叫声为"汪汪"，猫的叫声为"喵喵"。
- 移动方式（Move）：如飞翔、跑步、游泳等。

实现要求：（1）新增动物或行为时不需要大规模修改已有代码。（2）某些动物的行为在运行时需要调整（例如，将鸟的移动方式从飞翔改为游泳）。

1）继承实现

我们先用继承模拟该系统。每种动物都从一个父类继承，并在子类中实现其特定的行为。

```go
// 父类：动物
type Animal struct {
    Name string
}
func (a Animal) Sound() string {
    return "Some generic sound"
}
func (a Animal) Move() string {
    return "Moves in some way"
}
// 子类：狗
type Dog struct {
    Animal
}
func (d Dog) Sound() string {
    return "Woof"
}
func (d Dog) Move() string {
    return "Runs on four legs"
}
// 子类：鸟
type Bird struct {
```

```
    Animal
}
func (b Bird) Sound() string {
    return "Tweet"
}
func (b Bird) Move() string {
    return "Flies in the sky"
}
// 使用示例
func main() {
    dog := Dog{Animal{Name: "Buddy"}}
    bird := Bird{Animal{Name: "Tweety"}}
    fmt.Println(dog.Name, ":", dog.Sound(), "and", dog.Move()) //
Buddy : Woof and Runs on four legs
    fmt.Println(bird.Name, ":", bird.Sound(), "and", bird.Move()) //
Tweety : Tweet and Flies in the sky
}
```

　　以上通过继承实现代码复用。但继承存在明显弊端。例如，当需要新增一种动物（如猫）时，我们需要创建一个新的子类 Cat，并重新实现 Sound()和 Move()方法。如果要调整动物移动方式（如将鸟的移动方式从飞翔改为游泳），则需要修改 Bird 类的 Move()方法。这种修改很可能引发连锁反应，影响其他相关子类的功能，进而导致系统不稳定。

　　2）组合实现

　　为解决上述问题，我们可以采用组合方式重构上述系统。将动物的叫声和移动方式抽象为接口，使每种行为都可以独立定义并动态组合。

```
// 行为接口：叫声
type SoundBehavior interface {
    Sound() string
}
// 行为接口：移动方式
type MoveBehavior interface {
    Move() string
}
// 不同的叫声实现
type DogSound struct{}
```

```go
func (DogSound) Sound() string { return "Woof" }
type BirdSound struct{}
func (BirdSound) Sound() string { return "Tweet" }
// 不同的移动方式实现
type Run struct{}
func (Run) Move() string { return "Runs on four legs" }
type Fly struct{}
func (Fly) Move() string { return "Flies in the sky" }
type Swim struct{}
func (Swim) Move() string { return "Swims in water" }
// 动物结构体：通过组合实现不同的行为
type Animal struct {
    Name  string
    Sound SoundBehavior
    Move  MoveBehavior
}
// 使用示例
func main() {
    // 创建一只狗，具有"汪汪"叫声和"跑步"移动方式
    dog := Animal{
        Name:  "Buddy",
        Sound: DogSound{},
        Move:  Run{},
    }
    // 创建一只鸟，具有"喳喳"叫声和"飞翔"移动方式
    bird := Animal{
        Name:  "Tweety",
        Sound: BirdSound{},
        Move:  Fly{},
    }
    fmt.Println(dog.Name, ":", dog.Sound.Sound(), "and", dog.Move.
Move()) // Buddy : Woof and Runs on four legs
    fmt.Println(bird.Name, ":", bird.Sound.Sound(), "and", bird.
Move.Move()) // Tweety : Tweet and Flies in the sky
    // 运行时将鸟的移动方式改为"游泳"
    bird.Move = Swim{}
    fmt.Println(bird.Name, "now", bird.Move.Move()) // Tweety now
```

```
Swims in water
}
```

这种组合实现通过将动物的行为抽象为接口,使每种行为可以独立定义并动态组合。该设计模式避免了继承的局限性,让系统更加灵活和可扩展。例如,新增猫这种动物时,只需创建一个新的 Animal 实例并指定其 Sound 和 Move 行为。我们还可以在运行时动态改变动物的行为,如将鸟的移动方式从飞翔改为游泳。这种灵活性使系统易于扩展,能够根据需求随时替换或组合新的功能。

在选择继承还是组合时,开发者需要在灵活性、代码复用性和可维护性之间进行权衡。在实际项目中,两者常结合使用以适配需求。

继承适用于"is-a"关系:当某个类可以明确视为另一类的特殊化时(如"狗是一种动物"),继承能有效减少重复代码并增强类型约束。

组合适用于"has-a"关系:当一个对象需要包含某种功能或行为时(如"狗有一个叫声行为"),优先使用组合,其能提供更高的灵活性,并支持运行时动态替换组件。

对于使用依赖注入的系统,组合是必不可少的。依赖注入本质上是一种组合模式,将依赖组件注入对象中,而非通过继承建立固定的关系从而降低耦合度,提高可测试性和可扩展性。

因此,在设计系统时应优先考虑组合,仅在符合语义且能简化设计时使用继承。这种设计思维有助于构建灵活、可扩展且易于维护的系统,提高代码质量,并更好地应对未来需求变化。

5.7　依赖注入和控制反转

控制反转(Inversion of Control,IoC)和依赖注入(Dependency Injection,DI)是两种软件设计模式,用于解耦组件之间的依赖关系,提高系统的灵活性、可扩展性和可测试性。这些模式有助于开发者构建松耦合的系统,增强模块之间的独立性,提高维护和扩展的便利性。

1. 控制反转

控制反转是一种编程原则,颠倒了应用程序中的控制流。在传统的程序设计中,控制流通常由应用代码或主程序负责,直接控制对象的创建、方法的调用,以及程序的执行过程。而在控制反转的模式下,这些控制逻辑会交给框架或容器来管理,应用代码只需关注自身的业务逻辑。

控制反转这一概念最早由 Ralph E. Johnson 和 Brian Foote 在 1988 年提出,并发表在 *Designing Reusable Classes* 一文中。他们提出了框架的重要性,并指出:框架的一个重要特征是，用户为定制框架定义的方法通常会在框架内部被调用，而不是在用户的应用代码中调用。框架充当主要程序的角色，协调和排序应用活动。这种控制反转使得框架成为一个可扩展的骨架，用户提供的代码则通过特定的接口来定制框架中的通用算法。

随后，Michael Mattson 在 1996 年进一步阐述了控制反转与类库的区别。他指出，面向对象的框架通过调用应用程序中的代码来实现控制流，而类库通常是由应用程序调用的。这一思想也被称为"好莱坞原则"——"不要给我们打电话，我们会给你打电话"。

控制反转的普及离不开多种框架和工具的推动，尤其是在 Java 和其他面向对象编程语言的框架设计中得到了广泛应用，如 Spring 框架。

在服务容器中，控制反转通过框架可以完成依赖关系的绑定与实例化。框架基于预设配置，决定服务的实例化时机，应用程序不必自行创建和管理服务。

在现代应用程序中，控制反转通常通过一个"容器"或"框架"来实现。这个容器负责实例化对象、管理其生命周期，并控制其依赖的注入。这意味着应用代码不再需要负责创建依赖项，而是由容器负责。例如，在 Spring 框架中，通过配置文件、注解或反射机制将依赖项注入到需要它们的地方。

2. 依赖注入

依赖注入是实现控制反转的一种具体技术，它通过将对象的依赖关系从类内部转移到外部容器来解耦类与依赖项的关系。依赖注入不仅是反转控制流的手段，还将依赖项的创建、配置和生命周期管理移交给外部框架或容器，提高了代码的可测试性和模块化程度。

依赖注入这一概念是由 Martin Fowler 在 2004 年提出的，目的是为这种设计风格提供更精准的命名——相对于许多框架使用的"控制反转"这一过于宽泛的术语。

依赖注入的方式通常有 3 种，分别为构造函数注入、接口注入和设置器注入。
- 构造函数注入：依赖关系通过构造函数传递给目标对象，目标对象必须通过构造函数来初始化所需的依赖项。
- 接口注入：依赖关系通过接口提供，目标对象需要实现特定接口以接收外部传入的依赖项。
- 设置器注入：通过公开的设置器方法传递依赖关系，依赖项在目标对象实例化后通过该方法完成设置。

无论采用哪种注入方式，依赖注入均将创建和配置对象的职责从目标对象转移到外部容器，从而降低类的耦合度，提高系统的灵活性。

依赖注入和控制反转是紧密相关的概念。控制反转是一种设计原则，强调程序控制流的反转；而依赖注入则是实现该原则的具体方式，通过将对象的依赖关系从类内部转移到外部容器，使容器接管控制流管理，帮助类聚焦核心逻辑。

3. 依赖注入和控制反转示例

下面是一个示例，展示了如何在 Go 语言中实现依赖注入和控制反转。在这个示例中，我们创建了一个简单的用户管理系统，其中包含用户服务、存储服务及日志服务的实现。这个示例展示了如何使用依赖注入和控制反转来解耦不同模块之间的依赖关系。具体代码实现如下：

```go
package main
import (
    "fmt"
)
// 用户结构体
type User struct {
    ID    int
    Name  string
}
// 用户存储接口
type UserRepository interface {
    Create(user User) error
    GetByID(id int) (*User, error)
}
// 具体的存储实现：内存存储
type InMemoryUserRepository struct {
    users map[int]User
    nextID int
}
func NewInMemoryUserRepository() *InMemoryUserRepository {
    return &InMemoryUserRepository{users: make(map[int]User), nextID: 1}
}
func (repo *InMemoryUserRepository) Create(user User) error {
    user.ID = repo.nextID
    repo.users[repo.nextID] = user
    repo.nextID++
    return nil
}
func (repo *InMemoryUserRepository) GetByID(id int) (*User, error) {
```

```
    user, exists := repo.users[id]
    if !exists {
        return nil, fmt.Errorf("user not found")
    }
    return &user, nil
}
// 日志服务接口
type Logger interface {
    Log(message string)
}
// 具体的日志实现：控制台日志
type ConsoleLogger struct{}
func (logger *ConsoleLogger) Log(message string) {
    fmt.Println("LOG:", message)
}
// 用户服务接口
type UserService interface {
    RegisterUser(name string) (*User, error)
    GetUser(id int) (*User, error)
}
// 具体的用户服务实现
type UserServiceImpl struct {
    repo    UserRepository
    logger  Logger
}
func NewUserService(repo UserRepository, logger Logger) *UserServiceImpl {
    return &UserServiceImpl{repo: repo, logger: logger}
}
func (us *UserServiceImpl) RegisterUser(name string) (*User, error) {
    user := User{Name: name}
    if err := us.repo.Create(user); err != nil {
        return nil, err
    }
    us.logger.Log(fmt.Sprintf("User registered: %s", name))
    return &user, nil
}
func (us *UserServiceImpl) GetUser(id int) (*User, error) {
```

```go
    user, err := us.repo.GetByID(id)
    if err != nil {
        us.logger.Log(fmt.Sprintf("Failed to get user with ID: %d", id))
        return nil, err
    }
    us.logger.Log(fmt.Sprintf("Retrieved user: %s", user.Name))
    return user, nil
}
func main() {
    // 依赖注入
    repo := NewInMemoryUserRepository()
    logger := &ConsoleLogger{}
    userService := NewUserService(repo, logger)
    // 注册用户
    user1, _ := userService.RegisterUser("Alice")
    user2, _ := userService.RegisterUser("Bob")
    // 获取用户
    user, err := userService.GetUser(user1.ID)
    if err != nil {
        fmt.Println(err)
    } else {
        fmt.Println("Retrieved user:", user.Name)
    }
}
```

在这个示例中，依赖注入和控制反转的核心思想体现在以下几个方面。

- 依赖注入：UserServiceImpl 通过构造函数接收 UserRepository 和 Logger 的实例，而非在内部创建它们。这种方式将依赖项的实例化控制权交给外部代码（如 main 函数），从而实现对象与依赖的解耦。

```go
repo := NewInMemoryUserRepository()
logger := &ConsoleLogger{}
userService := NewUserService(repo, logger)
```

- 控制反转：在传统的程序设计中，主程序需要管理所有对象的生命周期。而在此示例中，UserServiceImpl 不再负责创建其依赖（如 InMemoryUserRepository 和 ConsoleLogger），而是由外部代码（如 main 函数）通过构造函数注入。这体现了控制权从对象内部转移到外部，使系统架构更灵活。

- 松耦合：UserServiceImpl 仅依赖于接口 UserRepository 和 Logger，而非具体实现类。这种设计极大地提高了代码的可扩展性和可替换性。例如，若需将内存存储切换为数据库存储，或更换日志记录方式，则只需实现对应接口并注入，不需要修改 UserServiceImpl 的核心逻辑。

依赖注入和控制反转是构建高内聚、松耦合系统的关键技术。它们通过分离控制流与对象管理职责，可以提高系统的灵活性和可测试性。合理运用这些模式，有助于开发者构建模块化、易于维护且可扩展的代码架构。

5.8 小结

模块化编程是一种将复杂的软件系统分解为独立模块的设计方法。其核心思想是通过将系统拆解为小而独立的功能单元来降低系统复杂性，提高可管理性和可维护性。模块化设计旨在实现高内聚、松耦合，最大程度减少模块间的依赖，同时增强系统的可扩展性和可复用性。通过将系统拆解为相对独立的模块，开发者能够更轻松地进行修改、扩展和维护，提高系统的质量与稳定性。

为了达成高质量的模块化设计，开发者需要遵循一些关键原则：利用接口与抽象降低模块间的耦合度；通过封装和信息隐藏，使模块内部实现对外部透明，从而增强灵活性和安全性；采用组合优于继承的方式，规避过多继承关系，提高系统的灵活性；借助依赖注入解耦模块及其依赖，增强模块的独立性和可测试性。通过实践这些原则，开发者能够构建更加灵活、易维护的系统。

接下来，我们将视角转向以数据结构为中心的编程思想，探索如何通过高效的数据结构设计，进一步优化系统性能和代码质量。

第 6 章 代码是数据的映射

> 糟糕的程序员关注代码逻辑，而优秀的程序员关注数据结构及其关系。
>
> —— Linus Torvalds

在软件开发过程中，如何组织代码逻辑结构以实现业务需求，一直是开发者不断探索的问题。传统的以业务逻辑为核心的编程方法，虽能够快速实现功能，但随着需求的变化和系统规模的扩大，代码易变得臃肿、难以维护，系统架构的扩展性，以及代码的可读性和可维护性也会面临挑战。在这种情况下，数据结构的合理设计显得尤为重要。通过以数据结构为中心的编程方法，我们可以将复杂的业务逻辑围绕着精心设计的数据模型展开，从而有效提高代码的清晰度、可扩展性和可维护性。

以数据结构为核心的编程方法提倡将数据作为系统的基础。开发者优先设计数据结构，使系统的功能逻辑自然而然地围绕这些数据结构展开。这种方法能让开发者在面对需求变化时，减少对复杂业务逻辑的频繁修改，通过优化数据结构更好地适应新需求。

本章将介绍如何通过合理的数据结构设计，提高系统的性能、可扩展性和稳定性，并通过实例演示如何将这种思想应用于软件编程中。

6.1 以业务逻辑为核心的编程

在软件开发中，开发者通常会根据业务需求组织代码，将功能逻辑封装到不同的模块或类中。这种以业务为中心的开发模式，通过紧密结合实际需求，确保开发的软件能有效解决用户问题。系统功能往往围绕业务需求逐步实现，代码重点聚焦于处理各类业务场景和逻辑。

例如，在设计简单的电商管理系统时，可以通过面向对象的方式实现。以下是一个基本示例：

```go
package main
import (
    "fmt"
)
// 用户结构体
type User struct {
    ID    int
```

```go
    Name   string
    Email string
}
// 商品结构体
type Product struct {
    ID     int
    Name   string
    Price float64
    Stock int
}
// 创建订单的函数
func CreateOrder(user User, productIDs []int) (int, error) {
    // 模拟查找用户
    if user.ID == 0 {
        return 0, fmt.Errorf("用户不存在")
    }
    // 模拟查找商品
    products := []Product{
        {ID: 1, Name: "商品 A", Price: 100, Stock: 10},
        {ID: 2, Name: "商品 B", Price: 200, Stock: 0},
    }
    total := 0.0
    for _, id := range productIDs {
        for _, p := range products {
            if p.ID == id {
                if p.Stock <= 0 {
                    return 0, fmt.Errorf("商品 %s 缺货", p.Name)
                }
                total += p.Price
                // 更新库存
                p.Stock -= 1
            }
        }
    }
    orderID := 1 // 模拟生成订单 ID
    fmt.Printf("订单创建成功：用户 %s 购买了总价 %.2f 的商品\n", user.Name,
total)
```

```go
    return orderID, nil
}
func main() {
    user := User{ID: 1, Name: "小明", Email: "xiaoming@example.com"}
    _, err := CreateOrder(user, []int{1, 2}) // 购买商品 A 和商品 B
    if err != nil {
        fmt.Println(err)
    }
}
```

在这个示例中，所有业务逻辑直接嵌入订单处理代码中，造成业务逻辑与数据模型的耦合度较高。这一问题导致代码在需求变动时，维护与扩展的难度显著增加。每当新增功能或调整业务需求时，开发者都需要改动大量代码，这不仅提升了出错风险，还严重削弱了系统的可维护性与灵活性。

以业务逻辑为核心的编程方式虽直观简便，但随着系统规模扩大、需求日益多样化，其弊端逐渐显现，尤其在大规模系统开发或频繁迭代的项目中更为突出。鉴于此，若要增强系统的可维护性与可扩展性，将业务逻辑与数据模型解耦是关键，这有助于构建更为灵活、易于扩展的架构。

6.2　以数据结构为核心的编程

与以业务逻辑为核心的编程方式不同，面向数据结构的编程强调通过合理的数据模型设计来驱动系统的逻辑与行为。在这种方法中，我们首先定义数据结构，然后根据数据结构之间的关系设计算法和业务逻辑，最终实现系统的功能。通过这种方式，数据结构成为系统设计的核心，业务逻辑则围绕这些数据模型展开。

我们可以通过重新实现 6.1 节中的电商管理系统来展示这一思路。首先，定义用户、商品和订单等基本数据结构，将数据的状态与逻辑进行隔离：

```go
// 数据结构定义：将状态与逻辑隔离
type User struct {
    ID    int
    Name  string
    Email string
}
type Product struct {
    ID   int
    Name string
```

```go
    Price float64
    Stock int
}
type Order struct {
    ID       int
    User     User
    Products []Product
    Total    float64
    Status   string
}
// 订单服务接口，抽象业务逻辑
type OrderService interface {
    CreateOrder(user User, products []Product) (Order, error)
}
// 默认实现：订单服务
type DefaultOrderService struct{}
func (s *DefaultOrderService) CreateOrder(user User, products
[]Product) (Order, error) {
    total := 0.0
    for _, p := range products {
        if p.Stock <= 0 {
            return Order{}, fmt.Errorf("商品 %s 缺货", p.Name)
        }
        total += p.Price
    }
    order := Order{
        ID:       generatcOrderID(),
        User:     user,
        Products: products,
        Total:    total,
        Status:   "Pending",
    }
    return order, nil
}
```

在这个示例中，所有的业务逻辑被抽象为服务接口 OrderService，而 CreateOrder()
方法则是该接口的默认实现。通过这种设计，我们将业务逻辑与数据结构解耦，让不同的模块可以独立演化而不互相依赖。

接下来，使用数据结构组合实现订单的创建过程，同时避免业务逻辑与库存管理的耦合：

```go
// 基于数据结构的库存管理，避免与业务逻辑耦合
type StockManager interface {
    UpdateStock(products []Product)
}
type DefaultStockManager struct{}
func (m *DefaultStockManager) UpdateStock(products []Product) {
    for _, p := range products {
        p.Stock -= 1
        UpdateProduct(p)
    }
}
func ProcessOrder(
    orderService OrderService,
    stockManager StockManager,
    user User,
    products []Product,
) (Order, error) {
    order, err := orderService.CreateOrder(user, products)
    if err != nil {
        return Order{}, err
    }
    stockManager.UpdateStock(products)
    return order, nil
}
```

通过以数据结构为核心的设计方式，系统实现了业务逻辑与数据模型的解耦。业务逻辑被封装成多个独立服务（如 OrderService 和 StockManager），而各服务的实现都与业务实体（如 User、Product 和 Order）解耦。这种设计确保模块间松耦合、高内聚，显著提高系统的可扩展性和可维护性。例如，系统既能轻松扩展功能（如添加商品类型、调整订单状态等），又能在复杂需求变化中保持高效稳定。

选择以数据结构为核心的编程方法具有多方面的优势。

（1）数据模型通常比业务逻辑更稳定。即便业务需求发生变化，底层的数据结构也不需要频繁修改。以数据结构为中心构建系统，能够长期维持稳定性，降低重

构成本，延长系统生命周期。

（2）这种方法能够实现松耦合的模块设计。通过解耦业务逻辑与数据模型，模块间仅通过数据结构交互，避免方法级的直接依赖。这大幅降低了模块间的耦合度，提高了可维护性，使扩展或修改操作更局部化、灵活化。

（3）清晰且独立的数据结构有助于提高系统的模块化程度和可扩展性。明确的数据结构边界便于复用与扩展，新功能可以通过组合或扩展现有的数据结构实现，不需要大规模修改系统，显著提高开发效率、降低维护成本。

基于上述优势，在设计以数据结构为核心的系统时，需要遵循以下关键准则，以进一步保障系统的高效性、可扩展性和可维护性。

- 优先设计数据结构：在系统设计的初期，应聚焦数据结构定义，明确数据之间的关系与操作。通过抽象出与业务场景密切相关的核心数据结构，可以为后续的逻辑实现打下坚实的基础。例如，在电商平台中，"用户""商品""订单"等实体就是核心的数据结构。每个数据结构应明确其属性和相互关系，确保数据模型能够完整表达业务需求，并为后续的操作和功能扩展提供支持。

- 使用不可变数据结构简化状态管理：在并发或分布式场景中，采用不可变数据结构可以规避副作用，降低状态同步复杂度。例如，在并发系统或分布式环境中，使用不可变对象可以显著降低状态同步的复杂性，并增强系统的鲁棒性和可预测性。因此，在设计系统时，考虑使用不可变数据结构作为状态管理的方式，能够有效提高系统的可靠性和并发性能。

- 聚合与解耦数据结构：在系统设计过程中，应合理划分数据结构的边界，确保相关数据结构可以通过聚合进行组合，而不相关的数据结构则应保持解耦。聚合相关数据结构有助于提高代码的凝聚力，使得功能模块更加自洽；而解耦不相关的数据结构则能保证模块间的松耦合，提高系统的灵活性和可扩展性。例如，在处理订单和用户信息时，用户和订单可以聚合在一起，但库存管理与订单处理则应分离开来，以减少模块之间的依赖，便于后续维护和扩展。

6.3 应用数据结构优化代码

面向数据结构的编程思想不仅能从架构层面提高系统的模块化程度和可扩展性，还能在代码实现层面带来显著优化。通过合理设计数据结构，我们可以将复杂的业务逻辑转化为简洁的数据操作，减少冗余代码，从而以更高效、更清晰的方式实现系统的功能需求。

6.3.1　基本数据结构

1. 数组优化条件判断

在处理整数类型输入时，可以通过数组直接根据索引获取结果，从而避免复杂的判断逻辑。优化后的代码访问时间复杂度为 $O(1)$，更加高效。

```go
// 获取月份对应的天数
// 优化前: 使用 switch 语句
func DaysInMonth(month int) int {
    switch month {
    case 1, 3, 5, 7, 8, 10, 12:
        return 31
    case 4, 6, 9, 11:
        return 30
    case 2:
        return 28 // 忽略闰年处理
    default:
        return 0
    }
}
// 优化后: 使用数组存储天数
func DaysInMonth(month int) int {
    daysInMonth := [12]int{31, 28, 31, 30, 31, 30, 31, 31, 30, 31, 30,
31}
    if month < 1 || month > 12 {
        return 0 // 非法月份
    }
    return daysInMonth[month-1]
}
```

2. 堆栈优化递归或复杂函数调用

在处理递归或复杂函数调用时，可以使用堆栈数据结构来优化代码逻辑，避免过多的递归调用，降低栈溢出风险。

```go
// 优化前: 使用递归计算斐波那契数列
func Fibonacci(n int) int {
    if n <= 1 {
        return n
```

```
    }
    // 递归调用，可能导致栈溢出
    return Fibonacci(n-1) + Fibonacci(n-2)
}
// 优化后：使用堆栈存储中间结果
func Fibonacci(n int) int {
    if n <= 1 {
        return n
    }
    stack := []int{0, 1}
    for i := 2; i <= n; i++ {
        stack = append(stack, stack[i-1]+stack[i-2])
    }
    return stack[n]
}
```

3. 队列优化任务调度

在处理任务队列、广度优先搜索（BFS）或异步消息队列时，使用队列可以有效组织任务流程，避免手动维护复杂状态。

```
// 优化前：手动维护任务队列
func ProcessTasks(tasks []Task) {
    for len(tasks) > 0 {
        task := tasks[0]
        tasks = tasks[1:]
        // 处理任务
        task.Process()
    }
}
// 优化后：使用队列存储任务
// 需要定义 Queue 结构体，实现 Push()、Pop()、IsEmpty() 等方法
func ProcessTasks(tasks []Task) {
    queue := NewQueue()
    for _, task := range tasks {
        queue.Push(task)
    }
    for !queue.IsEmpty() {
        task := queue.Pop()
```

```
        // 处理任务
        task.Process()
    }
}
```

4. 树结构优化多层分类判断

在处理多层嵌套的分类逻辑（如菜单、权限系统）时，可以使用树结构来组织数据，使查找更加高效，避免复杂的条件判断。

```go
// 优化前：使用多层 if-else 判断
func GetPermission(role, resource string) string {
    if role == "admin" {
        if resource == "user" {
            return "read/write"
        } else if resource == "order" {
            return "read/write"
        }
    } else if role == "user" {
        if resource == "user" {
            return "read"
        } else if resource == "order" {
            return "read"
        }
    }
    return "none"
}
// 优化后：使用树结构存储权限

type Node struct {
    Role       string
    Resource   string
    Permission string
    Children   []*Node
}
func GetPermission(role, resource string) string {
    root := &Node{
        Role: "admin",
        Resource: "",
        Permission: "",
```

```
            Children: []*Node{
                {
                    Role: "user",
                    Resource: "",
                    Permission: "",
                    Children: []*Node{
                        {Role: "", Resource: "user", Permission: "read"},
                        {Role: "", Resource: "order", Permission: "read"},
                    },
                },
                {
                    Role: "admin",
                    Resource: "",
                    Permission: "",
                    Children: []*Node{
                        {Role: "", Resource: "user", Permission:
"read/write"},
                        {Role: "", Resource: "order", Permission:
"read/write"},
                    },
                },
            },
        }
    return findPermission(root, role, resource)
}
func findPermission(node *Node, role, resource string) string {
    if node.Role == role && node.Resource == resource {
        return node.Permission
    }
    for _, child := range node.Children {
        if permission := findPermission(child, role, resource);
permission != "" {
            return permission
        }
    }
    return ""
}
```

6.3.2 高效使用 Map 结构

Map（映射或字典）是许多编程语言内置或支持的一种数据结构，用于存储键值对数据。Map 提供了高效的查找、插入和删除操作，特别适合存储大量键值对数据。在实际开发中，合理使用 Map 可以优化代码逻辑，增强代码的可读性与可维护性，并提高程序的执行效率。

1. 基于 Map 存储状态转换以优化条件判断

使用 Map 可以显著优化多层 if-else 或 switch 判断逻辑，使代码更加简洁、易于扩展。例如，在某个系统中，根据用户角色返回对应的权限，常见做法是使用 if-else 或 switch 语句来处理复杂的条件判断。

原始实现：使用 switch 语句处理状态转换，具体代码如下。

```go
func NextState(current, action string) string {
    switch current {
    case "created":
        if action == "pay" {
            return "paid"
        }
    case "paid":
        if action == "ship" {
            return "shipped"
        }
    case "shipped":
        if action == "deliver" {
            return "completed"
        }
    }
    return "invalid"
}
```

在上述实现中，随着状态和操作种类的增加，switch 语句会变得越来越复杂，且不易于扩展和维护。

优化实现：使用嵌套 Map 存储状态转换规则，具体代码如下。

```go
var stateTransitions = map[string]map[string]string{
    "created": {
        "pay": "paid",
    },
```

```
    "paid": {
        "ship": "shipped",
    },
    "shipped": {
        "deliver": "completed",
    },
}
func NextState(current, action string) string {
    if actions, ok := stateTransitions[current]; ok {
        if next, exists := actions[action]; exists {
            return next
        }
    }
    return "invalid"
}
```

通过使用 Map 结构，我们将复杂的条件判断替换为简单的键值查找，避免了多层 switch 语句的嵌套。由于 Map 查找的时间复杂度为 $O(1)$，该优化不仅提升了代码的可读性，还提高了执行效率。同时，新增状态或操作时，只需更新 Map 配置，而不需要修改函数逻辑。

2. 基于数据表驱动的配置系统

使用 Map 存储配置信息可以实现数据表驱动的配置系统，这种设计模式有助于提高代码的可维护性和可扩展性。例如，在一个系统中，需要根据不同的配置参数执行不同的策略，常见做法是使用 if-else 或 switch 语句。

原始实现：使用 if-else 语句处理配置参数，具体代码如下。

```
func ApplySettings(setting string) {
    if setting == "A" {
        // 设置配置 A
    } else if setting == "B" {
        // 设置配置 B
    } else if setting == "C" {
        // 设置配置 c
    }
}
```

上述代码的缺点是，每增加一个配置项，就需要修改函数，且判断逻辑不够清晰，容易出错。

优化实现：使用 Map 存储配置参数，具体代码如下。

```
var settings = map[string]func(){
    "A": func() {
        // 设置配置 A
    },
    "B": func() {
        // 设置配置 B
    },
    "C": func() {
        // 设置配置 C
    },
}
func ApplySettings(setting string) {
    if handler, exists := settings[setting]; exists {
        handler()
    }
}
```

使用 Map 存储配置项，可以有效避免多层 if-else 判断，使代码更加简洁、清晰。每个配置项的对应处理逻辑被封装成一个函数，便于后续扩展和维护。当需要添加新的配置时，只需在 Map 中添加新的键值对，不需要修改函数内部的控制逻辑。

6.3.3　使用结构体优化重复代码

使用结构体可以有效优化重复的代码逻辑，将相似的操作封装为结构体的方法，从而提高代码的复用性和可维护性。假设有一个系统需要对多个用户执行常见操作，如创建用户、删除用户和查询用户等。传统做法往往需要在每个操作中重复编写相似的代码逻辑，这不仅导致代码冗长，还难以维护。

原始实现：重复代码逻辑，具体代码如下。

```
func CreateUser(user User) error {
    // 创建用户
    return nil
}
func DeleteUser(user User) error {
    // 删除用户
    return nil
```

```
}
func GetUser(userID int) (User, error) {
    // 查询用户
    return User{}, nil
}
```

在这个实现中，CreateUser()、DeleteUser()和 GetUser()函数分别完成创建用户、删除用户和查询用户的操作，但它们都依赖于相同的数据结构 User，并且重复了相似的逻辑。随着功能的增加，代码重复会更加严重，导致维护成本增高。

优化实现：使用结构体封装重复代码逻辑，具体代码如下。

```
type User struct {
    ID   int
    Name string
    Age  int
}
func (u *User) Create() error {
    // 创建用户
    return nil
}
func (u *User) Delete() error {
    // 删除用户
    return nil
}
func (u *User) Get() (User, error) {
    // 查询用户
    return User{}, nil
}
```

使用结构体封装重复代码逻辑后，我们将原本散布在多个函数中的代码统一管理在 User 结构体的方法中。每个方法与其操作的数据模型紧密绑定，代码更加简洁且逻辑清晰。此时，Create()、Delete()和 Get()方法都成为 User 结构体的成员方法，这意味着可以通过 User 实例直接调用这些操作，从而减少重复代码，提高代码的复用性。

6.3.4　使用接口优化代码扩展性

接口的使用能够显著增强代码的扩展性，降低代码的耦合度，使得代码更加易于扩展和维护。假设我们有一个系统需要操作多种不同的数据源，如数据库、文件

和网络等。如果不使用接口，则需要在每个操作中重复编写相似的代码逻辑，导致
代码冗长、难以维护。

原始实现：重复代码逻辑，具体代码如下。

```
func ReadDataFromDatabase() error {
    // 从数据库读取数据
    return nil
}
func ReadDataFromFile() error {
    // 从文件读取数据
    return nil
}
func ReadDataFromNetwork() error {
    // 从网络读取数据
    return nil
}
```

在这个原始实现中，每个读取操作的代码逻辑几乎相同，且存在硬编码。若需
要支持更多的数据源，则在每次扩展时都需要修改原有代码，从而增加维护的难度。

优化实现：使用接口封装重复代码逻辑，具体代码如下。

```
type DataReader interface {
    ReadData() error
}
type DatabaseReader struct{}
func (d *DatabaseReader) ReadData() error {
    // 从数据库读取数据
    return nil
}
type FileReader struct{}
func (f *FileReader) ReadData() error {
    // 从文件读取数据
    return nil
}
type NetworkReader struct{}
func (n *NetworkReader) ReadData() error {
    // 从网络读取数据
    return nil
}
```

通过引入 DataReader 接口，我们将不同数据源的读取操作封装在各自的结构体实现中。每个数据源的读取逻辑实现了 ReadData() 方法，从而统一了接口的使用。这样，通过接口的多态性，代码变得更加灵活且具备扩展性。

6.4 业务逻辑驱动编程和数据结构驱动编程

业务逻辑驱动编程和数据结构驱动编程这两种思维模式的对比，如表 6.1 所示。

表 6.1 业务逻辑驱动编程和数据结构驱动编程

对 比 项	业务逻辑驱动编程	数据结构驱动编程
代码组织方式	逻辑分散在多个函数中，模块之间紧耦合	逻辑围绕数据结构展开，模块之间松耦合
代码复用性	复用性差，不同业务场景需要重复编写逻辑	数据结构可复用，不同业务逻辑可以共享模型
扩展性	新增功能时需要修改现有逻辑，容易引入错误	新增功能时可以通过扩展数据结构实现，不需要修改原有逻辑
测试难度	因模块的耦合度较高，导致单元测试复杂且难以覆盖	模块独立，易于进行单元测试
维护成本	随着业务逻辑增加，代码变得复杂且难以维护	数据模型相对稳定，维护成本较低

6.5 小结

以数据结构为核心的编程思想是一种高效且稳健的设计方法。通过合理设计数据模型，并围绕这些数据结构展开系统逻辑的编程实现，我们能够显著提高软件的可扩展性和稳定性。在实际开发过程中，理解业务需求后，首先应考虑数据结构的设计，构建满足业务需求的数据模型，明确数据之间的关系和可执行的操作。遵循松耦合、高内聚的设计原则，能够有效提高系统的可维护性和灵活性。这种方法不仅有助于清晰地划分系统功能模块，还能为未来的需求变更和功能扩展提供坚实的基础。

良好的数据结构设计在面对技术和业务需求的变化时，能够保障系统稳定高效地运行。通过数据驱动的设计，系统在处理复杂业务逻辑时更具可预测性，且易于扩展和维护。第 7 章将介绍编程范式的概念，进一步帮助读者理解不同的编程思想和方法，拓宽软件设计的视野。

第 7 章　选择编程范式

对我来说，最重要的不是编程语言，而是编程范式。

—— Paul Graham

编程范式是开发者在编写和组织代码时所遵循的基本方法和思维方式。不同的编程范式不仅影响代码的结构和可读性，还深刻塑造了软件开发的思维模式和问题解决策略。随着技术的不断发展，编程范式也在持续演变。从最初的过程式编程到面向对象编程、函数式编程、逻辑式编程等多种形式，每一种编程范式都为开发者提供了独特的视角和工具，助力他们以更高效、清晰的方式实现软件功能。

本章将探讨主流编程范式及其特点，分析它们在实际开发中的应用场景、优缺点，以及如何选择合适的范式来解决不同的编程问题。通过对这些范式的理解与应用，读者能够更全面地掌握现代软件开发的多元思维方式，从而提高开发效率和代码质量。

7.1　什么是编程范式

编程范式是指导程序设计和开发的基本思想和方法论，深刻影响着程序的结构、风格及处理逻辑。编程范式为开发者提供了一种思考和组织代码的框架，使程序的设计与实现更加高效、清晰。它不仅涉及语法和技术细节，更关乎如何理解问题、解决问题，以及如何在代码中体现这些解决方案。

编程范式的核心思想通常围绕数据处理、程序流程控制，以及代码的复用与维护展开。不同的编程范式侧重的概念有所不同。例如，有些范式强调通过一系列过程和步骤来解决问题，而另一些则更加注重数据的结构和行为对系统运作的影响。选择合适的范式可以帮助开发者更好地组织代码，提高开发效率。

编程范式不仅影响代码的编写方式，还对团队协作、代码的可读性和可维护性产生深远影响。不同的范式在实现同一功能时，往往有不同的实现方式，这可能导致代码在复杂度、可扩展性和灵活性上存在差异。良好的范式选择有助于提高代码的可维护性，促进其长期演化，避免因不合适的设计产生技术债务。

7.2　为什么要掌握编程范式

编程范式在软件开发中扮演着重要的角色。它为开发者提供了一种结构化的框架，帮助他们以更加清晰的方式思考问题并设计解决方案。通过遵循特定的编程范式，开发者可以将复杂的问题分解成更小、更易管理的模块，进而提高代码的可读性和可维护性。这种思维方式能帮助开发者高效组织代码，并在面对复杂需求时保持清晰的逻辑结构。

此外，编程范式还促进了代码的复用性和模块化设计。采用合适的编程范式有助于构建松耦合、可扩展的代码结构，提高团队合作效率。在团队协作中，成员遵循相同的编程范式能够使协作更加顺畅，因为大家基于相同的设计思路进行开发，便于理解彼此的代码。这种一致性还有助于实现项目中代码的共享和复用，从而提高开发效率并降低维护成本。

不同的编程范式各有其独特的优势，能够满足不同的项目需求。面向对象编程通过封装、继承和多态等特性，强调代码的复用与扩展，便于开发者维护和扩展系统。相比之下，函数式编程通过使用纯函数和不可变数据结构，减少了副作用，提高了程序的可预测性和安全性。每种范式都有其独特的适用场景，开发者可以根据项目的具体需求，选择最合适的编程范式，优化软件的整体设计。

在快速变化的技术环境中，掌握多种编程范式已成为开发者的重要任务。通过深入学习和实践，开发者不仅能丰富自己的编程工具箱，还能在面对不同项目时灵活应对。学习编程范式的过程有助于开发者深刻理解编程的本质，培养批判性思维，从而在实际开发中做出更合理的设计决策。总之，编程范式的学习与应用能够显著提升软件开发能力，使开发者在应对各种技术挑战时更加得心应手。

7.3　编程范式分类

编程范式是软件开发中的一种思维方式与编程规范，决定了开发者如何组织和表达程序的逻辑。不同的编程范式从不同的角度看待问题，彼此间可能存在交集，也可能彼此独立。因此，编程范式的分类并非简单线性的。本节将从发展演变、思考差异等角度，列举并分析一些常见的编程范式。

1. 非结构化编程和结构化编程

非结构化编程是历史上较早出现的图灵完备编程范式，能够实现复杂的计算任务。在处理简单问题时，它具有一定的高效性，但随着程序复杂度的增加，其缺陷逐渐显现。非结构化编程通常缺乏系统化的组织结构，代码多呈现单一、线性的流程，难以处理复杂的逻辑和数据。它常依赖全局变量和大量跳转语句（如 goto），这使得程序的控制流难以跟踪，从而增加代码阅读和维护的难度。随着软件规模扩大，非结构化编程暴露出诸多问题，如代码难以复用、调试效率低、容易出错等。因此，在现代软件开发中，开发者更倾向于采用结构化编程，以提高代码的可维护性和可读性。

结构化编程是一种基于结构化控制流程的编程范式，强调使用顺序、选择、循环等控制结构来组织程序的执行逻辑。在结构化编程中，程序的控制流通过条件语句（如 if-else）、循环语句（如 for 和 while），以及函数等实现，避免使用 goto 语句，从而使程序的控制流程更加清晰、易于理解。结构化编程的核心目标是提高代码的可读性和可维护性，便于开发者理解和修改程序。通过这种方式，程序的逻辑结构更为清晰，代码的复用性也得以提高。

2. 命令式编程和声明式编程

命令式编程（Imperative Programming）是一种强调逐步描述程序执行过程的编程范式。它源自计算机硬件的工作原理——通过接收一系列指令来执行任务。在命令式编程中，程序员需要详细描述每一步的执行方式，从而明确地告诉计算机如何完成某项任务。命令式编程具有较高的执行效率和明确的流程控制，因此广泛应用于各种计算密集型和性能敏感的应用场景中。命令式编程通常通过变量赋值、条件判断和循环等结构来控制程序的执行。常见的命令式编程语言包括 C、C++、Java、Go、JavaScript 等。

声明式编程（Declarative Programming）则与命令式编程相对，强调描述程序的期望结果，而不需要关注具体的执行过程。在声明式编程中，开发者关注的是"做什么"，而非"如何做"。这种抽象化的方式使得代码通常更加简洁，且开发效率较高。声明式编程适合那些需求明确且逻辑重复性高的任务，能够让开发者专注于表达结果而非实现细节。声明式编程的典型例子包括 SQL 查询语言、正则表达式等。

声明式编程还可以细分为多个范式，其中函数式编程（Functional Programming）和逻辑式编程（Logic Programming）是两个重要的子类。函数式编程强调通过数学函数的组合来实现程序逻辑，避免状态和副作用，具有更高的可预测性和并发处理能力。逻辑式编程则通过声明问题的规则和约束，求解满足条件的解，典型代表是 Prolog 语言。

每种编程范式都有其独特的优势和适用场景，为开发者提供了多样化的解决问题的方法。在本章的后续部分，我们将深入分析命令式编程的两个主要子范式——过程式编程和面向对象编程，以及声明式编程中的函数式编程和逻辑式编程。通过对这些范式的特点与应用场景的分析，本章内容将帮助读者更好地理解和应用这些编程思想，从而提高软件开发的效率和质量。

本章后续内容将重点介绍 4 种常用的编程范式：过程式编程、面向对象编程、函数式编程和逻辑式编程。我们将简要探讨它们的基本概念、特点及适用场景，为读者提供一种全面的编程思想框架，以帮助其选择最适合的范式应对不同的开发需求。

7.4 主流编程范式解析

7.4.1 过程式编程

过程式编程是一种基于步骤和过程的编程范式，强调通过一系列指令和函数来完成特定任务。在这一范式中，程序被视为一组按顺序执行的语句，这些语句通过函数调用和控制结构（如循环、条件语句等）被组织和执行。过程式编程的核心在于函数的定义与调用，通过将复杂的操作分解为多个小的、可管理的函数，开发者能够提高代码的可读性、可维护性和复用性。

过程式编程鼓励开发者从"系统要完成什么"的角度出发进行思考，这种思维方式也被称为自顶向下的问题解决方法：从一个大问题开始，将其拆解为更小、更易解决的问题，直到每个子问题都能被独立处理。通过这种方式，程序的复杂度得以有效控制，便于理解和调试。

1. 过程

在过程式编程中，"过程"是其基本单元，也被称为函数或例程。过程是一组按确定顺序执行的语句集合，用来完成特定任务。过程通常可以接受输入参数，执行某些操作，并最终返回结果（若有需要）。通过将程序分解为多个独立的过程，开发者能够更加清晰地组织和管理代码，提高代码的复用性和可维护性。

一个良好定义的过程式程序应该具备单一的入口点。在许多编程语言中，这个入口点通常是一个名为 main 的函数，程序从这里开始执行。当程序启动时，main 函数会被自动调用，之后它可以调用其他子程序来执行程序的关键任务。这些子程序之间的调用关系形成了一定的层次结构。每个子程序都执行特定的任务，其功能可以通过有意义的标识符（名称）来表达，从而使主程序的流程能够自我文档化，提高程序的可读性。

过程的本质是代码模块化的一种形式，因此过程式编程也是结构化编程的一种实现形式。通过将功能拆分为小的、独立的模块，过程式编程使得程序更易于理解、维护和扩展。此外，子程序中封装了针对特定任务的指令序列。实际上，过程式编程也是命令式编程的一种体现，强调程序通过指令顺序的执行来改变程序状态。

2. 过程式编程示例

过程式编程将程序分解为一系列过程或函数，每个过程执行特定的任务。这种编程范式侧重于操作步骤的执行顺序，强调通过函数调用来实现程序的功能。例如，制作面包的过程可以分解为多个步骤，具体步骤如下。

（1）收集材料，如面粉、酵母、水等。

（2）混合干材料，包括面粉、盐和酵母。

（3）添加水并揉面。

（4）让面团发酵。

（5）将发酵好的面团整形。

（6）再次发酵。

（7）放入烤箱烘烤。

在这种方法中，重点在于每个步骤的顺序和具体操作。以下是使用 Go 语言实现的代码示例：

```go
package main
import "fmt"
// 制作面包的过程
func main() {
    prepareIngredients()
    mixDryIngredients()
    addWaterAndKnead()
    letDoughRise()
    shapeDough()
    letItRiseAgain()
    bake()
}
func prepareIngredients() {
    fmt.Println("收集材料，如面粉、酵母、水等。")
}
func mixDryIngredients() {
    fmt.Println("混合干材料，包括面粉、盐和酵母。")
}
func addWaterAndKnead() {
    fmt.Println("添加水并揉面。")
}
func letDoughRise() {
    fmt.Println("让面团发酵。")
}
func shapeDough() {
    fmt.Println("将发酵好的面团整形。")
}
func letItRiseAgain() {
    fmt.Println("再次发酵。")
```

```
}
func bake() {
    fmt.Println("放入烤箱烘烤。")
}
```

3. 过程式编程的特点

过程式编程具有以下几个显著特点。

- 顺序执行：过程式编程强调代码的顺序执行，从上到下逐行执行指令。程序的控制流通常是线性的，开发者可以清晰地定义每一步的执行顺序。
- 函数和过程：程序由多个函数或过程组成，每个函数负责执行特定的任务。函数可以接受输入参数并返回结果，促进了代码的复用性和模块化设计，提高了系统的可维护性。
- 局部与全局变量：过程式编程支持局部变量和全局变量。局部变量的作用域仅限于其所在的函数，而全局变量可以在程序的任何地方访问。这种设计虽便于函数间共享数据，但也可能导致数据管理的复杂性。在复杂系统中，容易因意外修改全局变量引发错误。
- 结构化编程：过程式编程遵循结构化编程原则，运用条件语句（如 if 语句）、循环（如 for 和 while 循环）及模块化设计。这些原则提高了代码的可读性与可维护性。
- 强调算法：过程式编程通常更关注算法的实现，开发者需要详细描述如何通过一系列步骤完成特定任务，着重对过程和计算的控制。

过程式编程通过清晰的步骤和顺序组织代码，具有显著的结构化特性。该编程范式将程序分解为一系列函数或过程，每个过程专注于特定的任务，从而提高了代码的可读性和可维护性。由于各过程相互独立，开发者能够更轻松地理解程序执行流程，降低了开发和维护的难度。此外，过程式编程强调代码的复用性，允许在不同场景下多次调用同一过程，避免代码重复，促进了模块化设计。

然而，过程式编程也存在一些局限性。首先，它优先考虑操作步骤而非数据本身，过度关注过程的顺序和实现细节，忽视了数据结构的设计及其与操作的关系。这使得过程式编程在处理复杂数据任务时，难以高效地组织数据和处理逻辑。

另外，与面向对象编程相比，过程式编程在数据封装和信息隐藏方面能力较弱。在过程式编程中，数据常以全局变量的形式存在，任何函数均可直接访问和修改。这种开放性不仅增加了数据管理的难度，还增加了程序出错的风险。例如，如果一个函数意外修改了全局变量的值，则可能致使依赖该变量的函数出现异常。

尽管全局变量并非过程式编程的必要组成部分，但在该范式中是被允许使用的。因此，程序员在使用全局变量时需要额外谨慎，以确保数据的安全性和一致性。过程式编程本身缺乏数据保护机制，数据多通过参数传递到子程序中，且存在被修改的可能。这要求开发者明确知晓哪些操作可行，哪些操作存在风险，并遵循最佳实践来保障数据完整性。

过程式编程的代表性语言包括 C、Pascal 等，这些语言以过程为基本单位，通过函数调用和合理使用变量（包括全局变量）来实现程序功能。尽管过程式编程在一定程度上满足了开发者的需求，但随着软件开发复杂性的不断增加，程序员逐渐寻求更灵活、高效的编程方式，这也推动了面向对象编程和函数式编程等编程范式的发展。

4. 过程式编程的适用场景

过程式编程是一种简单、直观且高效的编程范式，适用于许多场景，尤其在以下场景中具有显著优势。

1）小型或中型项目

在开发较小规模的程序时，过程式编程凭借其简洁性和清晰的控制流，往往能够快速实现功能。例如，命令行工具、批处理脚本和简单的算法实现等，这类程序通常不需要复杂的架构和大量的数据交互，因此过程式编程非常适用。

2）计算密集型任务

对于需要处理大量数据或进行复杂计算的任务，过程式编程的顺序执行模型和直接的算法设计往往能提供较高的执行效率。在数值计算、图像处理、信号处理等领域，过程式编程能够高效地实现算法步骤，避免过度抽象带来的性能开销。

3）嵌入式开发

嵌入式系统通常资源有限，其操作系统可能不支持复杂的面向对象编程模型。在这类系统中，过程式编程因其轻量级和高效的特性，尤其适用于硬件驱动、实时控制和底层编程任务。过程式编程可以直接控制硬件和管理内存，并且在资源受限的情况下保持足够的灵活性。

4）系统编程

过程式编程非常适用于操作系统、编译器、数据库引擎等底层系统开发。在这些应用中，程序需要紧密控制硬件、操作系统资源或处理底层逻辑，过程式编程能够帮助开发者清晰地定义程序的执行流程，直接管理硬件或系统资源，保障程序的高效性和稳定性。

5）脚本语言和工具开发

许多脚本语言（如 Bash、Perl）采用过程式编程范式，适用于快速开发和小规模工具的构建。这类语言能够快速实现功能，简化开发工作，特别是在快速原型开发、工具开发或一系列自动化任务中，过程式编程能够提供灵活的实现方式。

7.4.2 面向对象编程

面向对象编程的核心思想是将数据与操作紧密结合。这一编程范式强调，数据的操作应与数据本身紧密关联，而非分散在程序的不同部分。通过将数据和方法封装在对象中，面向对象编程提供了一种自然的代码组织方式，使每个对象能够独立处理自身的状态和行为，有助于显著提高代码的可读性和可维护性。

在面向对象的框架中，问题被分解为一系列对象，每个对象负责特定的任务。对象之间通过消息传递进行通信，以实现系统的整体功能。这种机制不仅提高了对象之间的解耦程度，还提高了系统的灵活性和可扩展性，使得开发者可以轻松添加或修改对象，而不影响系统整体结构。通过面向对象的设计，系统更加模块化，功能也能更方便地进行扩展和修改，减少了代码的冗余度。

在现代编程语言中，C++、Java、Go、Python 和 JavaScript 等都支持面向对象特性。这些语言提供了类、对象、继承、多态等概念，使得开发者能够更方便地实现面向对象编程，并能利用这些特性提高代码的复用性和可维护性。

1. 对象

对象是面向对象编程的基本构建单元，封装了数据（属性）和对这些数据的操作（方法）。这种封装特性使得对象能够独立于其他对象进行管理，确保数据的安全性和完整性。通过对象，开发者能够将复杂的系统逻辑抽象为简单的构建块，从而简化程序的设计与实现。

对象通常对应于现实世界中的事物。例如，在一个图形程序中可能有圆形、矩形和画布等对象；而在在线购物系统中可能包括购物车、顾客和产品等对象。对象不仅可以表示具体的事物，还可以表示抽象的实体，如一个正在打开的文件。每个对象是某一特定类的实例，具有类定义的属性和方法。例如，名为"小明"的对象可能是"学生"类的一个实例，具备姓名、年龄等属性，以及学习、考试等行为。

2. 类

类是具有相同特性（属性）和行为（方法）的对象的抽象。因此，类是对象的模板，而对象是类的实例。类本质上是一种数据类型，定义了对象的结构和行为。类的设计决定了对象的状态和行为，使得程序能够通过实例化多个对象来组织和处理不同的任务。

- **属性**：描述对象状态的变量，用于存储对象的数据，通常称为字段或成员变量。例如，一个"学生"类的属性可能包括姓名、年龄和成绩等，反映了学生对象的状态。
- **方法**：描述对象行为的函数，用于执行特定操作，通常称为成员函数。例如，一个"学生"类的方法可能包括学习、考试和休息等，体现了学生对象的行为。

- **构造函数**：类中的特殊方法，用于初始化对象的属性。通常在对象创建时自动调用，负责分配内存、初始化属性值并执行其他必要的操作。构造函数的存在使得对象能够在实例化时具备有效的初始状态。
- **成员函数**：类中定义的方法，描述对象可执行的操作。成员函数不仅可以访问类的属性，还能调用类的其他方法，以实现对象的行为。
- **访问控制**：用于限制对象成员的访问权限，确保数据的安全性和封装性。通常分为三种访问级别。
    - 公有：公有成员可以被任何对象访问，外部代码可以直接访问和操作公有属性和方法。
    - 私有：私有成员只能在类的内部访问，外部代码无法直接访问，确保类的内部实现不被外部修改。
    - 受保护：受保护成员可以在类内部和子类中访问，外部代码无法直接访问，适用于需要在继承中访问的成员。

通过类的设计，面向对象编程能够将复杂的系统模块化，使得每个对象封装其状态和行为，降低了系统的复杂度，提高了代码的复用性、可扩展性和可维护性。

3. 面向对象编程示例

面向对象编程是一种将程序分解为一系列对象的编程范式。每个对象封装自身的状态和行为，通过与其他对象的交互来完成任务。面向对象编程的核心思想是将问题域中的事物抽象为对象，并赋予每个对象相应的属性和方法。

- 面团对象：表示面团的状态和行为，如添加材料、混合、发酵等。
- 烤箱对象：表示烤箱的状态和行为，如温度控制、预热、烘烤等。

在面向对象编程中，每个对象负责自己内部的状态管理和行为实现，对象之间通过消息传递（方法调用）来协调工作。下面是使用 Go 语言的面向对象编程示例：

```go
package main
import "fmt"
// 面团对象
type Dough struct {
    ingredients []string
    state       string
}
func (d *Dough) mix() {
    fmt.Println("混合材料:", d.ingredients)
}
func (d *Dough) rise() {
    d.state = "发酵中"
```

```go
        fmt.Println("让面团发酵，当前状态:", d.state)
}
// 烤箱对象
type Oven struct {
    temperature int
    state       string
}
func (o *Oven) preheat() {
    o.temperature = 200
    fmt.Println("预热烤箱，当前温度:", o.temperature)
}
func (o *Oven) bake() {
    o.state = "烘烤中"
    fmt.Println("放入烤箱烘烤，当前状态:", o.state)
}
func main() {
    // 创建不同对象协调工作，完成任务
    dough := &Dough{ingredients: []string{"面粉", "酵母", "水"}, state:
"未发酵"}
    oven := &Oven{temperature: 0, state: "未烘烤"}
    // 制作面包的过程
    dough.mix()
    dough.rise()
    // 烤箱预热
    oven.preheat()
    // 烤箱烘烤
    oven.bake()
}
```

在这个示例中，我们将面包制作过程抽象为两个对象：面团（Dough）和烤箱（Oven）。每个对象都有自己的属性和方法，负责执行各自的任务：面团对象有一个 ingredients 切片来保存材料，并通过 mix() 方法来混合材料，rise() 方法使面团发酵；烤箱对象有一个 temperature 字段表示温度，通过 preheat() 方法预热烤箱，bake() 方法烘烤面包。

在 main 函数中，我们创建了这两个对象，并依次调用它们各自的方法来完成面包制作过程。通过这种方式，每个对象只关注自身任务，通过方法调用（消息传递）协调其他对象的工作。这种面向对象的设计方式使得程序更加模块化，易于理解和维护。

4. 面向对象编程的特性

面向对象编程是一种以对象为基础的编程范式，具有 4 个核心特性：封装、继承、多态和抽象。这些特性有助于提高代码的复用性和可维护性，使得开发者能够更好地组织和管理代码。

- 封装：面向对象编程的核心特性之一，通过将对象的属性和行为绑定在一起，隐藏内部的状态和实现细节。外部只能通过公共接口与对象进行交互，无法直接访问对象的内部数据。这样可以保护数据的安全性，防止外部无意或恶意修改对象的状态，同时提高了软件的可维护性。例如，类中的私有属性和方法只能在类的内部进行操作，而外部则通过公共方法进行交互。

- 继承：面向对象编程的另一个重要特性，支持类之间的层次结构，从而实现代码复用。在继承关系中，子类可以继承父类的属性和方法，并在此基础上进行扩展或重写。在这种层次结构中，父类提供了通用的功能，而子类则可以根据具体需求增加特有的功能。继承不仅能避免代码重复，还能提高代码的可扩展性和维护性。例如，当 X 类继承 Y 类后，X 是子类，Y 是父类，X 可以继承 Y 的方法，并根据需求进行重写或添加。

- 多态：不同的对象可以通过相同的接口进行操作，从而降低代码的复杂性。多态可以分为静态多态和动态多态。静态多态通常通过方法重载实现，即根据参数的不同类型或个数来选择调用的函数；而动态多态则通过方法重写和虚函数实现，即在运行时根据对象的实际类型决定调用哪个方法。多态使得代码更加灵活，可以在不修改调用代码的情况下改变具体的实现方式，提高了系统的灵活性和可扩展性。

- 抽象：面向对象编程中的另一个关键特性，通过提取对象的共性特征，形成类的设计。抽象通常包括过程抽象和数据抽象。过程抽象将具体的操作封装为可复用的模块，而数据抽象则将数据与操作这些数据的行为封装在一起。通过抽象，开发者可以忽略实现的细节，专注于高层次的设计，使得系统更具通用性和可扩展性。

面向对象编程的目标是模拟人类的思维方式，帮助开发者设计更符合现实世界的系统。它将问题描述和解决方案结合在一起，通过抽象化将复杂问题转化为具体的对象，简化了问题的处理过程。

尽管面向对象编程具有提高代码复用性、可维护性和可扩展性等优点，但它也存在一些显著的缺点。首先，面向对象编程的复杂性可能导致程序结构变得更加烦琐。尤其是在设计大型系统时，类与类之间的关系复杂，开发者需要花费更多的时间和精力来理解和维护这些关系。其次，面向对象编程中的动态绑定和虚函数机制，可能会带来额外的性能开销，影响程序的执行效率。

另外，面向对象编程也容易导致过度设计，尤其是开发者为了适应未来的变化而创建过于复杂的类层次结构。这种做法虽然在短期内看似能提高系统的灵活性，但实际操作中却可能提高了系统的复杂性和维护成本。尽管封装有助于保护数据的一致性，但在某些情况下，类的内部状态仍可能被外部间接访问，造成数据的不一致性。继承的滥用可能导致复杂的继承层次和紧耦合，使得代码变得更加难以调试和测试。

5. 面向对象编程的适用场景

面向对象（OOP）编程是一种以对象为基本构建块的编程范式，通过封装、继承、多态和抽象等特性来组织和管理代码。面向对象编程通过将数据和操作数据的逻辑封装在对象内部，使得系统更具模块化和可扩展性。面向对象编程在多个复杂系统的开发中有着重要的应用，以下是面向对象编程的典型适用场景。

1）大型系统开发

面向对象编程特别适用于开发具有复杂功能和业务逻辑的大型系统。在这些系统中，需求通常不断变化和扩展，使用面向对象的方式可以将系统模块化，使得代码结构更加清晰和可维护。例如，企业级应用、银行系统、客户关系管理（CRM）系统和内容管理系统（CMS）等都往往使用 OOP 来设计和开发。

2）具有复杂数据模型的应用

面向对象编程在开发图形用户界面（GUI）应用时非常有效。GUI 应用程序通常涉及不同的界面组件，如按钮、文本框、表格等，每个组件拥有自身的状态和行为。通过 OOP，可以将每个组件抽象为一个对象，便于组件的管理和功能扩展。例如，使用 OOP 构建的桌面应用程序或移动应用程序，其界面和用户交互逻辑可以通过对象的组合和继承进行高效管理。

3）游戏开发

游戏开发是另一个典型的 OOP 应用领域。游戏中的每个角色、物品、场景和动作都可以被视为对象。通过继承和多态，游戏中的不同角色或物品可以共享一些共同的行为，同时能实现各自独特的行为。此外，面向对象的设计方式可以帮助游戏开发者高效地管理复杂的游戏逻辑、动画、场景转换等功能。例如，大型 3D 游戏、网络游戏、模拟游戏等通常都采用面向对象的方式进行开发。

4）分布式系统与微服务架构

面向对象编程也广泛应用于分布式系统和微服务架构中。在微服务架构中，每个服务往往对应一个特定的功能模块，具有独立的数据存储和业务逻辑。通过 OOP，可以将这些功能模块封装成对象，并通过对象之间的交互来完成复杂的业务流程。此外，OOP 支持高内聚、松耦合的设计，有利于在微服务中实现松耦合和高扩展性。

7.4.3 函数式编程

函数式编程是一种基于数学函数的编程范式，强调通过函数的组合构建程序逻辑。就像在拼图游戏中，用一块块拼图来完成画面，函数式编程要求用函数构建整个程序。其核心思想是将计算分解为独立且可复用的函数，并通过函数组合来实现复杂的逻辑。

例如，对整数数组中每个元素进行平方操作。在过程式编程中，可能通过遍历数组实现。

```go
package main
import "fmt"
func main() {
    nums := []int{1, 2, 3, 4, 5}
    for i := 0; i < len(nums); i++ {
        nums[i] = nums[i] * nums[i]
    }
    fmt.Println(nums)
}
```

以上代码使用循环遍历数组对每个元素进行平方运算。在函数式编程中，代码可以这样重写：

```go
package main
import "fmt"
func main() {
    nums := []int{1, 2, 3, 4, 5}
    squared := mapInt(nums, square)
    fmt.Println(squared)
}
func mapInt(nums []int, f func(int) int) []int {
    result := make([]int, len(nums))
    for i, v := range nums {
        result[i] = f(v)
    }
    return result
}
func square(x int) int {
    return x * x
}
```

在这个示例中，mapInt()函数接受一个整数切片和一个函数作为参数，并返回一个新的切片，其中每个元素是应用了square()函数的结果。这种方式通过函数的组合实现了数据的映射与转换，从而避免了显式的状态修改和循环控制，使代码更加简洁和灵活。

与过程式编程不同，函数式编程更注重数据的映射和转换，而不是通过改变程序的状态来控制流程。在函数式编程中，数据通常是不可变的，程序的执行结果完全依赖于输入参数，而不会影响外部状态。这一特性使得函数式编程非常适合并发编程，因为函数之间可以独立并行执行，不需要担心共享变量的冲突问题。因此，函数式编程在处理复杂计算和大规模数据处理时，能够提供更加清晰和高效的解决方案。

函数式编程的理论基础是 λ 演算（lambda calculus），由数学家阿隆佐·邱奇（Alonzo Church）在 20 世纪 30 年代提出。λ 演算作为一套研究函数定义、计算及递归的数学系统，为函数式编程提供了坚实的理论支撑。借助 λ 演算，开发者能够用最简洁的方式表达各种函数和数据结构的运算。

如今，函数式编程已成为现代软件开发中不可或缺的编程范式。许多编程语言（如 JavaScript、Python、Scala、Haskell 等）都提供了对函数式编程的支持，使得开发者能够在实际开发中灵活应用这一范式。函数式编程的特性不仅能够提高代码的简洁性和可维护性，还能显著提升系统的并发能力和执行效率，成为现代编程的重要工具之一。

1. 函数

函数是函数式编程中的核心构造单元，用于描述数据之间的映射关系。每个函数都接收一定的输入参数，经过特定操作后返回结果。这种映射关系使函数可以实现特定计算逻辑，完成数据转换。在函数式编程中，函数被定义为"从输入到输出的变换"，其核心思想强调函数的组合与复用。通过这种方式，开发者能够清晰地表达程序的逻辑与意图，使代码更易于理解、维护和扩展。

在函数式编程中，函数被视为一等公民，这意味着函数不仅可以像其他数据类型一样被定义和调用，还可以作为参数传递给其他函数，或者作为返回值返回给调用者。这种特性极大地增强了代码的可组合性和抽象能力。例如，高阶函数可以接收一个或多个函数作为参数，并返回新函数。通过将函数作为参数传递，程序员不用依赖冗长的控制结构，就能实现复杂逻辑和算法。这让代码更加模块化，便于功能复用和解耦。

此外，函数式编程强调使用纯函数，即仅依赖输入参数且无副作用的函数。纯函数的输出完全由输入决定，在相同的输入条件下总是产生相同的输出。由于纯函数无副作用，其行为更加可预测，极大地简化了调试和测试过程，因此开发者不需要担心函数对外部状态的影响。同时，纯函数不依赖共享状态，易于在多核处理器和分布式环境中并行化处理和性能优化。凭借这些特性，函数式编程不仅提高了代码的可维护性和可靠性，还促进了高效的并发编程和性能优化，满足了现代软件开发对复杂性管理和性能优化的需求。

2. 函数式编程示例

函数式编程将程序分解为独立函数，每个函数负责特定的任务，且函数的输出仅依赖输入参数，不会改变外部状态。这种编程方式强调函数的组合与复用，使代码更简洁、可维护性更强。以制作面包为例，我们可以将整个过程分解为多个纯函数，每个函数负责一个特定的步骤，最终通过函数的组合完成面包的制作。

假设制作面包的过程包含以下步骤。

- 准备材料：收集制作面包所需的材料。
- 混合材料：将面粉、酵母和水按比例混合。
- 揉面：将混合物揉成面团。
- 发酵面团：通过时间参数让面团发酵，变得松软。
- 烘烤面包：将发酵后的面团放入烤箱进行烘烤。

我们可以使用 Go 语言来实现这个过程，具体代码如下：

```go
package main
import "fmt"
// 准备材料
func prepareIngredients() []string {
    return []string{"面粉", "酵母", "水"}
}
// 混合材料
func mix(ingredients []string) string {
    return fmt.Sprintf("混合材料: %v", ingredients)
}
// 揉面
func knead(dough string) string {
    return "揉面完成: " + dough
}
// 发酵面团
func rise(dough string) string {
    return "让面团发酵: " + dough
}
// 烘烤面包
func bake(dough string) string {
```

```
        return "在烤箱中烘烤: " + dough
}
func main() {
    // 准备材料
    ingredients := prepareIngredients()
    // 混合材料
    dough := mix(ingredients)
    // 揉面
    kneadedDough := knead(dough)
    // 发酵面团
    risenDough := rise(kneadedDough)
    // 烘烤面包
    bread := bake(risenDough)
    // 输出制作完成的面包
    fmt.Println(bread)
}
```

在 main 函数中，我们依次调用这些函数，每个函数的输出都作为下一个函数的输入，最终得到烘烤完成的面包。这种做法体现了函数式编程的思想：每个函数都具有明确的输入和输出，且无副作用，代码清晰、易于理解和扩展。

通过将任务拆分为独立的函数，我们可以轻松地修改或扩展制作面包的过程。例如，添加更多的步骤或改变某个步骤的实现方式并不会影响其他部分。这种松耦合的设计使得系统更具灵活性和可维护性。

3. 函数式编程的特点

函数式编程具有一系列独特的特点，这些特点使得它在某些领域（如并行计算、数据处理等）具有显著的优势。以下是函数式编程的几个主要特点。

- 函数是一等公民：在函数式编程中，函数被视为一等公民。函数可以像其他数据类型一样被传递、操作和返回。函数可以作为参数传递给其他函数，或者作为返回值返回。这一特性使得函数可以灵活地组合成更复杂的功能，实现更复杂的逻辑。
- 纯函数：函数式编程的核心概念之一，其输出仅依赖于输入参数，而不会影响外部状态或产生副作用。由于没有副作用，纯函数的行为是可预测的，更易于测试和调试。每次调用纯函数，给定相同的输入总会得到相同的输出，确保了程序的确定性。
- 数据不可变性：函数式编程强调数据的不可变性，即数据一旦创建便无法修改。这种特性确保了数据的一致性和可预测性，避免了修改数据所带来的副作用。数据不可变性有助于简化并发编程，减少并发访问时的竞态条件和数据一致性问题。

- 高阶函数：函数式编程中的一种重要特性。高阶函数是指接受一个或多个函数作为输入参数，或者返回一个函数作为结果的函数。通过使用高阶函数，程序员能够创建更灵活、可组合的代码。例如，集合操作（如映射、过滤和归约）常使用高阶函数，使数据处理更高效、合理。
- 懒惰求值：函数式编程语言的重要特性，表达式只有在被需要时才会被计算。这种特性能够提高性能，减少不必要的计算，特别适用于处理大规模数据集或无穷数据流。

函数式编程具有显著的优势。

首先，它通过强调函数的组合和嵌套，使代码更加简洁和易读。由于函数没有副作用，代码的行为更加可预测和可理解。

其次，函数式编程中的函数不依赖共享状态，这使得它们能够安全地并行执行，非常适合处理大规模数据或并行计算任务。

再次，函数式编程鼓励代码复用，函数作为独立模块能够在不同场景中灵活应用。

最后，强调不可变性有助于减少程序中的错误，避免因数据修改引起的问题，从而提高了代码的稳定性和可靠性。

尽管函数式编程优势显著，但也存在一定局限性。

首先，对习惯于命令式编程的开发者来说，函数式编程的学习曲线较陡。概念如纯函数、不可变性、递归和高阶函数等可能让初学者感到困惑。

其次，由于强调数据不可变性，可能导致数据在处理过程中频繁被复制，这会增加内存使用，并可能导致性能问题。特别是在内存和计算资源有限的情况下，过度使用递归可能导致栈溢出，因此在实践中需要谨慎处理。

最后，虽然函数式编程在理论上具有更高的并发性，但在实践中，过度使用递归和不必要的高阶函数也可能对性能产生负面影响。

4. 函数式编程的适用场景

函数式编程的适用场景广泛，尤其在处理复杂的并发系统、大规模数据、需要高可靠性的应用中展现了独特的优势。由于其强调数据的不可变性和纯函数的使用，因此函数式编程特别适合构建无副作用的系统，这使得程序更加稳定、易于维护和测试。以下是函数式编程的典型适用场景。

1）并发与分布式计算

函数式编程中没有共享可变状态，这使得它特别适合并发和分布式计算。在传统的命令式编程中，多个线程或进程共享可变数据可能会导致竞态条件、死锁等问题。而在函数式编程中，由于数据是不可变的，多个线程可以同时操作数据而不需要担心修改冲突，从而提高了并发处理的安全性和效率。适用场景包括实时数据流处理、大规模并行计算、无状态的微服务架构。

2）高阶函数与集合处理

函数式编程还非常适合进行集合处理和数据转换。函数式编程通过高阶函数能够以更简洁、声明式风格的方式处理集合数据。例如，在对集合进行映射、过滤、归约等操作时，高阶函数能大大提高代码的清晰度和可维护性。尤其是在数据科学、ETL（提取、转换、加载）等领域，函数式编程已成为不可或缺的工具。

3）声明式编程场景

函数式编程作为声明式编程范式，强调描述"做什么"，而非"怎么做"。这种方式适合描述那些需要表达复杂逻辑的任务，而开发者不需要关心执行的具体步骤。在需要高抽象层次、易于理解和维护的场景（如复杂业务逻辑建模、规则引擎开发、领域特定语言（DSL）构建）中，函数式编程可以提供简洁清晰的解决方案。

4）数据处理与转换

函数式编程在处理大规模数据和数据转换方面有着显著的优势。通过纯函数和不可变性，函数式编程能够确保数据处理的一致性和可预测性，有效避免数据修改带来的副作用。在数据清洗、数据分析、批量数据转换等领域，函数式编程能够提供高效、可靠的解决方案。

7.4.4　逻辑式编程

逻辑式编程是以形式逻辑为基础的编程范式，其核心特征是采用声明性表达描述程序逻辑，区别于命令式编程通过指令步骤控制执行的模式。在逻辑式编程体系中，程序由事实集合和规则集合构成，开发者通过定义事实和规则来描述问题的逻辑关系。程序运行依赖于推理机制，系统基于已有知识自动推导新信息，进而得出结论。

Prolog 作为逻辑式编程领域最具代表性的编程语言，其设计深度融入逻辑推理思想，支持开发者以接近自然语言的方式表达复杂逻辑关系。用户通过"查询"操作提出问题，系统根据预定义的事实和规则进行推理，返回符合条件的结果。这使得逻辑式编程在人工智能、专家系统、知识表示等领域得到了广泛应用。逻辑式编程在处理不确定性问题和复杂逻辑场景时，能够展现出独特的优势。

逻辑式编程的主要优势在于其高度的抽象性和较强的灵活性。相较于命令式编程所要求的精确规划执行步骤，逻辑式编程聚焦于"是什么"，将"怎么做"交由系统完成。这种声明式编程范式不仅能大幅精减代码量，还能显著提高代码的可读性和可维护性。然而，逻辑式编程也存在局限性，如性能瓶颈，以及对特定应用场景适配性有限等问题。因此，开发者在技术选型时，需要综合考虑项目的具体需求和逻辑式编程的特性，权衡其优势和局限，进而做出合理选择。

1. 逻辑式编程示例

逻辑式编程通过事实和规则描述问题的逻辑关系。下面是一个使用 Prolog 语言编写的示例，描述了制作面包的过程。

```
% 事实：面包的材料
ingredient(面粉).
ingredient(酵母).
ingredient(水).
ingredient(盐).
% 规则：混合材料
mix(面粉, 酵母, 水).
% 规则：揉面
knead(面团) :- mix(面粉, 酵母, 水), rise(面团).
% 规则：发酵面团
rise(面团).
% 规则：烘烤面包
bake(面包) :- knead(面团), rise(面团).
% 查询：制作面包
?- bake(面包).
```

在这个示例中，使用 Prolog 语言定义了制作面包的过程。首先，通过事实声明了面包所需的材料（如面粉、酵母、水和盐）。然后，通过规则描述了混合材料、揉面、发酵面团和烘烤面包的步骤。通过查询 bake(面包)，系统根据已有的事实和规则推导出制作面包的具体步骤。

逻辑式编程的优势在于其高度的抽象性，这种抽象性使开发者能够以更接近自然语言的方式来描述复杂的逻辑关系，而不用过多关注具体的实现细节。这种声明式编程范式不仅能简化程序的设计与实现，还能提高代码的可读性和可维护性。通过推理机制，程序能够根据已知的事实和规则自动得出结论，这使得逻辑式编程在许多领域（尤其是在人工智能和专家系统中）具有独特的优势。

2. 逻辑式编程的特点

逻辑式编程是以形式逻辑为基础的编程范式，其核心在于通过事实和规则描述问题，并借助推理机制自动推导解决方案。逻辑式编程的核心概念主要涵盖以下关键层面。

- 事实和规则：逻辑式编程的基本构建块。事实用于描述现实世界中的客观状态。如"猫是动物"可以表示为 cat(animal).；规则用于定义不同事实间的逻辑关系，如"所有动物都有生命"可以表示为 lives(X) :- animal(X).，其中 lives(X) 是推理得出的结果。通过规则的应用，系统能够推导出新的事实。

- 推理机制：逻辑式编程依赖推理机制实现新信息的自动推导。系统通过预定义的逻辑规则，从已知的事实中得出结论。推理过程可以是向前推理（从事实到结论）或向后推理（从目标查询反向追溯所需事实），这使得程序能够在没有明确控制流的情况下，自动地进行问题求解。

- 查询机制：在逻辑式编程中，用户可以通过查询的方式向系统提出问题，系统根据已定义的事实和规则进行推理，并返回符合条件的结果。查询通常使用变量表示未知值，这使得逻辑式编程在处理复杂问题时具有高度灵活性。例如，通过查询"哪些动物是猫？"系统将返回所有符合条件的答案。

- 数据不可变性：在逻辑式编程中，数据通常是不可变的，即事实和规则一经定义便无法修改。这一特性保障了程序的稳定性和可预测性，使得逻辑推理过程更加简单、明了，同时避免了副作用的产生，使得程序的行为更加一致。

- 声明式编程特性：逻辑式编程是一种声明式编程范式，注重描述"是什么"，而非"怎么做"。开发者只需专注于定义问题的逻辑关系，而不需要明确指示程序如何执行每一步。这种高度抽象性使得逻辑式编程更易于理解和维护，尤其适合处理复杂的知识表示和推理任务。

逻辑式编程的主要优点在于其高度的抽象性和较强的灵活性。开发者不需要关注具体实现细节，仅需聚焦问题的逻辑关系，从而提高了程序的可读性和可维护性。通过事实和规则，逻辑式编程能够简洁地表达复杂的知识结构，在处理不确定性高、逻辑复杂的场景（如人工智能和专家系统）中表现出色。自动化的推理机制加速了新信息的自动推导，提高了开发效率和结果准确性。

然而逻辑式编程也存在一些局限性。其一，复杂的推理过程可能导致其在处理计算密集型任务时性能不佳，出现效率瓶颈；其二，该编程范式学习门槛较高，开发者需掌握逻辑推理原理及相关编程语言特性，才能有效应用；其三，数据的不可变性使得逻辑式编程难以适应动态变化的场景，限制了其应用灵活性。总的来说，逻辑式编程在知识推理、智能决策等特定领域优势显著，但在更广泛的应用场景中，仍面临诸多挑战。

3. 逻辑式编程的适用场景

逻辑式编程是以规则和推理为基础的编程范式，擅长处理复杂推理、规则定义和约束求解等问题。作为声明式编程的典型代表，它让开发者聚焦于问题定义与约束条件，而不需要关注具体执行步骤。这一特性使其在逻辑推理、知识表示等领域得到广泛应用。

1）知识表示与推理

在知识表示与推理领域，逻辑式编程可以通过定义规则和事实，模拟专家系统的决策过程，并通过推理引擎实现自动推导。这种通过规则和推理模拟决策的能力使其在构建智能系统和决策支持系统时具有独特优势。逻辑式编程在人工智能领域，尤其是专家系统、自动定理证明和知识推理等方面表现尤为突出。通过规则推理，系统能够根据已有事实推导出新的结论，或者验证假设的正确性。

2）约束求解

逻辑式编程在约束求解问题上表现卓越，尤其适用于资源分配、任务调度、图着色、路径规划等场景。例如，在任务调度中，面对时间窗口、资源限量等复杂约束条件，逻辑式编程可通过精准定义约束规则，自动搜索并输出最优解决方案。

3）自然语言处理

在自然语言处理领域，逻辑式编程也有广泛应用，尤其是在语法分析和语义推理方面。通过构建语言的语法规则和语义逻辑模型，计算机能够理解自然语言的结构与含义，进而实现自动翻译、语义分析、智能问答等功能。

4）数据库查询与数据挖掘

逻辑式编程在数据库查询和数据挖掘领域同样表现突出。以 Prolog 为代表的逻辑式编程语言，擅长处理递归查询和复杂关系推理，能够高效检索和分析数据库中的深层信息。在数据挖掘任务中，它可以清晰表达数据间的逻辑关联，辅助完成聚类分析、分类预测、模式识别等操作。

5）符号计算与数学推导

逻辑式编程在符号计算和数学推导领域也有广泛应用。通过定义数学公式和逻辑规则，逻辑式编程能够进行复杂的数学推导和符号计算，如代数运算、微积分推导等。结合 Prolog 和 Mercury 等逻辑式编程语言提供的数学库和推理引擎，系统可以支持复杂的数学计算和推理任务。

7.4.5　编程范式对比

在表 7.1 中对比了过程式编程、面向对象编程、函数式编程和逻辑式编程的主要特性。

表 7.1　编程范式对比

编程范式	描述	主要特性	相关编程语言
过程式编程	通过一系列指令或函数来完成特定任务，强调顺序执行	顺序执行、函数和过程、局部与全局变量、结构化编程	C、Pascal

续表

编 程 范 式	描　　　述	主 要 特 性	相关编程语言
面向对象编程	将数据与操作紧密结合，通过对象封装数据和方法，提高代码的复用性和可维护性	封装、继承、多态、抽象	C++、Go、Java、Python、JavaScript
函数式编程	将计算视为数学函数的求值，强调函数的纯粹性和不可变性	函数是一等公民、纯函数、数据不可变性、高阶函数、惰性求值	C++、Haskell、Scala、Lisp
逻辑式编程	以逻辑为基础，通过规则和事实之间的逻辑推理实现程序的执行	用事实和规则描述问题的逻辑关系	Prolog、Mercury

7.5　对编程范式的思考

"高手无定式"，在软件开发领域，没有任何一种编程范式是万能的。优秀的开发者不会局限于单一编程模式，而是能够根据实际情况灵活运用多种方法，并动态调整策略以突破局限。这种灵活性使他们在复杂多变的开发环境中，能够迅速适应并找到最优的解决方案。在实际项目中，通常需要根据项目的特点、团队的能力，以及技术栈的要求，结合多种编程范式的优势，选择最合适的编程方法。

1. 多样性与适用性

编程范式的多样性为解决不同问题提供了多种选择。不同的范式适用于不同类型的任务和问题。例如，过程式编程通常在简单数据处理和简单任务中具有较好的表现，强调按顺序执行操作并通过函数调用实现功能复用。面向对象编程则适合构建复杂的系统和大型应用，通过类和对象封装数据和行为，提高代码的模块化程度与复用性。函数式编程通过高阶函数、不可变数据结构和无副作用的特性，提供良好的并发支持，在处理状态可预测且复杂的数据流场景中表现出色。因此，在选择编程范式时，开发者应根据项目的需求、团队的技能，以及后续的维护需求，做出理性选择。

2. 结合与融合

现代软件开发中编程范式的边界逐渐模糊，许多编程语言和框架支持多种编程范式的混合编程。例如，C++支持面向对象编程、过程式编程和函数式编程等编程范式，开发者可以根据实际需求自由切换，从而提高代码的可读性和可维护性。在这种趋势下，鼓励开发者灵活切换不同的编程范式，并借鉴每种范式的优点，以实现最佳的开发效果。通过范式的结合，可以更好地解决不同维度的问题，并提高系统的灵活性和可扩展性。

3. 学习与适应

随着软件开发技术的持续迭代，事件驱动编程、面向服务编程等新兴范式不断涌现。这些新兴范式为开发者提供了更多的工具和方法，帮助他们更有效地解决问题。因此，了解和掌握新的编程范式不仅能够提升个人的技术水平，还能增强团队在应对复杂问题时的综合竞争力。通过学习不同编程范式的基本概念和实践技巧，开发者可以拓宽技术视野，为应对未来技术变革做好准备。

4. 实践与反思

在项目开发过程中，开发者应定期反思所使用的编程范式是否仍然适合当前的项目需求。随着项目的推进和需求的变化，最初的编程范式选择可能不再是最佳方案。因此，保持开放的心态，定期评估和调整开发策略，是提高项目成功率和软件质量的关键。通过不断反思和优化，开发者不仅能提升个人的技术水平，还能在团队中树立起持续改进和创新的文化。

7.6　小结

编程范式是开发者在软件开发过程中采用的编程思维和方法论，不同的编程范式代表着不同的编程理念和问题解决方式。每种编程范式都有其独特的特点和适用场景，反映了对问题的不同抽象和处理思路。本章详细介绍了过程式编程、面向对象编程、函数式编程和逻辑式编程这几种主要的编程范式，分析了它们各自的优势与不足，帮助读者深入理解并灵活运用这些范式。

学习和实践不同的编程范式，有助于开发者提高代码的质量和性能。在面对不同类型的项目需求时，能根据这些范式的特性选择合适的编程方式，进而提升软件开发能力与问题解决效率。掌握多种编程范式，不仅便于编写清晰可读、易于维护的代码，还能增强团队协作中的沟通与理解。

下一章将讨论如何有效地分离业务逻辑代码和技术实现代码。这种分离能够提高代码的可维护性和可扩展性，让开发者可以专注于业务需求的变化而非陷入技术实现的复杂性中。

第8章 分离业务逻辑和技术实现

最重要的设计对象是领域模型。它是软件系统的核心，必须独立于技术细节。

—— Eric Evans《领域驱动设计》

在复杂的软件开发过程中，技术和业务的持续变化带来巨大的挑战。如何在满足不断增长的业务需求时，保持系统架构的可扩展性、灵活性和可维护性，已成为现代软件架构设计的核心问题之一。为确保系统能够长期稳定发展，灵活适应需求变化，分离业务逻辑和技术实现成为关键的设计原则。这种分离能降低系统的复杂性，提高开发效率和系统的可测试性，助力团队更好地应对快速变化的市场需求和技术更新。

本章将探讨分离业务逻辑和技术实现的重要性及实践方法。首先阐述这一设计理念的意义；然后讨论分离关注点的核心原则，进而探讨如何通过架构设计实现业务逻辑和技术实现的有效分离；最后介绍分层架构与领域驱动设计这两种主要实现模式。分层架构是常见的架构模式，通过将系统划分为多个层次，可以实现业务逻辑和技术实现的清晰分离；而领域驱动设计则是当前广泛应用的有效业务逻辑和技术实现分离方式之一。它将业务逻辑和技术实现分别封装到领域模型和基础设施层，实现二者的解耦。

8.1 业务逻辑和技术实现

在软件开发中，理解并区分"业务逻辑"和"技术实现"至关重要。尽管二者在系统架构中相互依赖，但定义、职责和实现方式存在显著差异。清晰地划分这两者，不仅有助于设计出高效、可扩展的系统，还能让团队在开发过程中更加明确地理解每个模块的角色，从而提高软件系统的质量和可维护性。

1. 业务逻辑

业务逻辑指与业务需求和规则直接相关的代码逻辑和操作流程，是系统中解决实际业务问题的核心。它通常涉及数据处理、计算、决策逻辑，以及遵循特定的业务规则或流程。业务逻辑反映了系统的核心业务需求，并决定了系统对用户操作和请求的响应。

以电商系统为例，业务逻辑可能包括计算订单总价、根据库存判断是否允许下单、验证用户优惠券的有效性、判断支付结果并触发发货等。这些操作直接与业务目标和需求相关，决定了系统的核心行为。

业务逻辑也常被称为"领域逻辑"，因其涉及特定业务领域（如电商、金融、教育等）的关键规则和流程。不同的业务领域有不同的业务逻辑，且这些逻辑通常与技术实现无关，更侧重于业务需求和目标。

业务逻辑是整个软件系统的核心，是一切开发工作的起点。开发者根据业务需求设计和实现业务逻辑，确保系统能够解决特定的实际问题。在通常情况下，业务逻辑具有领域特性，决定了系统如何响应操作、处理数据并产生预期结果。

2. 技术实现

技术实现则是指支撑并落实业务逻辑所需的技术手段、框架、工具和基础设施。技术实现通常包括代码组织方式、与外部系统（如数据库、缓存、消息队列等）的交互、并发控制、数据安全管理等方面。简单来说，技术实现是支撑业务逻辑的基础设施和技术层。

在同样的电商系统中，技术实现可能包括选择合适的数据库存储订单信息、设计 API 接口与前端进行数据交互、使用消息队列处理异步支付任务、利用 Redis 缓存技术提高访问速度等。这些操作聚焦于通过合适的技术方案高效实现和优化业务逻辑，而不涉及具体的业务规则。

技术实现与特定的技术栈和实现方案紧密相关，如选择 MySQL 或 MongoDB 数据库存储数据、采用 RESTful API 或 GraphQL 与前端交互等。技术实现关注的是如何高效、可靠、安全地运作系统，而不直接涉及业务逻辑本身。

3. 业务逻辑和技术实现的关系

从本质上讲，业务逻辑和技术实现的核心区别在于它们的关注点和作用。

- 业务逻辑关注的是"做什么"，旨在解决特定的业务需求，直接反映业务领域的规则、流程和行为。
- 技术实现关注的是"怎么做"，负责提供具体的技术手段和工具，确保业务逻辑能够高效、安全、可靠地执行。

具体来说，业务逻辑是直接反映业务需求的部分，而技术实现则是为了构建系统以实现业务需求，并保障系统正常运行而选用的工具、框架和技术手段。业务逻辑通常具有较长的生命周期，并且变更频率较低；而技术实现则可能随着技术的发展或需求的变化而频繁调整。例如，技术团队可能在初期选择某个数据库进行存储，但随着数据量的增加或业务需求的变化，可能会迁移到另一种数据库。

这两者的关系可以类比为建筑设计与施工技术：业务逻辑如同建筑的设计图，定义了建筑物的功能和结构；而技术实现则像是施工技术，决定了设计图如何转化为实际的建筑。业务逻辑和技术实现既相互依存，又各自有着明确的区分。

8.2 分离业务逻辑代码和技术实现代码

1. 业务逻辑和技术实现的紧耦合问题

在传统的软件开发模式中，业务逻辑和技术实现的代码往往耦合度较高。这种代码紧耦合的代码设计方式虽能在短期内快速交付功能需求，但随着项目规模的扩大，系统维护和扩展的难度会日益凸显。业务逻辑通常包含系统的核心规则和决策流程，能直接决定系统的行为和功能。而技术实现则是支撑这些业务逻辑的底层架构，涵盖数据库管理、网络通信、用户界面、缓存机制等方面。若两者混合编写，一旦技术更新或业务需求变动，就会相互影响，导致系统在面对变化时变得脆弱。

这种紧耦合带来的问题主要体现在以下几个方面。

可维护性降低：当业务逻辑和技术实现紧耦合时，修改或扩展业务逻辑可能会波及与之紧密关联的技术实现部分，反之亦然。开发者在进行修改时，常需要深入理解技术实现的细节，而这些细节可能与业务需求无关。这不仅增加了开发复杂度，还容易引发错误和回归问题。

灵活性缺失：随着技术迭代，原有的技术实现可能无法满足新需求。例如，从传统的关系型数据库迁移到 NoSQL 数据库，或者从同步调用改为异步处理。如果业务逻辑和技术实现紧耦合，则使迁移到新的技术栈变得非常困难，因为技术实现的改变会直接影响业务逻辑的执行。

测试难度增大：在紧耦合系统中，测试工作也变得更为棘手。由于业务逻辑和技术实现是混杂在一起的，开发者在编写单元测试时难以单独仅针对业务逻辑进行测试，必须考虑到技术实现的影响。这不仅增加了测试的复杂性，还可能导致测试覆盖不全面。

2. 分离业务逻辑和技术实现的意义

为解决紧耦合带来的问题，分离业务逻辑和技术实现成为现代软件架构设计的重要原则。通过将业务逻辑和技术实现分离，我们能够有效化解上述难题，并带来诸多益处。

提高系统灵活性与可扩展性：将业务逻辑和技术实现分离后，系统可以更好地适应未来的技术变更。例如，技术架构的调整（如数据库迁移、缓存机制优化、消息队列引入等）不会影响业务逻辑的实现，业务逻辑的修改也不需要改动技术实现层的代码。这使系统在应对需求变化时能灵活扩展，从而降低重构成本和风险。

降低系统复杂度：当业务逻辑和技术实现紧耦合时，代码的复杂度会随功能的增加而急剧上升。通过分离二者，开发者可以清晰定位和解决业务逻辑层与技术层的问题。例如，业务逻辑层专注于系统的规则和决策，而技术层则专注于数据存储、网络通信等基础设施的管理。这样做能够有效降低各层的复杂度，便于维护和优化。

增强可测试性：分离业务逻辑和技术实现可以大幅提高系统的可测试性。业务逻辑层通常不依赖具体的技术实现，因此可以在不考虑底层技术细节的情况下独立开展单元测试。这不仅简化了测试流程，还使测试用例更简洁高效，有助于尽早发现潜在的问题。

提高团队协作效率：在分离业务逻辑和技术实现后，开发团队的职责划分更加清晰。技术团队可以专注于架构、数据库、缓存等基础设施的优化，而业务团队则可以集中精力于功能需求分析和业务流程设计上。这种分工模式让团队成员专注于自己领域的工作，提高整体开发效率，减少协作中的矛盾与冲突。

8.3　关注点分离

在软件架构设计中，关注点分离（Separation of Concerns，SoC）作为核心设计原则，长期以来在提高软件系统的可维护性、可扩展性及模块化程度等方面发挥关键作用。关注点分离的本质是将系统的不同功能和职责划分到独立的模块中，使每个模块能专注于处理其特定的任务，而不需要关心其他模块的实现细节。简单来说，分离关注点能将复杂的系统解构为更清晰、独立的部分，提高系统的灵活性和可管理性。

1. 关注点分离的基本概念

复杂的软件系统通常涉及多个不同的关注点或职责。例如，在一个电商平台中，系统不仅要处理用户的订单，还要管理库存、处理支付、展示商品信息，以及与用户互动等。如果这些功能之间缺乏清晰的分隔，就会交织在一起，导致系统难以理解和维护。关注点分离正是为避免这种复杂依赖，让每个模块能专注于处理与其直接相关的功能，从而减少模块之间的耦合，增强独立性。

如果将"订单处理"功能与"用户管理"功能紧耦合在一起，每当需要修改订单逻辑时，开发者可能还需要检查用户管理模块，确保没有引入错误或影响其他部分。这种紧耦合不仅提高了开发的复杂性，还容易增加维护和扩展时的潜在风险。相比之下，如果通过关注点分离，将订单处理和用户管理分别设计成独立的模块，那么在修改订单逻辑时，开发者只需关注与订单相关的部分，不必担心影响用户管理功能。

2. 关注点分离的优势

关注点分离的一个显著优势是能够提高系统的可维护性。当每个模块都有明确的职责边界时，开发者就能快速定位到某个模块并进行改进或修复。例如，在电商平台中，支付模块独立于订单模块，当支付方式发生变化时，我们只需对支付模块进行修改，而不需要重新审视订单处理流程。这种模块化的设计使得系统更易于维护，即便是在面对不断变化的业务需求时，也能保持系统的稳定性。

此外，关注点分离极大地增强了系统的可扩展性。系统通常需要随着时间的推移支持新的业务需求，分离关注点意味着我们可以轻松地对某一模块进行扩展，而不影响到其他部分的功能。例如，如果在原有的电商平台中增加新的支付方式（如从支付宝新增微信支付），通过关注点分离，我们只需针对支付模块进行扩展，而其他模块（如订单管理、库存管理等）则可以保持不变。

关注点分离还大大增强了系统的可测试性。当每个模块专注于独立的任务时，单元测试变得更加直观和高效。以订单管理模块为例，如果它仅负责订单的创建和管理，那么我们可以单独对这个模块进行测试，确保其功能的正确性，而不必担心其他模块的实现会影响其测试结果。

3. 实现关注点分离的方式

要实现关注点分离，最常用的方式之一是采用分层架构。通过将系统划分为不同的层次，每一层只负责特定的任务，从而减少层与层之间的耦合。例如，传统的三层架构包括表现层、业务逻辑层和数据访问层。在这种架构下，表现层仅负责界面的展示和用户交互，业务逻辑层处理核心业务流程，而数据访问层则专注于与数据库的交互。通过分层架构，每个层次的变化都不会直接影响到其他层，系统变得更加模块化，易于维护和扩展。

以电商平台为例，表现层负责展示商品、订单详情和用户信息；业务逻辑层处理购物车计算、订单生成和支付验证等功能；而数据访问层则负责与数据库交互，如查询商品、存储订单等。通过这种分层设计，每一层只关心自己的职责，不需要了解其他层的实现，系统的耦合度大大降低。

然而，随着系统规模的不断扩大，传统的分层架构有时可能无法满足更复杂的需求。这时，采用微服务架构便成了一种更加灵活的解决方案。微服务架构将系统拆分成多个独立的服务，每个服务通常拥有自己的数据库和业务逻辑，服务之间通过网络进行通信。这种架构非常适用于处理复杂且多变的业务需求，因为每个微服务都可以独立开发、测试、部署和扩展，彼此之间的依赖关系得到了大幅缓解。

例如，在电商系统中，用户管理、商品管理、支付处理等功能都可以被拆分成独立的微服务。每个微服务只专注于自己的业务功能，并能够独立扩展和优化。通过这种架构，当需求变化时，我们可以只调整某一个微服务的实现，而不会影响到系统的其他部分。

除了微服务架构，领域驱动设计也是实现关注点分离的一种有效方式。领域驱动设计强调将复杂的业务逻辑封装为多个"限界上下文"（Bounded Context），每个上下文定义了业务模型的边界，在该边界内保持术语、规则和逻辑的一致性，专注于处理特定的业务功能。将业务逻辑明确地划分到不同的领域模型中可以确保每个领域的复杂度被隔离，而不同领域之间的依赖和交互通过接口和消息机制进行解耦。

举个例子，在电商系统中，支付领域只关心支付的成功与失败，订单领域则专注于订单的生成和处理。这种做法避免了多个业务逻辑交织在一起，使得每个领域可以独立发展和演进，提高了系统的灵活性和可维护性。

8.4　领域驱动设计：解耦业务逻辑的利器

8.4.1　什么是领域驱动设计

领域驱动设计（Domain-Driven Design，DDD）是一种以业务领域为核心，指导复杂系统开发的架构方法论，主要用于处理复杂业务需求。领域驱动设计可以从"领域""驱动""设计"三个部分来理解。

"领域"指特定的业务范围或问题域，如电商领域、医疗领域、保险领域等。在确定领域后，我们就能明确核心的业务问题。例如，在电商领域中，核心问题可能涉及商品、库存、仓储和物流；在保险领域，则可能关注投保、承保和理赔等方面。

"设计"在领域驱动设计中通常指领域模型的设计。领域驱动设计强调领域模型是系统的核心，反映了业务概念和业务规则。

"驱动"有两层含义：一是业务问题域驱动领域建模的过程；二是领域模型指导技术实现和代码开发的过程。

领域模型的准确性是关键，因为它直接决定代码实现能否真实反映并解决业务的核心问题。

领域驱动设计是一种处理高度复杂领域的设计思想，通过分离业务复杂性与技术实现的复杂性，围绕业务概念构建领域模型来掌控业务的复杂性，以解决软件难以理解、难以演化等问题。领域驱动设计是一种设计思想，主要体现在两方面：一方面是分离的思想，用于分离业务复杂性和技术复杂性；另一方面是分治的思想，先通过子域划分业务范围，再通过限界上下文隔离领域模型边界来实现分治管理。

8.4.2　领域驱动设计的关键概念

领域驱动设计的核心思想是将复杂的业务领域建模为"领域模型"，并以此为基础设计系统。领域模型是业务知识的抽象，反映了业务规则、业务流程、实体、值对象等核心概念。在领域驱动设计中，技术实现不主导业务模型的设计，而是通过"技术层"与"业务层"之间的接口和适配器层进行交互。

为了更好地理解如何通过领域驱动设计实现业务逻辑和技术实现的分离，我们可以从以下几个关键概念入手。

1. 限界上下文

限界上下文是领域驱动设计中最重要的概念之一。它指的是在系统中定义清晰的边界，用于隔离不同的领域模型及其语义环境。每个限界上下文内部有自己的模型和术语，这些模型和术语在该上下文内有统一的意义，但在其他上下文中可能会有不同的定义或含义。

通过明确划定限界上下文，业务逻辑和技术实现可以围绕特定的领域模型独立展开。在每个限界上下文中，业务逻辑层将专注于处理特定的业务问题，而技术实现则可以根据上下文的要求进行灵活调整。不同限界上下文之间通过明确的接口进行通信，从而避免业务逻辑和技术实现的直接耦合。

例如，在一个电商系统中，可以将"订单处理"作为一个限界上下文，"支付"作为另一个限界上下文。每个上下文内部的业务逻辑和技术实现都独立运作，且通过接口进行交互。当需求发生变化时，只需在对应的上下文内进行调整，不会影响到其他上下文中的业务逻辑。

2. 领域模型

领域模型是领域驱动设计的核心，通过面向对象的方式抽象和表达业务逻辑。领域模型由实体、值对象、聚合根等构成，其中实体代表业务领域中的核心对象，值对象用于封装具有独立概念的不可变属性集合，而聚合根则负责维护整个聚合的一致性。

通过构建一个清晰且准确的领域模型，开发者可以将复杂的业务逻辑和技术实现分离开来。领域模型并不直接依赖于具体的技术细节（如数据库、消息队列等），而是通过仓储接口、领域服务接口与基础设施层的适配器进行交互。技术团队可以在不影响领域模型的情况下，修改底层实现，如更换数据库引擎、调整缓存策略等。这种解耦关系使得领域模型保持简洁、清晰且专注于业务逻辑。

例如，在一个订单系统中，Order 是一个实体，而 OrderItem 是 Order 实体的一个值对象属性。业务逻辑仅关注如何计算订单总价、如何生成发货单等核心操作，而不关心如何在数据库中存储订单数据。数据库的实现可以独立进行修改，而不影响订单业务逻辑。

3. 领域服务

领域服务是为了封装那些无法归属于单一实体、值对象或聚合的业务逻辑，或者跨聚合的复杂操作而设计的。它们提供特定的业务操作或功能，这些功能通常涉及多个实体或聚合的交互。在领域驱动设计中，领域服务同样位于业务层，作为实现业务逻辑的核心部分。

通过领域服务，开发者可以将一些复杂的业务操作从实体内部移到服务中，这样做的好处是能够使领域模型更加简洁，同时减少实体内部的复杂逻辑。领域服务的实现完全聚焦于业务需求，而不涉及技术实现细节，避免与技术实现的耦合。

例如，在电商系统中，OrderService 可能会提供一个方法来处理支付操作，该方法不仅需要处理 Order 实体，还可能涉及库存系统和支付网关的调用。通过领域服务，所有这些业务逻辑可以独立于技术实现，保持灵活和可测试。

4. 仓储

仓储模式是领域驱动设计中的另一个重要概念，负责为领域模型提供类似集合的接口，封装实体或聚合的存储与检索逻辑。仓储的作用是提供一种抽象，使业务逻辑层能专注于领域模型的操作，而不必关心底层数据的存储方式。仓储为业务逻辑层提供了一个干净的接口，隔离了数据库等技术实现细节。

例如，在订单管理系统中，OrderRepository 负责将 Order 实体存储到数据库，提供保存、更新、删除订单等功能。通过将这些操作封装在仓储中，开发者可以轻松替换存储方式（如从关系型数据库迁移到 NoSQL 数据库），而不需要更改业务逻辑层的代码。

仓储与业务逻辑之间的解耦，使得系统更具灵活性和可扩展性。如果未来需要增加新的数据存储或查询优化策略，则可以在仓储层进行修改，而不会影响到业务逻辑的实现。

5. 应用服务

应用服务通常位于应用层，负责协调业务层（领域模型）与技术层（基础设施）的交互。它主要负责处理客户端请求、调用领域模型和领域服务来完成具体的业务操作，并将结果返回给客户端。应用服务不包含具体的业务逻辑，而是充当了业务逻辑和技术实现之间的桥梁。

通过应用服务，开发者能够保持业务逻辑的清晰性，并确保各个模块的独立性。应用服务的职责明确，只关注管理事务、处理异常和协调跨领域操作等，避免业务逻辑层和技术实现的耦合。

6. 技术适配器

技术适配器是将业务层与具体技术实现（如数据库、消息队列、外部 API 等）进行解耦的关键组件。技术适配器的作用是将业务层的需求转化为具体技术层的操作，或者将技术层的数据转换为业务层所需的格式。技术适配器提供了"隔离层"，让业务逻辑层能够专注于业务本身，而不需要直接处理技术实现细节。

例如，在一个电商系统中，支付接口的实现可能会有所不同（例如，使用不同的支付网关），技术适配器可以根据不同的支付方式进行封装，而业务层不需要关心支付网关的实现细节。

技术适配器的设计使得业务逻辑和技术实现之间的耦合度降低，业务逻辑层不会直接依赖于具体的技术实现，而是通过适配器层进行交互。这种解耦关系使得系统更加灵活，能够更容易地适应技术变化和需求变更。

8.4.3 应用领域驱动设计分离业务逻辑和技术实现

为了更好地展示如何在实际项目中实现业务逻辑和技术实现的分离，以下是一个基于领域驱动设计的电商订单支付系统的完整示例。该示例将详细展示如何通过分层架构、领域模型、领域服务和应用服务等手段，确保业务逻辑和技术实现解耦，从而使得系统更加灵活、可维护且易于扩展。

我们的设计目标是将电商订单支付系统的业务逻辑和技术实现分离开来，确保业务逻辑的清晰性和独立性。通过领域驱动设计，我们将业务逻辑抽象为领域模型和领域服务，而技术实现则通过应用服务和基础设施层来实现。

为了实现业务逻辑和技术实现的分离，我们采用分层架构，主要分为以下几个层次。

- 领域层（Domain）：包含业务逻辑和领域模型，处理核心业务规则。
- 应用层（Application）：协调各个领域对象，封装并提供系统的对外接口。
- 基础设施层（Infrastructure）：与外部系统（如数据库、支付网关等）交互，负责技术实现。
- 用户接口层（UI/Controller）：与用户交互，负责数据呈现和接收用户输入。

1. 领域模型设计

在电商订单支付系统中，核心的业务对象是订单（Order）和支付信息（PaymentInfo）。这些对象承载了业务规则，并且需要通过不同的服务来协调处理。

订单实体：

```
package domain
import "time"
// 订单实体
type Order struct {
    ID          string
    UserID      string
    Items       []OrderItem
    PaymentInfo *PaymentInfo
    CreatedAt   time.Time
    Status      string
}
```

```go
// 订单项（值对象）
type OrderItem struct {
    ProductID    string
    Quantity     int
    Price        float64
}
// 支付信息（值对象）
type PaymentInfo struct {
    PaymentID    string
    Amount       float64
    PaymentDate  time.Time
}
// 添加订单项
func (o *Order) AddItem(item OrderItem) {
    o.Items = append(o.Items, item)
}
// 设置支付信息
func (o *Order) SetPaymentInfo(payment PaymentInfo) {
    o.PaymentInfo = &payment
}
// 设置订单状态
func (o *Order) SetStatus(status string) {
    o.Status = status
}
```

Order 是一个实体，包含订单的基本信息（如订单 ID、订单项、支付信息、订单状态等）。OrderItem 和 PaymentInfo 分别表示订单中的订单项和支付信息。它们是值对象，用于描述订单的组成部分。Order 也是一个聚合根，用于维护订单的所有业务规则和一致性。OrderItem 和 PaymentInfo 是订单聚合的一部分，但外部只能通过聚合根 Order 来访问它们。

2. 领域服务设计

领域服务负责执行跨实体或聚合的业务逻辑，且不依赖于底层技术实现。领域服务聚焦于业务流程的执行，而非数据访问或外部服务调用的技术细节。应用服务则是连接外部请求（如 API 调用）和领域服务的桥梁。我们将支付操作从订单实体中抽离出来，通过领域服务来实现。

订单服务（OrderService）：

```go
package service
import (
    "ecommerce/domain"
    "errors"
)
// 订单服务
type OrderService struct {
    paymentGateway PaymentGateway // 支付网关接口
}
// 创建订单
func (s *OrderService) CreateOrder(userID string, items
[]domain.OrderItem) *domain.Order {
    order := &domain.Order{
        ID:        generateOrderID(),
        UserID:    userID,
        Items:     items,
        CreatedAt: time.Now(),
        Status:    "Created",
    }
    return order
}
// 支付订单
func (s *OrderService) PayOrder(order *domain.Order, paymentInfo
domain.PaymentInfo) error {
    if order.Status != "Created" {
        return errors.New("order not in a valid state for payment")
    }
    // 验证支付信息（这里通过支付网关进行支付）
    if !s.paymentGateway.ProcessPayment(paymentInfo) {
        return errors.New("payment failed")
    }
    // 设置支付信息
    order.SetPaymentInfo(paymentInfo)
    // 更新订单状态
    order.SetStatus("Paid")
    return nil
}
```

OrderService 是一个领域服务，封装了订单的创建和支付逻辑。PayOrder()方法会调用外部的支付网关服务来验证支付信息，并在支付成功后更新订单的状态。

支付网关接口（PaymentGateway）：

```
package service
package service
// 支付网关接口
type PaymentGateway interface {
    ProcessPayment(paymentInfo domain.PaymentInfo) bool
}
```

PaymentGateway 接口提供了与外部支付系统交互的抽象，允许将支付逻辑与其他业务逻辑（如订单管理）解耦。具体的支付网关实现可以是与某个支付平台（如支付宝、微信支付等）的集成。

3. 应用服务设计

应用服务负责协调领域服务与基础设施层（技术实现）的交互，封装业务逻辑并为用户接口层提供调用入口。应用服务不直接处理业务逻辑，而是通过调用领域服务来完成实际的操作。在电商订单支付系统中，我们可以设计一个订单应用服务来处理订单的创建和支付操作。

订单应用服务（OrderAppService）：

```
package app
import (
    "ecommerce/domain"
    "ecommerce/service"
    "fmt"
)
type OrderAppService struct {
    orderService *service.OrderService
}
func NewOrderAppService(orderService *service.OrderService)
*OrderAppService {
    return &OrderAppService{orderService: orderService}
}
// 创建订单
func (s *OrderAppService) CreateOrder(userID string, items
[]domain.OrderItem) (*domain.Order, error) {
    order := s.orderService.CreateOrder(userID, items)
```

```
    // 在此可以将订单保存到数据库
    fmt.Println("Order created:", order.ID)
    return order, nil
}
// 支付订单
func (s *OrderAppService) PayOrder(order *domain.Order, paymentInfo
domain.PaymentInfo) error {
    return s.orderService.PayOrder(order, paymentInfo)
}
```

OrderAppService 是应用服务层，主要协调用户请求和领域服务之间的交互。它提供了创建订单和支付订单的接口，但并不包含具体的业务逻辑。OrderAppService 通过调用 OrderService 实现订单的创建和支付操作。

4. 基础设施层设计

基础设施层负责技术实现，包括数据库访问、外部支付网关的集成等。为了实现技术细节的解耦，我们可以定义一个支付网关的具体实现。

支付网关实现（ConcretePaymentGateway）：

```
package infrastructure
import (
    "ecommerce/service"
    "ecommerce/domain"
)
//
// 支付网关实现
type ConcretePaymentGateway struct{}
func (g *ConcretePaymentGateway) ProcessPayment(paymentInfo
domain.PaymentInfo) bool {
    // 模拟支付网关处理
    fmt.Println("Processing payment of amount:", paymentInfo.Amount)
    return true // 假设支付成功
}
```

ConcretePaymentGateway 是支付网关的具体实现，用于实现 PaymentGateway 接口。这个实现与支付平台的集成可以根据实际需求进行调整。

5. 用户接口设计

用户接口层负责接收用户请求并调用应用服务。这是外部系统（如 Web 前端）

与应用之间的接口层。

订单控制器（OrderController）：

```
package controller
package controller
import (
    "ecommerce/app"
    "ecommerce/domain"
    "ecommerce/infrastructure"
    "fmt"
)
func main() {
    // 初始化服务
    paymentGateway := &infrastructure.ConcretePaymentGateway{}
    orderService := &service.OrderService{PaymentGateway:
paymentGateway}
    orderAppService := app.NewOrderAppService(orderService)
    // 创建订单
    order, _ := orderAppService.CreateOrder("user123", []domain.OrderItem{
        {ProductID: "p1", Quantity: 2, Price: 10.0},
    })
    // 支付订单
    paymentInfo := domain.PaymentInfo{
        PaymentID:   "pay123",
        Amount:      20.0,
        PaymentDate: time.Now(),
    }
    err := orderAppService.PayOrder(order, paymentInfo)
    if err != nil {
        fmt.Println("Error during payment:", err)
    } else {
        fmt.Println("Order paid successfully")
    }
}
```

OrderController 是与外部交互的层，接收来自用户的请求，并调用应用服务进行业务处理。在实际应用中，这一层通常与 Web 框架（如 Gin、Echo 等）结合，处理 HTTP 请求和响应。

8.5 实践中的挑战和解决方案

在分离业务逻辑和技术实现的过程中，虽然这种设计带来了更清晰、更易于维护的系统架构，但实践中往往会遇到一系列挑战。如何应对这些挑战，平衡分离粒度与系统复杂度，成为架构师和开发团队必须面对的问题。下面将详细探讨这些挑战及其可能的解决方案，并分享如何在实际开发中找到合适的平衡。

1. 技术债务：逐步清理并优化

随着项目的推进，技术债务往往是不可避免的，尤其是在快速迭代和需求频繁变化的环境下。在分离业务逻辑和技术实现的过程中，技术债务主要表现在系统架构的逐步演变中，可能会有一些过渡性的设计没有达到理想的分离程度。例如，部分业务逻辑和技术实现仍混杂在同一层次中，或者在分离的过程中出现过度抽象，反而增加系统的复杂度。

为了应对技术债务，最直接的解决方案是进行定期的代码重构。重构不仅仅是清理冗余代码，更重要的是逐步将那些本应分离的业务逻辑和技术细节解耦。采用最小可行设计（MVP）原则可以帮助开发团队避免一开始就追求完美的架构，避免过度设计和不必要的复杂性。随着项目的发展，通过项目迭代和重构逐步减少技术债务，确保业务逻辑和技术实现的清晰分离。

与此同时，团队应当避免过度抽象和复杂化设计。在实现分离时，抽象的层次应根据实际需求确定，过多的抽象往往会使系统变得难以理解和维护。精简的设计和合适的抽象既能减少技术债务，又能提高开发效率。

2. 团队协作：加强沟通并明确角色

业务逻辑和技术实现的分离需要开发团队和其他相关部门（如测试、运维等）密切协作。然而，这种跨职能协作在分层架构清晰、责任划分明确的项目中仍可能面临以下挑战。

1）职责边界模糊

团队成员可能会感到职责不明确，特别是在涉及多个层次和模块的复杂系统中。为了解决这个问题，团队必须确保每位成员的角色和责任明确。特别是在项目初期阶段，架构师需要清晰地定义每个层次的责任范围，确保团队成员在不同阶段的工作不重叠，也无遗漏。通过明确的职责划分，能够避免出现过多的交叉责任区域，从而提高团队协作效率。

2）认知差异与沟通障碍

如果各方对系统的理解不同，或者沟通不畅，就可能导致项目进度缓慢、效率低下。因此，跨部门的沟通是不可忽视的问题。特别是在大规模分离架构的项目中，开发者、测试人员和运维人员之间的沟通很容易出现障碍。为此，定期举行跨部门的会议，确保所有成员对项目的理解和目标达成共识是非常必要的。此外，团队可以利用项目管理工具（如 JIRA、Confluence 等）来跟踪任务进展，分享设计文档，确保信息的流转畅通无阻。

3. 系统集成：处理跨系统的接口和数据流

分离业务逻辑和技术实现通常涉及多个系统之间的集成。系统之间的集成会涉及数据传递、接口调用等问题，这时就容易出现跨系统数据一致性和接口定义不清晰的问题。例如，当订单管理系统与支付系统分离时，这两个系统需要通过清晰的接口和一致的数据格式进行交互。否则，可能导致集成失败或数据不一致的问题。

为了解决此类问题，领域驱动设计中的"限界上下文"概念可以有效界定系统边界。限界上下文帮助团队清晰划分不同模块之间的职责，避免不同模块之间的直接耦合。在这种架构下，每个模块都有明确的接口和通信协议，确保模块间的松耦合。此外，采用事件驱动架构（EDA）可以有效地降低系统间的依赖关系。通过消息队列等技术可以使系统间的通信变得异步化并实现解耦，从而提高系统的可扩展性和容错性。

当涉及数据一致性时，可以采用最终一致性策略，特别是在分布式系统中。不同于传统的强一致性，最终一致性能够允许系统在短时间内处于不一致的状态，但最终会达成一致。这种方法能够提高系统的可用性和性能，特别适合跨系统集成时的复杂数据同步问题。

4. 性能与复杂度：平衡分离的深度

尽管业务逻辑和技术实现分离的设计可以显著提高系统的可维护性和可扩展性，但它往往也会带来额外的复杂度和性能问题。例如，层与层之间的调用可能增加系统的响应延迟，数据传输的复杂度也会显著提高，尤其是在跨多个服务或模块进行通信时。

为了解决这些问题，设计时需要仔细评估每一层的抽象是否必要，是否有足够的业务价值。避免将所有的业务逻辑都高度抽象化，特别是在简单、单一的业务需求中，不必做过度的分离。简单直接的设计有时更加高效，尤其在对性能有较高要求的系统中，减少不必要的层级和数据传递往往可以显著提升性能。

此外，对于跨层的数据传输，可以通过缓存、批量操作等方式优化性能。例如，在访问数据库时，使用缓存来减少频繁的数据查询，或者在数据传递的过程中采用批量处理，减轻系统的负担。

8.6 小结

业务逻辑和技术实现的分离是提高系统可维护性和可扩展性的关键。通过领域驱动设计、分层架构和接口或抽象类设计，可以确保业务规则独立于技术细节，降低模块间的耦合度。在此过程中，需要应对技术债务、系统集成挑战，以及性能与复杂度的平衡等问题，同时依靠清晰的接口和高效的团队协作，确保不同模块的顺畅对接。

为应对这些挑战，我们应定期优化代码结构、加强团队沟通、明确领域职责与技术模块边界，避免因过度拆分导致的不必要的复杂性。这样才能真正实现业务逻辑和技术实现的解耦，使系统更稳定、灵活且易于维护。

下一章将介绍测试驱动开发的概念和实践，并展示如何编写单元测试代码，确保软件系统功能的正确性和稳定性，帮助开发者在实际项目中更好地践行测试驱动开发。

第9章 测试驱动开发

先让代码可以工作，再让它正确，最后让它快速。

—— Kent Beck

在编程过程中，如何提高代码质量、确保功能准确实现，并有效降低长期维护成本，一直是开发者关注的核心问题。传统的开发模式往往先编写实现代码，再进行测试和修复缺陷；而测试驱动开发则采用"红–绿–重构"循环，即先编写失败的测试用例（红），再编写满足测试的最简代码（绿），最后对代码进行重构优化（重构）。这种方法不仅是技术实践的革新，更是开发思维的范式转变。它要求开发者在编写实现代码之前，先明确功能需求，并通过测试用例定义预期行为，助力代码的良好设计和健壮性。

本章将探讨测试驱动开发的基本概念、核心原则及实施流程，帮助读者理解测试驱动开发的工作机制和优势。我们将重点介绍单元测试的编写方法、测试覆盖率的优化策略，以及在实际项目中的应用技巧，帮助开发者更高效地运用单元测试提高代码质量，降低缺陷率，并间接提高开发效率。通过合理的测试驱动开发实践，开发者不仅能减少错误的累积，还能提高代码的可读性、可维护性，避免因后期修改导致的不必要的风险，从而构建更稳定的软件系统。

9.1 软件测试概述

测试是软件开发过程中的关键环节，其核心目标是确保软件的功能、性能和可靠性达到预期要求。测试不仅能帮助开发者及时发现代码缺陷，还能验证功能实现的正确性，确保系统在不同环境下的稳定性。通过系统化的测试体系，开发者可以全面了解软件的实际表现，提前识别潜在问题，避免产品发布后出现严重缺陷。软件测试涵盖多个层面，包括单元测试、集成测试、系统测试和验收测试等，每种测试类型关注不同的验证维度，共同构成完整的质量保证体系，确保软件的高质量交付。

1. 测试分类

软件测试通常可以分为以下几类。

- 单元测试：用于验证软件中最小可测试单元（如函数、方法或类）的正确性，确保这些最小单元在独立运行时符合设计预期。单元测试通常由开发者编写，具备高自动化特性，能够快速执行并提供即时反馈。通过对每个功能单元的细致验证，单元测试有助于发现代码中的基础性错误，避免问题在后续开发中扩散。单元测试是软件开发中的基础性测试，也是测试驱动开发方法的核心。

- 集成测试：聚焦于验证多个模块或组件之间的交互逻辑，确保模块间接口的正确性和数据传递的完整性。与单元测试不同，集成测试不再局限于单个模块的功能，还关注模块之间接口的正确性和数据交换的完整性。集成测试通常需要构建一定的测试环境，并模拟外部系统或依赖。通过集成测试，开发者可以确保模块之间没有因接口不兼容或数据格式错误导致的集成失败，从而为系统的正常运行提供保障。

- 系统测试：对整个系统进行端到端的验证，模拟用户真实使用场景，验证系统在预期环境中是否按设计要求运行。测试范围不仅包括功能需求的全面验证，还涉及性能、安全性、兼容性等非功能特性。系统测试模拟真实用户的操作情境，对系统进行全面评估，发现潜在的系统级问题。例如，系统测试可以评估软件在高并发场景下的表现，检查是否有性能瓶颈，或者验证系统的安全性是否能够防止恶意攻击。系统测试是质量保障中非常重要的一环，通常在开发完成后进行。

- 验收测试：由最终用户或产品负责人执行，目的是评估软件是否符合业务需求和用户预期，并决定其是否具备上线条件。验收测试通常基于真实业务场景进行，验证产品是否能满足用户需求，业务流程是否合理，功能是否完备。作为软件交付的最后一道关卡，验收测试的通过意味着软件可以正式发布并投入使用。

2. 测试成本

软件测试是确保软件质量、稳定性和可靠性不可或缺的环节，但开展有效的测试需要投入大量资源，尤其是在项目的不同阶段其投入差异显著。测试成本不仅涵盖时间和人力投入，还包括硬件资源、环境配置、工具选择，以及测试用例的后期维护和更新等方面。根据测试的层次和复杂度，测试成本也有所差异。

首先，单元测试通常成本较低。它聚焦于最小的功能单元（如函数、方法或类），具有高度自动化特性，执行速度快，能在开发过程中频繁运行，并及时发现代码中的局部错误，避免问题在后续阶段累积，从而降低修复成本。单元测试的快速反馈机制使开发者能够在代码编写初期就发现并修正缺陷，减少后期因缺陷引发的大规模重构、回归测试和紧急修复所带来的时间和人力损耗。尽管编写单元测试需要额外投入时间和精力，但相较于后期高昂的维护成本，这种投入是值得的。完善的单元测试不仅能提高代码的可维护性，让开发者在修改或优化代码时更有信心，还能促进良好的软件设计，鼓励编写模块化、解耦的代码，增强代码的复用性和可测试性。此外，单元测试还能作为开发文档的一部分，帮助团队成员快速理解代码逻辑，加快新成员的上手速度，进一步降低项目的长期维护成本。

其次，集成测试的成本高于单元测试，主要用于验证系统中不同模块之间的交互是否正常。相比单元测试，它通常需要搭建测试环境、模拟外部依赖和数据库连接，使测试准备工作更为复杂。开发者需要确保测试环境配置正确，并验证模块接口的兼容性、数据格式的一致性和交互流程，这增加了测试编写、执行和调试的难度。由于涉及多个组件协同工作，任何模块的变更都可能影响测试结果，导致排查和修复成本增高。此外，集成测试执行时间较长，受外部依赖响应速度影响较大，维护成本也会随系统规模增长而增高。因此，尽管集成测试对发现模块间问题至关重要，但在实际应用中需要权衡成本与收益，合理规划测试策略，以提高测试效率。

最后，系统测试是成本最高且最耗时的测试形式，主要用于模拟最终用户的操作，验证系统在真实场景中的整体表现。由于其覆盖范围广，测试环境复杂，除了功能验证，还需要评估性能、安全性等关键因素。实现自动化系统测试通常需要开发复杂的测试脚本，以模拟各种用户行为和业务流程，这大幅提高了开发和维护成本。此外，测试涉及多个系统组件，执行时间长，资源消耗大。因此，系统测试通常安排在项目开发后期，并需要控制测试范围，聚焦关键功能，以平衡测试覆盖率与成本，确保整体质量保障的高效性。

软件测试金字塔模型（见图9.1）强调，应将自动化测试重点放在单元测试和集成测试上，而系统测试应保持在较少的数量并聚焦关键功能，从而确保高效的测试覆盖，并有效控制成本。

图 9.1 软件测试金字塔模型

从软件测试金字塔模型中可以看出，单元测试位于金字塔的底部，是测试中数量最多的一层。单元测试关注单个功能模块、方法或函数的验证，通常由开发者编写，自动化程度高，执行速度快。其主要优势在于能够迅速发现代码中的小范围错误，及时提供反馈，确保基本功能的正确性。单元测试是测试驱动开发方法的核心，有助于开发者在编写代码的过程中保持高标准的代码质量。下面将重点介绍单元测试的编写方法和应用技巧。

9.2 让测试成为编码的起点

测试驱动开发（Test-Driven Development，以下简称 TDD）是一种区别于传统开发模式的编程方法。与传统"先编写业务代码，再进行测试"的流程不同，TDD 的核心思想是在编写功能代码之前，先编写测试代码。开发者通过编写测试用例明确功能需求，进而驱动功能代码的实现，并确保代码始终满足测试要求。TDD 将测试融入开发过程，使其成为代码设计的重要组成部分，而不仅仅是质量保障的手段。

从表面上看，TDD 要求先编写测试用例，再实现功能代码，这似乎增加了开发的复杂度。然而，这种方式实际上有助于提高代码质量。在 TDD 模式下，开发者在编写代码时始终围绕测试需求展开，确保代码严格按照需求实现，能够在开发早期发现并解决潜在问题。TDD 通过高频次运行测试及时暴露代码缺陷，不仅减少了错误的产生，还能提高代码的可维护性和稳定性，有效降低后期修复缺陷的成本。

此外，TDD 强调"小步快跑"的开发节奏，每次只编写少量代码，并立即进行测试。这种方式避免了传统开发中大规模编写代码后再进行测试的低效模式，大幅减少了返工，有效提高了开发效率。同时，由于测试用例驱动着代码设计，TDD 能促使代码结构更加清晰，减少因架构缺陷导致的技术债务，在长期维护上具有显著优势。

TDD 的工作流程

TDD 的工作流程可以总结为"红-绿-重构"三个步骤，每个步骤都有其独特的作用和价值。

（1）编写失败的测试（红）：首先，开发者编写一个测试用例，描述新功能或修改部分的预期行为。由于此时功能代码尚未实现，测试必然失败（测试框架通常会将其标记为红色）。这一阶段的核心价值在于明确需求，使开发者聚焦于功能实现的正确性，而非一开始就考虑代码优化或架构设计。

（2）编写功能代码使测试通过（绿）：接下来，开发者根据已编写的测试用例，实现功能代码，并确保代码能够通过测试。此时，测试结果应变为绿色，表示功能代码实现了预期的行为并且通过了测试。这一过程的关键在于编写尽可能简洁、有效的代码，只关注实现满足测试用例所需的最基本功能。在此阶段，开发者不需要考虑优化或扩展，只需确保代码能够通过测试。

（3）对代码进行重构优化（重构）：在测试通过后，开发者对已编写的功能代码进行重构。重构的目的是优化代码结构、提高可读性和可维护性，使其更具扩展性。在重构过程中，开发者应保持测试用例不变，确保重构不会破坏原有功能。通过重构，开发者可以消除冗余代码，简化复杂逻辑，提高代码的质量。此阶段的核心原则是"重构不破坏功能"，即始终保持代码的行为符合原来的预期。

图 9.2 所示为测试驱动开发工作流程。

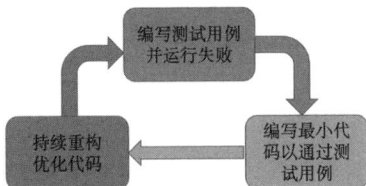

图 9.2　测试驱动开发工作流程

TDD 的三个阶段形成一个持续迭代的开发循环，每次迭代都帮助开发者构建高质量、易维护的代码。测试、实现、重构的循环使得代码质量不断提升，同时促进开发者养成良好的编码习惯。TDD 不仅能提高代码的可靠性，还能在项目的整个生命周期内减少技术债务，降低维护成本，为敏捷开发和持续集成提供有力支持。

9.3　单元测试实践

单元测试是一种用于验证代码是否按预期运行的方法，通常用于检查应用程序中的独立代码块，如函数或方法。其核心目标是通过为代码块提供输入数据并对输出结果进行断言，确保代码块能够正确执行并返回预期结果。单元测试强调功能的独立性，确保每个代码单元在不依赖其他部分的情况下能够正确运行。它通常被视为软件开发过程中最基本和最重要的测试形式。

在实际开发过程中，开发者会为每个代码块编写一组单元测试，这些测试被称为"测试用例"，用于验证代码块的各种预期行为。虽然不需要覆盖所有极端场景，但应确保覆盖正常路径、边界条件和异常输入等关键测试场景，通常即可保证代码的稳定性和可靠性。然而，编写有效的单元测试需要确保测试的独立性，避免与外部资源（如数据库、外部服务或网络通信）产生依赖。为此，可以使用模拟对象（Mock）或存根（Stub）等技术模拟外部依赖，确保测试在隔离的环境中进行，从而避免外部因素影响测试结果。

对于逻辑简单、功能明确的代码块，编写单元测试较为直接，开发者能够快速验证代码的正确性。然而，随着系统复杂性的增加，若需要测试多个组件的交互逻辑，则此类场景更适合通过集成测试实现。单元测试应始终聚焦单个代码单元，通过模拟技术隔离外部依赖，仅验证单元自身的逻辑正确性，而非跨模块的交互行为。

9.3.1　单元测试的优势

单元测试为软件开发带来了显著的积极影响，能够帮助开发者更高效地发现错误，降低开发成本，并提高代码的质量和稳定性。通过在开发早期进行单元测试，开发者能够及时捕捉潜在缺陷，特别是与输入、输出或逻辑相关的问题。相比在产品交付给客户后才发现问题，单元测试提供了一种更加经济高效的缺陷修复方案。

通过及早发现并解决问题，开发者能够显著降低后期修复的成本和时间消耗。而且，单元测试还能针对各种输入条件对代码进行全面的测试，从而及时发现并修正潜在缺陷。

此外，单元测试还具有文档功能。每个测试用例不仅验证了代码的功能是否符合预期，还隐含了代码的设计意图和边界条件，为其他开发者提供了对代码行为的清晰描述。通过阅读测试用例，开发者能够快速理解代码的预期行为，避免因代码逻辑不明确而产生的理解偏差，特别是，在代码修改或重构后，通过持续运行测试用例，开发者能够验证改动是否影响了代码的预期功能。

最后，单元测试对于代码重构具有关键支持作用。在进行代码重构时，开发者需要在单元测试持续通过的前提下调整代码结构。通过单元测试验证重构后的代码，能够及时发现并修复因重构引入的错误，降低重构风险。同时，单元测试通过清晰的测试逻辑，帮助开发者更好地理解代码结构和业务逻辑，为后续的代码优化提供有力支持。

9.3.2　如何编写单元测试

在编写单元测试代码时，可以关注以下几个方面，以确保测试的有效性、可维护性和质量。

1. 正确看待单元测试失败

测试失败是软件开发过程中常见且不可避免的现象，但它并非负面结果，而是一个积极的信号。测试失败为开发者提供了有价值的反馈，帮助及时发现潜在问题并进行修复。测试失败的原因通常可以分为两类：一是被测试系统本身存在缺陷，这恰恰是进行测试的目的之一——尽早发现问题；二是测试设计不当，如测试逻辑错误、测试用例不完整或不准确等。

如果测试过度依赖实现细节（如硬编码路径、具体类而非接口），就会成为"脆弱测试"，即使系统行为正确也可能因无关改动而失败。虽然完全避免脆弱测试具有挑战性，但是通过规范测试设计和提高测试用例的准确性，可以最大限度地减少此类问题。前文已经讨论过脆弱测试的规避方法，因此在编写单元测试时，首先要确保测试用例的设计合理、目的明确。

当测试失败时，开发者的首要任务是快速定位问题根源。测试的清晰度直接影响问题定位的速度。清晰的测试用例应通过命名和断言逻辑明确测试目的，使失败时的错误信息能直接指向问题点（如"预期抛出异常，但未发生"）。反之，如果测试用例逻辑混乱、断言模糊，那么开发者就会面临更多的挑战，难以快速诊断并修复问题，从而导致诊断成本大幅增高。因此，在编写高质量的单元测试时，需要确保测试代码具有良好的可读性，便于快速理解测试意图和失败原因。

2. 编写清晰的测试代码

编写清晰的测试代码是构建高效且可维护测试套件的关键。测试代码应具备完整性和简洁性两个基本特征，二者相辅相成，共同提高测试的可读性与维护性。完整性指测试应涵盖当前代码单元的核心逻辑路径（如正常流程、边界条件、异常输入），而简洁性则要求测试代码移除与测试目标无关的细节，专注于核心逻辑。优秀的测试代码不仅能清晰表达验证意图，还能高效发现潜在问题，同时降低后续理解和修改的难度。

例如，下面是一个测试代码的示例，虽然可以工作，但它并不具备理想的完整性与简洁性：

```
func TestGetUserInfo(t *testing.T) {
    client := NewClient("https://api.example.com", "key123", 30)
    client.SetTimeout(60)
    client.EnableDebugLogging(true)
    response, err := client.GetUserInfo(123)
    if err != nil {
        t.Errorf("Expected no error, but got %v", err)
    }
    if response.Name != "John" {
        t.Errorf("Expected name 'John', but got %s", response.Name)
    }
}
```

在上述示例中，客户端的初始化包含了许多不必要的参数，测试逻辑没有直接聚焦在核心功能的验证上。通过简化代码并专注于关键逻辑，可以获得以下改进版：

```
func TestGetUserInfo(t *testing.T) {
    client := NewClient("https://api.example.com", "key123", 30)
    response, err := client.GetUserInfo(123)
    if err != nil {
        t.Errorf("Expected no error, but got %v", err)
    }
    if response.Name != "John" {
```

```
        t.Errorf("Expected name 'John', but got %s", response.Name)
    }
}
```

改进后的测试代码删除了与"获取用户信息"功能验证无关的设置，直接聚焦核心功能验证。这使得测试代码更加简洁，且逻辑更加清晰。

在项目持续演进过程中，测试代码的清晰度至关重要。随着需求的变化和项目的演进，编写测试的工程师可能会离开，但测试代码将长期留存。如果测试代码不够清晰，则后续的开发者可能无法理解测试意图，甚至误删重要测试，导致测试覆盖率下降。因此，测试代码必须保持足够的清晰度，以确保其在项目生命周期中持续有效。

清晰的测试代码应具备以下关键特征。

- 明确的测试目标：每个测试都应明确定义其预期行为，使测试的目的和验证内容一目了然，便于开发者快速理解测试作用。
- 详细的错误信息：当测试失败时，错误信息应当详尽且清晰，明确指出失败原因、输入数据和期望结果。这些信息有助于开发者快速定位问题，提高修复效率。
- 覆盖边界条件与异常场景：测试不仅要涵盖正常流程，还应覆盖边界条件和潜在的异常场景，确保系统能够在各种不同的输入环境下稳定运行，避免遗漏可能导致系统故障的边缘情况。
- 易于理解与维护：测试代码应简洁明了、逻辑清晰，便于其他开发者理解和修改。优秀的测试代码应具备良好的适用性，能够应对项目需求变化，减少重构需求。

3. 测试系统状态，而非交互

在编写单元测试时，通常有两种验证系统行为的方式：一种是检查系统状态的变化，另一种是验证系统与外部组件的交互。前者被称为状态测试，后者则被称为交互测试。

1）状态测试

状态测试通过检查系统状态的变化来确认其行为是否符合预期。状态测试关注的是在与系统交互后，系统的内部状态是否达到预期结果。它通常更简洁稳定，因为它聚焦于最终状态，而非系统内部的执行细节。

假设我们有一个简单的银行账户类，支持存款和取款操作。状态测试的重点是验证存款和取款后的账户余额是否正确，而不需要关心操作的具体实现方式。

```
package main
```

```go
import (
    "testing"
)
// BankAccount 表示一个简单的银行账户
type BankAccount struct {
    balance int
}
// Deposit 存款操作
func (account *BankAccount) Deposit(amount int) {
    account.balance += amount
}
// Withdraw 取款操作
func (account *BankAccount) Withdraw(amount int) {
    if amount <= account.balance {
        account.balance -= amount
    }
}
// Balance 获取当前账户余额
func (account *BankAccount) Balance() int {
    return account.balance
}
// 状态测试: 验证存款和取款后的账户余额
func TestBankAccount(t *testing.T) {
    account := &BankAccount{}
    // 存款 100
    account.Deposit(100)
    if account.Balance() != 100 {
        t.Errorf("expected balance 100, got %d", account.Balance())
    }
    // 取款 50
    account.Withdraw(50)
    if account.Balance() != 50 {
        t.Errorf("expected balance 50, got %d", account.Balance())
    }
    // 再次取款 50
    account.Withdraw(50)
    if account.Balance() != 0 {
```

```
        t.Errorf("expected balance 0, got %d", account.Balance())
    }
}
```

在上述示例中，BankAccount 类提供了存款（Deposit）、取款（Withdraw）和余额查询（Balance）方法。TestBankAccount 测试类通过检查账户余额的变化来验证系统行为是否符合预期。这是状态测试的典型示例，测试的关注点是操作后的余额状态是否正确，而不关心存款和取款的具体实现逻辑。

2）交互测试

交互测试主要用于验证系统与协作者（如依赖的其他类、模块）或外部组件（如数据库、第三方服务）之间的交互是否按预期进行。交互测试关注的是系统在执行过程中是否调用了正确的方法、传递了正确的参数或发送了预期的消息。

例如，在 BankAccount 示例中，我们可以加入一个日志系统，记录每次存款和取款的操作。交互测试的重点是验证系统是否正确地与日志系统进行交互。

```
package main
import (
    "testing"
    "github.com/stretchr/testify/mock"
)
// Logger 是一个模拟的日志接口
type Logger interface {
    Log(message string)
}
// BankAccount 表示银行账户
type BankAccount struct {
    balance int
    logger  Logger
}
// Deposit 存款操作
func (account *BankAccount) Deposit(amount int) {
    account.balance += amount
    account.logger.Log("Deposited " + string(amount))
}
// Withdraw 取款操作
func (account *BankAccount) Withdraw(amount int) {
    if amount <= account.balance {
```

```
        account.balance -= amount
        account.logger.Log("Withdrew " + string(amount))
    }
}
// Balance 获取当前账户余额
func (account *BankAccount) Balance() int {
    return account.balance
}
// 测试交互行为：验证是否调用了正确的日志
func TestBankAccountWithLogger(t *testing.T) {
    mockLogger := new(MockLogger)
    account := &BankAccount{logger: mockLogger}
    // 设置期望：存款 100
    mockLogger.On("Log", "Deposited 100").Once()
    // 存款 100
    account.Deposit(100)
    // 验证是否调用了日志
    mockLogger.AssertExpectations(t)
    // 设置期望：取款 50
    mockLogger.On("Log", "Withdrew 50").Once()
    // 取款 50
    account.Withdraw(50)
    // 验证是否调用了日志
    mockLogger.AssertExpectations(t)
}
// MockLogger 是 Logger 的模拟实现，用于交互测试
type MockLogger struct {
    mock.Mock
}
// Log 模拟日志方法
func (m *MockLogger) Log(message string) {
    m.Called(message)
}
```

在上述示例中，我们使用 github.com/stretchr/testify/mock 包来模拟 Logger 接口。在 TestBankAccountWithLogger 测试中，我们通过 mockLogger.On()设置期望的日志消息，并通过 mockLogger.AssertExpectations(t)验证是否按预期调用了 Log 方法。该

测试关注系统与日志组件之间的交互是否按预期发生，确保系统在存取款操作时正确记录日志。

状态测试和交互测试虽然在某些场景下可以同时进行，但它们的关注点不同。状态测试关注的是系统状态的变化，如账户余额是否正确；而交互测试则关注系统与协作者（如内部依赖类）或外部资源（如数据库服务、第三方 API）之间的交互是否符合预期。

相比之下，交互测试通常比状态测试更脆弱。其原因在于：交互测试关注的是系统如何完成任务的过程，即"如何做"，而状态测试关心的往往是"做了什么"，即结果如何。过度使用交互测试可能使测试过于关注系统的内部实现，从而导致测试变得不稳定，随着系统的改动而频繁失败。

因此，单元测试通常应更关注系统状态的变化，而非外部组件的交互。这是因为单元测试的目标是确保系统的单独行为符合预期，避免过度依赖外部组件（这会导致测试变得更脆弱）。交互测试多用于集成测试阶段，并重点验证不同模块之间的协作是否正确。

4. 测试行为，而非实现

单元测试的核心目标是验证代码是否按照预期的行为运行，而非验证其具体的实现细节。因此，测试应该关注代码的行为，而非方法的内部实现。这一原则被称为"测试行为而非实现"。

在编写测试时，许多开发者习惯于将测试方法与代码结构一一对应，即每个被测试的方法都会有一个直接对应的测试函数。这种做法在初期看似简单有效，但随着被测试方法的复杂度增加，测试代码会因包含过多实现细节而变得臃肿，导致测试逻辑混乱、难以理解和维护。例如，某个展示交易结果的方法随着功能的增加，可能会变得非常复杂，其对应的测试也会不断扩展，涵盖多个场景、多个消息，最终导致测试的复杂度与方法本身的复杂度成正比。

问题的根源在于，当测试围绕方法本身进行编写时，会与具体的实现细节过于紧密，导致测试代码的可维护性降低。一个方法通常涉及多个操作、不同的边界条件和复杂的用例。如果测试只关注方法的实现，而忽略了其对外部的行为，就可能造成测试代码与实际业务逻辑的脱节。

为了应对这种问题，最佳做法是将测试围绕"行为"而非"方法"来编写。这里的"行为"指系统在特定输入下的反应和输出，而非单个方法的具体实现。换句话说，测试应该验证系统在不同情境下的表现，而非验证每个方法的每一行代码是否按预期运行。例如，我们可以使用"给定（Given）–当（When）–那么（Then）"的结构化语言来描述系统行为，清晰地表达预期的行为。例如，"给定一个空的银行账户，当尝试从账户中取款时，那么交易会被拒绝。"

1）方法（实现）驱动测试

在方法驱动测试中，每个方法都有一个对应的测试，测试粒度通常是方法级别。当方法的复杂度增加时，测试的复杂度也随之提升。

假设我们有一个 Account 类型，包含一个用于转账的 Transfer() 方法，基于方法实现的测试代码如下：

```go
package main
import (
    "testing"
    "github.com/stretchr/testify/assert"
)
type Account struct {
    Balance float64
}
func (a *Account) Transfer(amount float64, recipient *Account) bool {
    if a.Balance < amount {
        return false
    }
    a.Balance -= amount
    recipient.Balance += amount
    return true
}
func TestTransfer(t *testing.T) {
    // 测试转账成功
    t.Run("TestTransferSuccess", func(t *testing.T) {
        sender := &Account{Balance: 100}
        receiver := &Account{Balance: 50}
        result := sender.Transfer(50, receiver)
        assert.True(t, result)
        assert.Equal(t, 50.0, sender.Balance)
        assert.Equal(t, 100.0, receiver.Balance)
    })
    // 测试余额不足的转账
    t.Run("TestTransferFailureDueToInsufficientBalance", func(t *testing.T) {
        sender := &Account{Balance: 30}
        receiver := &Account{Balance: 50}
```

```
        result := sender.Transfer(50, receiver)
        assert.False(t, result)
        assert.Equal(t, 30.0, sender.Balance)
        assert.Equal(t, 50.0, receiver.Balance)
    })
}
```

在这种实现方法驱动的测试中，TestTransferSuccess和TestTransferFailureDueToInsufficientBalance分别测试了转账成功和失败的情形。随着Transfer()方法的复杂化，测试代码需要跟进方法内部的实现细节，导致测试逻辑变得烦琐。每当方法增加新的分支或复杂度时，相应的测试也必须随之扩展和修改，从而提高开发和维护的成本。

2）行为驱动测试

与方法驱动测试不同，行为驱动测试要关注系统整体的行为，而非单一方法的实现细节。每个测试用例都可以描述系统在特定条件下的预期行为，并采用"给定（Given）-当（When）-那么（Then）"的结构化表述，清晰地表达出系统在不同情境下的期望结果。例如：

```go
package main
import (
    "testing"
    "github.com/stretchr/testify/assert"
)
type Account struct {
    Balance float64
}
func (a *Account) Transfer(amount float64, recipient *Account) bool {
    if a.Balance < amount {
        return false
    }
    a.Balance -= amount
    recipient.Balance += amount
    return true
}
func TestTransfer(t *testing.T) {
    t.Run("Given an account with sufficient balance, when a transfer
is made, then the balance should be updated correctly", func(t
```

```
*testing.T) {
        sender := &Account{Balance: 100}
        receiver := &Account{Balance: 50}
        result := sender.Transfer(50, receiver)
        assert.True(t, result)
        assert.Equal(t, 50.0, sender.Balance)
        assert.Equal(t, 100.0, receiver.Balance)
    })
    t.Run("Given an account with insufficient balance, when a transfer
is attempted, then the transfer should fail and balance should remain
unchanged", func(t *testing.T) {
        sender := &Account{Balance: 30}
        receiver := &Account{Balance: 50}
        result := sender.Transfer(50, receiver)
        assert.False(t, result)
        assert.Equal(t, 30.0, sender.Balance)
        assert.Equal(t, 50.0, receiver.Balance)
    })
}
```

　　在行为驱动测试中，每个测试都聚焦于系统的某个特定行为，而非方法实现的细节。这使得测试代码更加简洁、直观且易于理解。通过使用清晰的结构化语言（如"给定""当""那么"等），测试不仅关注业务逻辑的期望输出，还能直观表达对各种边界条件和特殊情况的预期。这使得测试代码与业务需求紧密结合，能够清晰反映出系统在不同输入下的响应逻辑。

　　行为驱动的测试方法提高了代码对需求变动的适用性。由于测试聚焦于行为而非实现细节，开发者可以根据实际需求对系统行为进行修改，而不需要担心方法实现的变化。随着功能扩展或需求调整，测试代码的修改也变得更加高效和低成本。尤其在团队协作中，这种测试方式能够显著提高测试的可读性、可维护性和协作效率，使得不同角色的开发者（如前端、后端、测试人员）能够更加高效地理解和执行测试。

5. 避免在测试代码中添加复杂逻辑

　　在编写测试代码时，应避免引入过多非必要的复杂逻辑，因为简单、清晰的测试代码能够显著提高可读性和可维护性。测试的主要目的是验证代码功能是否正常，而非执行业务逻辑。与生产代码不同，测试代码应聚焦于特定的输入和输出，而不需要处理与测试目标无关的复杂情况或冗余输入。因此，每个测试用例应尽量保持简洁，避免非必要的复杂判断、循环和嵌套逻辑，使得测试代码更易于理解，并能快速定位潜在问题。

假设我们有一个验证邮箱地址是否合法的 IsValidEmail() 函数。如果在测试中引入过多复杂的逻辑，则会变得难以理解，且容易出错。以下是一个包含复杂逻辑的错误示范：

```go
func TestIsValidEmail(t *testing.T) {
    testCases := []string{
        "test@example.com",
        "invalid-email",
        "user@domain",
        "test@domain.com",
        "@example.com",
        "test@.com",
    }
    for _, email := range testCases {
        if !IsValidEmail(email) && !strings.Contains(email, "@") {
            t.Errorf("Expected valid email but got invalid one: %s",
email)
        }
    }
}
```

在上述代码中，测试用例过度依赖复杂的逻辑判断来验证每个邮箱地址的有效性，这不仅增加了测试代码的复杂度，还可能因测试逻辑与生产逻辑的不一致掩盖潜在问题。

更好的做法是简化测试代码，确保每个测试用例聚焦于特定的输入场景，并且不需要过多的条件判断。通过明确期望的结果进行测试，可以使潜在问题更容易被发现。改进后的代码如下：

```go
func TestIsValidEmail(t *testing.T) {
    testCases := []struct {
        email    string
        expected bool
    }{
        {"test@example.com", true},
        {"invalid-email", false},
        {"user@domain", false},
```

```
        {"test@domain.com", true},
        {"@example.com", false},
        {"test@.com", false},
    }
    for _, tc := range testCases {
        t.Run(tc.email, func(t *testing.T) {
            result := IsValidEmail(tc.email)
            if result != tc.expected {
                t.Errorf("For email %s, expected %v, got %v",
tc.email, tc.expected, result)
            }
        })
    }
}
```

在改进后的代码中，每个测试用例都具有明确的输入和预期结果，测试代码变得更加简洁和直观。改进后的代码避免了不必要的复杂逻辑，使每个测试用例都能清晰表达其验证的功能。通过这种方式，测试代码既能保持简洁，又具备较高的可维护性，能够快速定位潜在的错误。

6. 使用表驱动测试

表驱动测试是一种通过定义测试数据表格（如切片、映射等数据结构），并自动遍历执行每个数据项的高效测试方法。它将测试数据和预期结果组织成结构化表格，通过循环遍历自动生成多个测试用例。这种方法特别适用于测试多个输入与输出组合的情况，能够显著减少重复代码，提高测试的可扩展性和可维护性。

以下是一个使用表驱动测试的示例，针对一个简单的加法函数进行测试：

```
package main
import (
    "testing"
)
func Add(a, b int) int {
    return a + b
}
func TestAdd(t *testing.T) {
    tests := []struct {
        a, b, want int
    }{
```

```
        {1, 2, 3},
        {0, 0, 0},
        {-1, 1, 0},
        {10, -5, 5},
    }
    for _, tt := range tests {
        got := Add(tt.a, tt.b)
        if got != tt.want {
            t.Errorf("Add(%d, %d) = %d; want %d", tt.a, tt.b, got,
tt.want)
        }
    }
}
```

在这个示例中，我们通过定义一个结构体数组 tests 来存储多组测试用例。每个测试用例由两个整数 a、b 和预期结果 want 组成。在 TestAdd() 函数中，我们遍历这个结构体数组，针对每组测试用例调用 Add() 函数并检查返回值是否符合预期。如果实际结果 got 与预期结果 want 不匹配，则测试框架会通过 t.Errorf() 函数输出错误信息，帮助我们定位问题。

表驱动测试的优势在于，它能够轻松地添加新的测试用例，同时保持测试代码简洁且易于理解。这种方法减少了重复的测试代码，提高了测试的可维护性，是编写高质量单元测试的重要方法之一。

9.4　小结

单元测试是软件开发中的一项关键实践，不仅能帮助开发者验证代码的正确性，还能有效提高代码质量，推动代码的持续优化和重构。本章深入探讨了单元测试的基本概念、核心原则及最佳实践，内容涵盖了单元测试的定义、目标、优势、编写技巧和测试替身等方面。通过编写简洁、清晰且完整的单元测试，开发者不仅能更好地理解代码的业务逻辑，确保代码的稳定性，还能提高代码的可维护性和可扩展性。作为软件开发过程中的基础环节，单元测试是每位开发者都应高度重视并在日常工作中积极实践的内容。

在第 10 章中，我们将探讨代码性能优化，分享如何编写高效且经过优化的代码，进一步提升系统的整体性能。

第 10 章　优化代码性能

过早优化是万恶之源。

—— Donald Knuth

在软件开发中，代码性能优化始终是一个重要且充满挑战的任务。无论是快速原型开发阶段，还是大规模系统的长期维护阶段，如何确保系统高效、稳定、可扩展地运行，同时优化资源利用率，都是开发者关注的核心问题。随着技术的演进和业务需求的增长，应用程序的复杂度不断提升，用户对系统的响应速度、吞吐量和资源占用率也提出了更高的要求。因此，如何在保证功能正确性的前提下优化代码性能，使系统在高负载条件下依然保持稳定，成为每位开发者必须面对的重要课题。

本章将探讨代码性能优化的核心原则、常见技术和最佳实践，帮助开发者从多个角度提高代码执行效率，同时避免常见的优化误区。我们将特别关注如何在保证代码可读性和可维护性的前提下，进行有效优化，确保优化带来的是真正的性能提升，而非无谓的复杂化。此外，针对"过早优化"问题，我们将结合具体案例分析如何选择合适的优化时机，以确保开发资源的高效利用，实现性能与代码质量的双重平衡。

10.1　性能优化时机

性能优化不仅仅是提高代码的执行速度，还包括资源利用率、系统响应时间、可扩展性和稳定性等多维度的优化目标。在实际优化过程中，开发者往往需要在多种技术策略之间权衡取舍，如算法优化、数据结构选择、并发处理、内存管理及代码精简等。合理的性能优化不仅能提高系统执行效率，还能增强系统的稳定性和可扩展性。然而，不当的优化可能会增加代码复杂度，降低可维护性，甚至导致性能下降。

1. 避免过早优化陷阱

在软件开发中，"过早优化是万恶之源"这一经典原则提醒我们，盲目地在开发早期进行优化可能会引入不必要的复杂性，导致设计僵化、增加技术债务。尤其是在系统初期，过度关注性能而忽略功能的正确性，容易导致开发资源浪费，并使代码变得难以理解和维护。因此，正确的做法是：先保证代码功能正确且稳定，在识别出实际的性能瓶颈后，再进行针对性优化。

在早期开发阶段，首要目标是确保代码逻辑正确、系统稳定运行，优化应建立在功能正确且稳定的基础上。开发者应依赖性能分析工具进行量化分析，而非仅凭经验或假设进行优化。通过数据驱动的方法识别关键瓶颈，确保每一项优化都能带来实质性的性能提升，而非盲目地进行代码调整。

2. 性能优化的合理时机与策略

在实际开发中，以下几种情况通常是进行性能优化的合理时机。

- 开发阶段的常规性能评估：当基本功能实现且无重大逻辑错误时，使用性能分析工具（如 Go 的 pprof 包、Java 的商业工具 JProfiler 等）对系统进行性能评估，识别潜在的瓶颈和资源浪费。此阶段优化需要基于稳定的功能，通过量化的性能数据，针对瓶颈进行优化，而不是根据经验或假设进行主观修改。

- 生产环境的瓶颈响应：当系统在生产环境中出现响应时间变长，或者在高负载下性能下降等问题时，通过监控工具（如 Grafana、Prometheus 等）定位关键性能指标（如 CPU、内存或 I/O 瓶颈），针对具体瓶颈采取优化措施。

- 系统扩展性需求驱动的优化：随着用户量增长或业务扩展，系统可能面临扩展性问题。若系统初期设计未充分考虑扩展性，则在需求增长时，系统可能会变得低效或不稳定。这时对系统架构、数据库、缓存策略等进行优化，可以提高系统的可扩展性，以确保系统在高并发或大规模数据场景下的稳定性。

性能优化应基于实际需求，并以数据为导向，而非凭直觉或盲目提前进行。只有当系统实际遇到性能问题，并且优化的投入能够带来明显收益时，才值得进行优化。通过合理的优化策略，开发者可以在保证代码可读性和可维护性的前提下，真正提升系统的整体性能和用户体验。

10.2　数据驱动的优化决策

数据驱动的优化决策是确保代码性能改进的关键。通过系统性地收集和分析性能数据，开发者能够精确识别系统中的瓶颈，并制定有针对性的优化策略。相比于仅凭直觉进行优化，基于数据的优化可以避免主观推测带来的无效甚至有害的改动。例如，盲目优化非瓶颈代码可能会增加系统复杂度，导致维护成本增高。因此，数据分析为优化决策提供了科学依据，使开发者能够更理性地面对复杂系统的性能挑战。

1. 性能数据收集与分析

数据驱动的优化决策首先依赖于全面的性能数据收集。借助合适的分析工具，开发者可以深入了解系统在运行过程中的实际表现。例如，Chrome DevTools 和

Lighthouse 可用于前端性能分析，而 New Relic、Prometheus 等工具能够提供 CPU 使用率、内存消耗、响应时间等关键指标数据。这些工具使开发者能实时监测系统的运行情况，识别性能瓶颈。此外，基准测试是另一种重要的数据收集方式，通过测量关键代码路径的执行时间，帮助开发者识别代码中最耗时的部分。

在复杂系统中，日志记录与跟踪也是重要的手段。通过记录关键操作的执行时间，开发者可以更清晰地了解系统的性能状况，尤其是在涉及数据库查询或外部 API 请求时。例如，如果某个数据库查询的平均执行时间较长，则可能意味着缺少索引或查询语句需要优化。结合监控工具（如 Grafana 和 Prometheus），开发者可以建立长期性能追踪体系，确保在问题累积之前发现并解决潜在的性能瓶颈。

2. 识别代码瓶颈与热点路径

在收集到足够的性能数据后，下一步的关键是分析并识别系统中的瓶颈和热点路径。瓶颈指执行时间较长、严重影响整体性能的代码区域，而热点路径则是频繁执行的部分，这些区域通常是优化的重点。

首先，数据库查询是许多系统的性能瓶颈之一。如果数据库查询缺少索引或使用低效的查询语句，则会显著增加执行时间，进而影响整体系统响应速度。开发者可以通过优化索引、改进 SQL 语句等方式减少查询耗时。

其次，频繁执行的计算密集型任务也可能成为系统的性能瓶颈。例如，某些高频调用的算法或函数可能会因重复计算大量相似数据而导致系统效率低下。在这种情况下，开发者可以考虑使用缓存技术，减少重复计算的次数，或者通过并行化处理来提升性能。

最后，过长或嵌套层次过程的循环操作在某些场景下也可能导致性能问题。通过精简计算过程、减少循环的嵌套层次，或者将计算过程提取为单独的步骤提前执行，开发者能够有效优化系统的执行效率。

3. 评估优化的收益与成本

并非所有的瓶颈都值得优化，开发者需要在优化收益与成本之间进行权衡。优化应优先聚焦于高频执行的代码路径，因为改进这类代码，对系统整体性能的提升最为显著。例如，如果某个函数每秒执行上千次，即使仅优化 10%的执行时间，也可能带来显著的性能提升。相反，如果某个功能点很少被触发，即使其单次执行时间较长，优化该功能点所带来的收益也可能并不明显。

除了执行频率，系统资源消耗也是决定是否进行优化的关键因素。如果某项操作频繁占用大量的 CPU 或内存资源，则会对其他任务的执行产生影响，进而导致系统整体性能下滑。在这种情形下，对该操作进行优化，其价值往往高于优化低资源消耗的功能。

此外，优化工作还需要充分考虑用户体验。例如，网页加载时间过长会直接影响用户留存率。因此，即使该网页加载并非系统中最耗时的部分，也值得优先开展优化工作。

4. 渐进式优化与性能回归测试

性能优化是一个持续改进的过程，不能一蹴而就。优化完成后，开发者需要通过回归测试来验证改动是否真正提升了性能，同时确保不会引入新问题。回归测试有两种常见方法，即基准测试和真实场景测试。

- 基准测试：主要用于对比优化前后的性能变化。它会针对关键函数或模块进行精确评估，以确保优化达到预期效果。
- 真实场景测试：模拟生产环境中的实际负载，确保系统在高并发条件下仍能稳定运行。这种测试方式有助于开发者发现优化后的潜在副作用，避免新代码影响系统的整体稳定性。

开发者在进行代码优化时，要关注系统的长期运行状态，建立有效的监控和反馈机制，保证优化方向符合实际需求。要避免过早优化或过度优化，从全局角度权衡代码可维护性与性能提升之间的平衡，以实现系统的长期可持续发展。

10.3 性能优化策略

代码性能优化是一项多维度的活动，涉及计算资源分配、内存管理、数据处理方式、并发控制等多个方面。在实际开发中，开发者需要根据具体场景和需求，灵活选择优化策略，确保代码执行效率达到最佳状态。优化不仅仅是提高程序的运行速度，还要兼顾系统的稳定性、可维护性和可扩展性。下面从时空转换、并行/异步操作、预先/延后处理、缓存/批量合并及算法设计优化等关键维度，探讨高效代码的核心策略。

1. 时空转换

时空转换策略的核心是平衡时间和空间的开销，提升系统整体性能。在处理性能瓶颈时，开发者可以利用额外的内存空间来换取更快的执行效率，或者通过增加计算时间来减少数据存储量，从而提高程序的响应速度。例如，在频繁计算相同结果的场景中，使用哈希表缓存结果可以有效避免重复计算，从而显著减少执行时间。而在内存消耗受限的情况下，采用位图、稀疏矩阵等更紧凑的数据结构可以减少内存开销，提高空间利用率。

此外，时空转换不仅是简单的空间换时间或时间换空间，还涉及对数据存储与计算模式的优化。在高并发场景中，缓存技术是常见的优化手段之一。通过在内存中存储计算结果或数据副本，可以显著提高数据访问速度，减轻后端服务压力。同时，合理使用数据压缩算法或选择合适的数据结构，能在保障性能的同时降低存储成本。例如，在日志处理系统中，可以先采用列式存储减少磁盘占用，再通过索引加速查询，提高数据检索效率。此策略强调根据不同的业务需求动态调整资源分配，确保程序在既定约束条件下达到最优性能。

2. 并行/异步操作

并行化与异步化是提升系统性能的关键策略。在计算密集型任务中，合理利用并行计算可以显著提高处理效率。例如，在视频编解码、科学计算、数据分析等领域，开发者可以将大任务拆分为多个子任务，并借助多线程或多进程技术在多核处理器上并行执行，以最大化硬件资源的利用率。而在 I/O 密集型场景（如网络请求、数据库操作和文件读写），引入异步机制可以使程序在等待 I/O 操作完成的同时继续执行其他任务，从而减少阻塞时间，提高系统的整体吞吐量。

以 Go 语言为例，goroutine 结合 channel 提供了一种轻量级且高效的并发编程模型，使开发者能够高效地处理高并发任务。在处理海量请求的 Web 服务器或消息队列消费系统中，goroutine 能在低资源开销的情况下提高吞吐量和响应速度。此外，对于需要严格同步的任务，开发者还可以借助同步池（sync.Pool）或任务队列进行任务调度与资源管理，在保证系统稳定性的同时，提高扩展能力。

3. 预先/延后处理

预处理与延后处理策略通过优化任务的执行时机，提供了一种灵活高效的性能优化手段。在程序运行过程中，一些计算可以提前完成，以减少后续的计算开销。例如，在数据库查询优化中，预先构建索引可以大幅加快查询速度；在图像处理任务中，提前生成缩略图可以降低实时计算成本。另一方面，一些计算任务可以延迟到真正需要时再执行，以节约系统资源。例如，懒加载（Lazy Loading）是一种常见的延迟策略，只有当资源被实际访问时，才进行加载或计算，从而避免不必要的性能开销。懒加载广泛应用于前端页面的图片加载、按需加载的模块化系统，以及虚拟列表（Virtual List）等场景，可以减少初始加载时间和内存占用。

此外，预加载（Prefetching）与预计算（Precomputation）策略能有效降低响应延迟，提高系统在高负载环境下的稳定性。例如，在高并发的 Web 服务中，缓存热点数据或提前加载必要资源可以减少数据库查询和远程请求的频次，提高系统的整体响应能力。同样，在大文件解析任务中，预先构建索引表不仅能加快数据查询，还能减少不必要的磁盘 I/O 开销，提高处理效率。通过合理应用这些优化策略，开发者可以在不同场景下平衡计算、存储资源与系统吞吐量，实现更优性能。

4. 缓存/批量合并

缓存和批量操作可以减少重复计算和降低交互频率，进而减少系统开销。缓存机制在许多场景中都有广泛应用，如 Web 应用中的页面缓存、查询结果缓存等。缓存通过存储计算的中间结果或常用数据，可以显著降低计算时间，提高响应速度，尤其在计算密集型任务中。而在数据密集型场景下，使用分布式缓存技术（如 Redis、Memcached）可以有效减轻数据库的压力，降低数据库的查询频次，从而提高系统的整体性能。

批量操作是优化 I/O 效率的关键方式，尤其在面对大量数据处理时，能够显著提高系统性能。例如，在数据库操作中，批量插入与批量更新能有效减少数据库的交互次数，降低每次请求的网络延迟，进而提高系统吞吐量。在网络传输过程中，将多个小请求合并为一个大请求，能够显著提高带宽利用率，减少传输所需的时间。在设计批量操作时，需要综合考虑实际任务的特性、系统资源的约束，以及对延迟的容忍度，平衡系统的吞吐量与响应速度，确保优化效果最大化。

5. 算法设计优化

算法是性能优化的根本。优秀的算法可以在保证正确性的前提下，从根源上解决性能瓶颈。在进行算法设计时，应根据问题规模、数据特征与性能目标选择合适的解法。例如，在处理大数据集合时，采用分治策略或并行算法可以加快处理速度；在图结构中，使用启发式搜索比盲目遍历更高效；而在需要频繁查询数据的场景中，选择哈希表、前缀树、跳表等数据结构能够显著提高访问效率。除了复杂度优化，还需要考虑算法在缓存友好性、分支预测、局部性等底层性能维度上的表现。现代性能调优已不再仅限于"选择最快的算法"，而是结合实际业务需求、硬件环境和数据分布，进行综合权衡和场景化设计。

10.4　性能优化实践

代码的执行需要消耗三大主要资源：计算资源（CPU）、存储资源（内存）和 I/O 资源（如磁盘、网络等）。因此，性能优化的目标是减少资源消耗，提高代码的执行效率，同时提高系统的响应速度和吞吐量。在实际优化过程中，我们可以从多个方面入手。

（1）通过优化计算过程提高执行效率，包括优化算法、使用缓存或记忆化技术（如动态规划）减少重复计算，并通过多核 CPU 并行计算。

（2）减少内存消耗可以通过减少内存分配次数、避免内存泄漏和使用内存池技术来提高内存分配效率。

（3）通过异步 I/O、批量操作和缓存技术来加快数据的处理速度，提升系统响应能力。

本节将以 Go 语言为例，介绍一些常见的性能优化实践，涵盖计算效率、内存资源利用，以及 I/O 优化等方面。这些实践不仅适用于 Go 语言，其他编程语言的优化思路大致相同，读者可以根据具体的开发语言和应用场景做出适当调整。

10.4.1　优化计算效率

计算效率通常是程序性能的瓶颈，特别是在计算密集型任务中。无论是大规模数据处理、机器学习模型训练，还是复杂的图形渲染和科学计算，计算任务往往需要消耗大量的 CPU 资源和时间。如何优化算法和数据结构，减少不必要的计算，提高计算效率，成为程序性能优化的核心挑战之一。我们需要根据具体的业务需求和应用场景，选择合适的优化策略，在保证逻辑正确性的前提下，尽可能提高程序运行效率。

1. 减少不必要的计算

在程序中，某些计算可能是不必要的，或者可以延迟到实际需要时再执行。通过避免重复计算或冗余操作，可以显著提高程序的效率。常见的优化方式包括缓存计算结果、避免重复计算相同的值，以及使用懒加载等技术。在性能优化中，合理识别冗余计算并避免它们，是提高程序效率的关键。

例如，我们有一个函数需要计算斐波那契数列的某个数值。通过缓存已计算的结果，我们可以减少重复计算，提高效率。

```go
package main
import "fmt"
// 使用 map 缓存已经计算的斐波那契数值，避免重复计算
var cache = make(map[int]int)
func fibonacci(n int) int {
    // 检查缓存中是否已经有计算结果
    if val, exists := cache[n]; exists {
        return val
    }
    // 递归计算斐波那契数值
    if n <= 1 {
        cache[n] = n
        return n
    }
    result := fibonacci(n-1) + fibonacci(n-2)
    cache[n] = result
    return result
}
func main() {
    fmt.Println(fibonacci(10)) // 55
```

```
    fmt.Println(fibonacci(15)) // 610
}
```

2. 高效利用并行化计算

在多核 CPU 环境下，将计算任务拆分为多个子任务并行执行，可以显著提高计算速度。Go 语言的 goroutine 是一种轻量级线程，通过并行化处理，可以将计算密集型任务分解成多个小任务，利用多核处理器并行计算，从而提高整体性能。

假设我们需要计算多个斐波那契数值，可以通过并行计算来提高效率。

```go
package main
import (
    "fmt"
    "sync"
)
var cache = make(map[int]int)
func fibonacci(n int, wg *sync.WaitGroup) {
    defer wg.Done()
    if val, exists := cache[n]; exists {
        fmt.Printf("Fibonacci(%d) = %d (cached)\n", n, val)
        return
    }
    if n <= 1 {
        cache[n] = n
        fmt.Printf("Fibonacci(%d) = %d\n", n, n)
        return
    }
    result := fibonacciHelper(n-1) + fibonacciHelper(n-2)
    cache[n] = result
    fmt.Printf("Fibonacci(%d) = %d\n", n, result)
}
func fibonacciHelper(n int) int {
    if val, exists := cache[n]; exists {
        return val
    }
    if n <= 1 {
        cache[n] = n
        return n
```

```
    }
    result := fibonacciHelper(n-1) + fibonacciHelper(n-2)
    cache[n] = result
    return result
}
func main() {
    var wg sync.WaitGroup
    // 启动多个 goroutine 进行并行计算
    numbers := []int{10, 15, 20, 25}
    for _, n := range numbers {
        wg.Add(1)
        go fibonacci(n, &wg)
    }
    // 等待所有 goroutine 完成
    wg.Wait()
}
```

3. 算法优化

选择合适的算法，降低时间复杂度，是提升程序性能的关键因素。每种算法都有其特定的时间复杂度，不同的时间复杂度对执行效率有着显著的影响。不同规模的数据集对算法的选择有不同的影响。对于小规模数据，时间复杂度较高的算法可能表现不出明显的性能瓶颈，但在数据规模增大时，时间复杂度高的算法会显著拖慢程序执行速度。

对于小规模数据，像冒泡排序或插入排序这样的 $O(n^2)$ 算法往往能较快地完成任务，因为它们的常数因子较小，适用于数据量较小的场景。当数据量增大时，$O(n^2)$ 算法的性能会迅速下降，使用 $O(n*\log n)$ 算法（如快速排序、堆排序、归并排序等）会显著提高性能。对于大规模数据集，可能还需要考虑分治算法或并行计算等方法。

4. 使用高效的数据结构

选择合适的数据结构，可以提高数据的访问效率。对于需要频繁查找的数据，哈希表（Map）提供了常数时间复杂度的访问，而传统的嵌套循环可能导致 $O(n^2)$ 的时间复杂度。通过合理使用数据结构，我们可以大幅提升程序性能。

假设我们有两个数组，想要找出它们之间的交集。传统做法是使用双重循环遍历每个元素，但时间复杂度为 $O(n^2)$，效率较低。我们可以通过哈希表优化，时间复杂度降为 $O(n+m)$。

传统嵌套循环（$O(n^2)$)：

```go
package main
import "fmt"
// 使用嵌套循环查找两个数组的交集
func intersection(arr1, arr2 []int) []int {
    var result []int
    for _, v1 := range arr1 {
        for _, v2 := range arr2 {
            if v1 == v2 {
                result = append(result, v1)
            }
        }
    }
    return result
}
func main() {
    arr1 := []int{1, 2, 3, 4, 5}
    arr2 := []int{3, 4, 5, 6, 7}
    // 输出: [3 4 5]
    fmt.Println("Intersection:", intersection(arr1, arr2))
}
```

每个 arr1 中的元素都需要遍历整个 arr2，因此时间复杂度为 $O(n^2)$。这种方法在数据量较大时，效率会非常低下。为了提高性能，我们可以使用哈希表来优化这个过程。

优化后的哈希表方案（$O(n+m)$）：

```go
package main
import "fmt"
// 使用哈希表优化：将 arr1 中的元素放入 map 中，遍历 arr2 查找交集
func intersection(arr1, arr2 []int) []int {
    result := []int{}
    set := make(map[int]struct{})
    // 将 arr1 中的元素存入哈希表
    for _, v := range arr1 {
        set[v] = struct{}{}
    }
    // 遍历 arr2, 查找交集
    for _, v := range arr2 {
```

```
        if _, exists := set[v]; exists {
            result = append(result, v)
        }
    }
    return result
}
func main() {
    arr1 := []int{1, 2, 3, 4, 5}
    arr2 := []int{3, 4, 5, 6, 7}
    // 输出: [3 4 5]
    fmt.Println("Intersection:", intersection(arr1, arr2))
}
```

将第一个数组的元素放入哈希表的时间复杂度为 $O(n)$，遍历第二个数组的时间复杂度为 $O(m)$，因此总的时间复杂度为 $O(n+m)$，比原来的 $O(n^2)$ 显著提高。

10.4.2　优化内存资源

内存是程序运行的核心资源，其高效利用是优化程序性能的关键因素之一，尤其是在处理大量数据时。合理的内存管理不仅可以避免内存泄漏，还能减少频繁的垃圾回收操作，从而提高程序的响应速度和整体性能。对高并发应用来说，内存分配和回收策略尤为重要，因为频繁的内存操作可能导致内存碎片化，进而影响系统的执行效率。

Go 语言的内存管理由运行时系统（runtime）负责，而垃圾回收器（GC）会自动处理内存的分配和回收。然而，频繁的内存分配和垃圾回收可能会显著影响程序性能。因此，减少内存分配次数并减轻垃圾回收压力，是 Go 语言性能优化的重要方向。通过减少不必要的内存分配，可以有效缓解垃圾回收的负担，从而提升程序的整体性能。

1. 使用 sync.Pool 避免重复分配内存

Go 提供的 sync.Pool 类型是一种内存池管理工具，可以复用对象而不必每次都分配新内存。这不仅能减少内存分配，还能在并发场景下提高效率，降低垃圾回收的触发频率。sync.Pool 通过缓存对象，在需要时快速获取已分配的对象，使用完成后将对象放回池中供后续使用，从而避免重复分配内存。

```
package main
import (
    "fmt"
```

```
    "sync"
)
var pool = sync.Pool{
    New: func() interface{} {
        return &MyStruct{}
    },
}
type MyStruct struct {
    Value int
}
func main() {
    // 从池中获取对象
    obj := pool.Get().(*MyStruct)
    obj.Value = 42
    fmt.Println(obj.Value)
    // 使用完后将对象放回池中
    pool.Put(obj)
}
```

2. 减少临时对象创建

避免在循环中频繁创建临时对象，如字符串和切片，以减少不必要的内存分配。在 Go 语言中，字符串是不可变的，每次拼接都会创建一个新的字符串，这在频繁操作时会带来较高的内存消耗。为了避免这种情况，可以使用 strings.Builder 高效拼接字符串。它通过预分配足够的内存来避免重复分配，从而减少内存开销。

```
// 不推荐的做法
for i := 0; i < 1000; i++ {
    result := fmt.Sprintf("Item %d", i) // 每次循环都创建新的字符串
}
// 优化后的做法：使用字符串拼接
var builder strings.Builder
for i := 0; i < 1000; i++ {
    builder.WriteString(fmt.Sprintf("Item %d", i))
}
result := builder.String()
```

3. 使用切片预分配容量

Go 中的切片是一个动态数组，但在每次扩容时都会重新分配内存，增加性能开

销。为了减少频繁的内存分配，可以预先分配足够的容量，这样在添加元素时就不需要重新分配内存。

```go
package main
import "fmt"
func main() {
    // 预先分配足够的容量
    data := make([]int, 0, 1000)
    // 往切片中添加元素，避免频繁的重新分配内存
    for i := 0; i < 1000; i++ {
        data = append(data, i)
    }
    // 输出切片的长度和容量
    fmt.Printf("len: %d, cap: %d\n", len(data), cap(data))
}
```

4. 避免内存泄漏

内存泄漏是 Go 性能优化中的重要问题之一，通常由未释放资源或循环引用引起。为了避免内存泄漏，开发者应确保及时释放不再使用的资源，特别是要小心避免循环引用，确保资源能够被垃圾回收器回收。通过正确管理对象的生命周期，可以有效避免内存泄漏问题。

```go
package main
import "fmt"
type Person struct {
    name    string
    friends []*Person // 这个结构体持有对其他 Person 的引用
}
func createCycle() *Person {
    // 创建循环引用
    p1 := &Person{name: "Alice"}
    p2 := &Person{name: "Bob"}
    // 设置朋友关系，形成循环引用
    p1.friends = append(p1.friends, p2)
    p2.friends = append(p2.friends, p1)
    return p1
}
func main() {
```

```
    // 创建有循环引用的对象
    p := createCycle()
    // 及时解除循环引用, 避免内存泄漏
    p.friends = nil
    // 当不再引用对象时, 可以通过垃圾回收器回收
}
```

在上述示例中，我们创建了一个对象，p1 和 p2 互相引用，形成了一个循环引用。如果我们没有断开这些引用，它们就无法被垃圾回收器回收，从而导致内存泄漏。因此，及时将循环引用解除是避免内存泄漏的一种做法。

5. 手动管理内存

虽然 Go 的垃圾回收机制非常强大，但在某些性能敏感的场景下，垃圾回收的频繁执行可能会对性能造成影响。在这种情况下，开发者可以考虑手动管理内存，避免垃圾回收的干扰。Go 提供了 unsafe 包，允许开发者直接操作内存。在需要频繁分配和修改内存的场景下，使用 unsafe 可以减少内存分配和垃圾回收的开销。

假设我们有一个需要频繁操作内存的场景（如在处理大量的二进制数据时），传统的 Go 内存分配（如创建切片或数组）可能会导致性能下降。下面通过 unsafe 包可以直接操作内存区域，从而减少内存分配带来的开销。

```
package main
import (
    "fmt"
    "unsafe"
)
func main() {
    // 分配一个 1024 字节的内存
    size := 1024
    ptr := unsafe.Pointer(&make([]byte, size)[0])
    // 使用 uintptr 转换为指针
    uintptrPtr := uintptr(ptr)
    // 模拟手动操作内存
    for i := 0; i < size; i++ {
        // 通过 uintptr 直接操作内存
        *(*byte)(unsafe.Pointer(uintptrPtr + uintptr(i))) = byte(i)
    }
    // 输出前 10 个字节, 验证修改是否成功
    for i := 0; i < 10; i++ {
```

```
      fmt.Printf("Byte %d: %d\n", i,
*(*byte)(unsafe.Pointer(uintptrPtr + uintptr(i))))
   }
}
```

在上述代码中，我们通过 make([]byte, size)来分配一个 1024 字节的数组。通过 unsafe.Pointer，我们将数组的第一个元素的内存地址转换为一个指针。在手动修改内存时，我们使用 uintptr 将指针转换为整数类型，方便我们通过内存地址的偏移来直接修改内存。通过这种方式，可以避免 Go 的垃圾回收机制对内存分配和回收的干扰，减少额外的内存分配和回收操作。传统的 Go 切片操作会进行内存分配，而在这里，通过直接操作内存，可以减少内存的重新分配和复制，避免 GC 的影响。在需要频繁分配和修改内存的场景下，使用 unsafe 可以提高性能。然而，使用 unsafe 需要谨慎，因为不当操作可能会导致内存泄漏或程序崩溃。

10.4.3　优化 I/O 操作

I/O 操作效率是代码性能优化的重要环节。优化 I/O 操作效率能够显著提高系统的响应速度和吞吐量。在许多应用场景中，I/O 操作成为性能瓶颈，尤其是在数据库访问、网络请求和文件读写等操作中。通过有效的 I/O 优化，不仅能减少程序的延迟，还能提高资源的利用效率。核心优化策略包括异步 I/O、批量操作和缓存机制等。这些优化手段可以避免 I/O 阻塞和降低 I/O 请求频次，从而提高系统的整体性能。

首先，采用异步 I/O 或并发处理方式，可以在执行 I/O 操作时不阻塞主线程，允许程序继续执行其他任务，避免 I/O 操作所造成的时间浪费。其次，合理的缓存机制可以减少对磁盘或网络的频繁访问，减轻 I/O 负担，从而提高数据处理的效率。例如，通过在内存中缓存常用数据，或者使用批量处理方法一次性读写大量数据，降低小规模 I/O 操作的频次。最后，选择合适的 I/O 模型（如非阻塞 I/O、事件驱动 I/O 等）并优化底层协议（如压缩、分块传输等）同样有助于提高性能。通过综合采用这些优化手段，系统能够有效应对高并发请求并快速响应复杂的数据交互需求，从而显著提高整体性能和用户体验。

1. 异步 I/O

在传统的同步 I/O 中，主线程会被阻塞，直到 I/O 操作完成后才能继续执行后续任务。这种方式在高并发场景中效率低下，因为多个阻塞线程可能消耗大量的系统资源。异步 I/O 通过将 I/O 操作和计算分离，使主线程可以在 I/O 操作等待期间继续处理其他任务，进而提高程序的响应速度和吞吐量。在 Go 语言中，通过 goroutines 和 channels 可以方便地实现异步 I/O 操作。例如，在网络请求中，我们可以使用 goroutine 发起异步请求，主线程继续执行其他任务，最终通过 channel 获取请求结果。

以下是一个异步 HTTP 请求的示例：

```go
package main
import (
    "fmt"
    "io/ioutil"
    "net/http"
)
func asyncHTTPRequest(url string, resultChan chan<- string) {
    // 发起 HTTP 请求
    resp, err := http.Get(url)
    if err != nil {
        resultChan <- fmt.Sprintf("Request failed: %v", err)
        return
    }
    defer resp.Body.Close()
    // 读取响应内容
    body, err := ioutil.ReadAll(resp.Body)
    if err != nil {
        resultChan <- fmt.Sprintf("Failed to read response: %v", err)
        return
    }
    resultChan <- string(body)
}
func main() {
    url := "https://www.example.com"
    resultChan := make(chan string)
    // 启动 goroutine 进行异步请求
    go asyncHTTPRequest(url, resultChan)
    // 主线程继续执行其他任务
    fmt.Println("Processing other tasks...")
    // 获取异步请求结果
    result := <-resultChan
    fmt.Println("Response from server:", result)
}
```

在上述示例中，主线程在等待 HTTP 请求完成的同时可以处理其他任务。当异步 I/O 操作完成时，结果通过 channel 传递回主线程，从而实现非阻塞的 I/O 流程。

这种方式特别适用于需要处理大量并发请求的场景，如高流量的 API 服务。

2. 批量操作

批量操作是一种通过合并多个小操作为一个大操作来减少 I/O 次数的优化策略。它广泛应用于数据库插入、网络传输、文件读写等场景。例如，向数据库逐条插入记录会导致频繁的网络开销，而使用批量插入能显著降低连接建立和关闭的频次，从而提高效率。

假设我们需要批量插入多条记录到数据库中，如果每次插入一条记录，则可能导致大量的数据库连接和网络延迟。通过批量操作，可以将多条记录合并为一个请求，减少 I/O 开销。

```go
package main
import (
    "fmt"
    "database/sql"
    "log"
    _ "github.com/lib/pq"
)
func bulkInsert(db *sql.DB, records []string) error {
    // 开始一个事务
    tx, err := db.Begin()
    if err != nil {
        return err
    }
    // 批量插入数据
    stmt, err := tx.Prepare("INSERT INTO users(name) VALUES($1)")
    if err != nil {
        tx.Rollback()
        return err
    }
    defer stmt.Close()
    for _, name := range records {
        _, err := stmt.Exec(name)
        if err != nil {
            tx.Rollback()
            return err
        }
```

```
    }
    // 提交事务
    err = tx.Commit()
    if err != nil {
        tx.Rollback()
        return err
    }
    return nil
}
func main() {
    // 假设数据库已连接
    connStr := "user=username dbname=mydb sslmode=disable"
    db, err := sql.Open("postgres", connStr)
    if err != nil {
        log.Fatal(err)
    }
    defer db.Close()
    // 要插入的记录
    records := []string{"Alice", "Bob", "Charlie", "David"}
    // 批量插入
    err = bulkInsert(db, records)
    if err != nil {
        log.Fatal("Error inserting records:", err)
    } else {
        fmt.Println("Records inserted successfully")
    }
}
```

在上述示例中，通过 bulkInsert()函数可以实现批量插入多条记录到数据库中。使用事务机制，可以将多次插入操作合并为一个事务，从而减少数据库连接和网络开销。通过批量操作，可以减少 I/O 操作的次数，从而提高系统的性能。

3. 缓存机制

缓存技术将频繁访问的数据存储在内存中，避免每次都从慢速设备（如磁盘、网络）获取数据，从而大幅提高性能。常见的缓存策略包括内存缓存、分布式缓存、磁盘缓存等。在实现缓存时，需要特别关注缓存的命中率、数据一致性，以及过期策略。

假设我们需要缓存数据库查询结果。在首次查询时，从数据库中获取数据，并将结果存储在内存中，后续查询会直接从缓存中获取，从而避免重复的数据库查询。

```go
package main
import (
    "fmt"
    "sync"
    "time"
)
type Cache struct {
    mu      sync.RWMutex
    cache map[string]string
}
func (c *Cache) Get(key string) (string, bool) {
    c.mu.RLock() // 只读锁
    defer c.mu.RUnlock()
    val, found := c.cache[key]
    return val, found
}
func (c *Cache) Set(key, value string) {
    c.mu.Lock() // 写锁
    defer c.mu.Unlock()
    c.cache[key] = value
}
func fetchFromDatabase(key string) string {
    // 模拟数据库查询，在实际应用中可以是 SQL 查询等
    time.Sleep(1 * time.Second) // 模拟延迟
    return "Value for " + key
}
func main() {
    cache := &Cache{cache: make(map[string]string)}
    // 查询并缓存数据
    key := "user123"
    val, found := cache.Get(key)
    if !found {
        // 缓存未命中，从数据库中获取数据
        val = fetchFromDatabase(key)
```

```
        cache.Set(key, val)
    }
    fmt.Println("Fetched value:", val)
}
```

在上述示例中，我们实现了一个简单的缓存机制，利用读写锁来保证缓存操作的线程安全。当数据未缓存时，模拟从数据库中查询数据，并将结果缓存下来。后续的查询直接从内存中获取数据，避免重复的数据库查询，降低 I/O 操作频率，提高性能。

10.5　代码可维护性和性能的平衡

在软件开发中，代码可维护性和性能是两个重要的指标。代码可维护性是指代码易于理解、修改和扩展的程度，是保证软件系统长期稳定运行的关键。高可维护性的代码能有效支持持续开发和功能扩展，帮助开发团队在应对需求变更和修复问题时高效且顺畅地进行修改。性能则是指软件在运行时完成任务的速度和资源利用效率，是影响用户体验和系统可靠性的关键因素。然而，代码可维护性与性能之间往往存在一定的矛盾。为了提高代码的性能，可能需要牺牲代码的可读性和可维护性，引入一些复杂的优化技术，从而增加代码的复杂度。因此，在进行代码性能优化时，需要在代码可维护性和性能之间做出权衡，力求找到平衡点，使两者兼得。

在实际开发过程中，结合合适的工具和工作流程，可以有效地在代码可维护性和性能之间实现平衡。静态分析工具能够帮助开发者检测潜在的代码质量问题和性能瓶颈，自动化代码评审可以确保代码在提交之前符合可维护性的标准。性能监控工具则能实时监控系统的运行状态，帮助开发团队发现和分析性能瓶颈。通过定期的性能剖析和负载测试，开发团队能够根据实际的性能需求调整优化策略，避免在开发早期过度优化导致维护困难。

持续集成和持续部署（CI/CD）流程也是确保代码质量的重要手段。通过将性能测试纳入 CI/CD 流程，开发者可以确保每次提交的代码在性能上不会退化。同时，代码评审和单元测试作为常规开发流程的一部分，能够有效捕捉到代码质量和性能问题，避免低质量的代码进入主代码库。最终，在项目的不同阶段，开发团队应根据需求的变化和实际的性能瓶颈，持续优化代码，使代码既具备良好的可维护性，又能在性能上满足预期的目标。

10.6　小结

性能优化是软件开发中的重要任务，直接关系到系统的运行效率与用户体验。

通过提高计算效率、合理利用内存资源、优化 I/O 操作等手段，开发者可以显著提高系统的响应速度和吞吐量。常见的优化策略包括选择高效的算法和数据结构、减少冗余计算、优化内存管理、引入异步 I/O 操作、批量处理以及缓存技术等。通过合理运用这些优化手段，开发者不仅能有效提升程序的性能，还能减少资源的浪费，从而改善系统整体的性能表现。

在实际开发过程中，性能优化并非一蹴而就，而是需要根据具体的业务场景和需求灵活应用。开发者应从全局的角度出发，不仅要关注局部的性能提升，还要综合考虑各方面因素的影响。通过系统化、全方位的性能优化，不仅能提升系统的处理能力，还能提高其可扩展性和稳定性，确保在高并发、大数据量等复杂场景下依然能稳定高效运行。随着优化的深入，开发者还应关注代码的可维护性与可读性，避免因过度优化而引入不必要的复杂性。

下一章将深入讨论代码重构的相关技术，帮助开发者在优化性能的同时保持代码质量。

第 11 章 持续重构代码

良好的代码设计并非一蹴而就，而是一个不断演进的过程，需要持续的重构，以确保代码始终保持高质量。

——Steve McConnell《代码大全》

在软件开发的生命周期中，代码质量往往会随着时间的推移逐步下降。最初的设计和实现虽然能够满足早期的需求，但随着新功能的引入、业务逻辑的变化和技术栈的演进，原本的设计可能会暴露出无法适配新需求的缺陷。这些问题如果不及时解决和优化，最终会影响代码的可读性、可维护性、可扩展性，甚至会累积技术债务，进而提高开发成本并降低团队的开发效率。为应对这些问题，持续重构成为提高代码质量、确保代码健康，并最终减少技术债务的重要实践。

本章将探讨持续重构的核心理念与实践方法，帮助开发者理解如何在复杂多变的开发环境中，通过科学的重构策略维持代码质量。我们将深入分析如何有效识别重构的时机、选择合适的重构技术，以及如何在团队协作中推动重构工作。掌握这些技巧，开发者能够在持续交付的过程中提高代码的质量与稳定性，从而为软件项目的长期成功奠定坚实的基础。持续重构不仅有助于解决技术问题，还能增强团队的协作能力，提高项目的适用性和竞争力。

11.1 重构为代码注入生命力

"重构"这一概念对大多数软件开发者来说并不陌生，但在实际工作中，许多人往往仅停留在了解其表面含义的阶段，缺乏将其付诸实践的经验。即使部分开发者曾进行过代码重构，也大多只是偶尔为之，真正能够将持续重构融入日常开发流程的仍然较少。这背后的原因之一在于，重构对技能和经验的要求远高于单纯的代码编写。重构不仅要求开发者能够敏锐地识别代码中的"坏味道"或设计缺陷，还需要具备运用设计思想、编程规范、设计模式等进行优化的能力。

许多开发者对重构的真正意义和实践方法缺乏深入理解，常常对何时重构、重构什么内容，以及如何重构等问题缺乏系统的思考。在面对一堆存在问题的代码时，由于缺乏有效的重构技巧和指导，开发者往往只能进行局部的、随机的修补，而难以实现代码质量的实质性提升。缺乏系统性的重构思维和科学的重构方法，往往导致代码改善停留在短期、局部层面，难以实现长期的可维护性和可扩展性。

软件设计大师 Martin Fowler 对重构的定义是："重构是一种对软件内部结构的改

善，目的是在不改变软件的可见行为的情况下，使其更易理解，修改成本更低。"这一经典定义突出了重构的核心本质，即在保持软件外部行为不变的前提下，通过优化代码的内部质量和结构，使代码更易于理解、维护和扩展。重构并非一次性修复，而是一个持续的过程，旨在通过提高代码的可读性、设计合理性和灵活性，降低未来开发和修改的难度。良好的重构能够有效减少技术债务，提高代码的可维护性、可扩展性和可靠性，为团队和项目的长期健康发展提供强有力的支持。

11.2　为什么重构不可忽视

在掌握了重构的基本概念之后，我们有必要进一步探讨重构为何成为软件开发中不可或缺的实践。为什么我们需要重构？重构能够为我们带来哪些好处？在实际开发中，重构又如何帮助我们提高代码质量、开发效率，并维护项目的长期健康？下面我们将从几个方面探讨重构的必要性。

首先，重构是一种保持代码质量的关键手段。随着项目的不断发展，代码量的增加会导致系统复杂性上升。如果没有持续关注和优化代码质量，代码将逐渐变得臃肿、难以理解，维护和扩展也会愈发困难。随着功能需求的增长和技术栈的变化，代码结构可能不再适应现有需求，进而积累技术债务。技术债务的积累会导致维护成本增高，甚至可能超过重写整个系统的成本。一旦技术债务累积到一定程度，重构工作可能变得异常困难，甚至无法开展。通过持续重构，开发团队能够及时发现并解决代码中的问题，防止代码腐化，确保系统能够应对未来的需求变化，保持良好的可维护性和可扩展性。

其次，优秀的代码架构并非一开始就能完美设计出来，而是遵循演进式设计原则，在项目迭代中不断优化的。就像建筑设计需要根据使用场景持续优化一样，软件开发也无法在初期完全预见未来需求的所有变化。随着项目的推进，新的需求往往会不断涌现，而初期的架构设计无法应对所有的变化。因此，定期对代码进行重构，根据业务需求的变化调整代码，是一种必然的选择。重构能够帮助开发者根据当前的需求和技术环境，优化代码结构，确保代码始终保持简洁、高效，从而适应不断变化的业务场景和技术挑战。

从开发者个人成长的角度来看，重构对技术能力的提升具有重要作用。重构不仅是优化代码的过程，更是将设计思想、设计模式、编程规范等理论知识转化为实践的关键环节。通过重构，开发者能够将理论知识应用于实践，提升问题解决能力和技术水平。此外，在重构过程中，开发者能够深入理解系统架构、设计模式等高级技术，这有助于拓展他们的技术深度和广度。

综上所述，重构不仅是提高代码质量的必要手段，还是开发者持续成长和进步的重要途径。通过不断重构，工程师能够将理论与实践结合，提高技术能力，为项目的长期健康发展奠定基础。同时，重构作为一种持续的技术积累和经验沉淀，也能让团队保持高效运作，应对未来不断变化的技术挑战。

11.3　何时重构

重构是一项持续的技术债务管理工作，旨在提高代码的可维护性、可扩展性。然而，重构并非随时都适合进行。选择正确的时机和策略，不仅能够提升团队的开发效率，还能避免因过度重构而导致的开发成本增高和系统不稳定。通过合理把握时机和应用策略，团队可以在不断变化的需求和技术环境中保持代码的健康，防止技术债务的积累。

1. 重构时机

确定重构的时机，需要根据项目的实际情况做出权衡。过早进行重构可能会浪费资源，增加不必要的开发负担；而过晚进行重构则可能导致系统变得难以维护，并积累大量的技术债务。理想的做法是根据项目生命周期中的具体情况，抓住适当时机开展重构。

1）代码变得难以维护时

当代码的复杂性、冗余度显著增加，或者使用的框架/设计范式过时时，代码的可读性和可维护性通常会大幅下降，这时重构显得尤为迫切。复杂的代码结构不仅增加了修改和扩展的难度，还容易引入新的缺陷。重构有助于简化模块的依赖关系，消除不必要的耦合，并提高修改的可控性。如果某个模块或类需要频繁修改，且每次修改都会带来额外的复杂性，则说明当前设计无法有效支持变化和扩展，这时进行重构可以有效降低后续开发的难度。

2）功能需求发生变化或扩展时

随着产品功能的不断增加或需求变化，原有代码可能已经无法适应新的业务需求。如果在修改现有功能时，必须对大量代码进行调整或重写，则说明现有设计可能存在扩展瓶颈。在这种情况下，重构是应对新需求的关键手段。尤其是在进行系统升级、迁移或重新架构时，重构能够确保系统有效支持未来扩展，为新需求提供坚实基础。

3）大量重复代码出现时

重复代码不仅会增加维护的难度，还可能导致潜在错误和不一致性。相同的逻辑或功能在多个地方重复出现，往往意味着代码设计存在问题。重构通过提取公共功能、类或模块来消除冗余，提高代码的复用性。通过应用设计模式（如策略模式、工厂模式等抽象技巧）能够有效减少重复代码，既能提高代码的可维护性，又能增强系统的灵活性和可扩展性。

4）代码出现性能瓶颈时

性能瓶颈可能与代码实现方式、数据结构或算法效率相关。当需要在不改变功能的前提下优化性能时，可以通过重构实现（如优化循环逻辑、改进数据存取方式）。为了提升性能，往往需要对现有代码重构。通过优化数据结构、算法、内存管理或代码路径，重构能有效缓解性能瓶颈。例如，修改低效的循环逻辑、改进数据存取方式或重构复杂计算过程，都能显著提升系统性能。

5）系统架构重组时

随着项目规模的扩展或技术的快速演进，系统架构可能需要进行调整。在这种情况下，重构成为确保系统架构顺利过渡的必要步骤。当系统架构发生变化时，现有代码可能无法适应新的架构需求，需要进行调整或重写。通过重构，开发团队可以重新规划模块间的接口和依赖关系，确保新架构顺利集成现有功能，同时为未来的扩展和优化做好准备。

通过精确把握重构时机，团队可以确保重构过程具有最大效益，避免在项目进展过程中造成不必要的资源浪费或技术风险。在实际开发中，团队应根据项目的实际情况，结合团队成员的技术水平和项目进度，选择合适的时机进行重构，确保代码质量和系统稳定性得到有效提升。

2. 重构策略

在进行代码重构时，应采用恰当的策略。正确的重构策略不仅能提高效率、减少风险，还能确保重构后的代码在长期内保持良好的质量。根据不同的开发环境和需求，以下策略可以帮助开发团队在重构过程中保持清晰的思路，并有效控制进度和质量。

1）渐进式重构

渐进式重构是指通过小步迭代的方式进行代码重构，而不是一次性大规模重构。这种策略特别适用于系统中技术债务较多的场景：开发者可以通过逐步改进现有代码，降低系统整体风险，并使开发团队能够在每次迭代后都能验证重构的效果。小步迭代，不仅能逐渐消除代码中的冗余和复杂性，还能帮助开发团队在重构过程中实时发现并解决潜在问题。每次小步的重构后都可以验证当前代码的可用性和稳定性，为下一次改进奠定基础。

渐进式重构的最大优势在于低风险和高可控性。由于每次的改动都较小，开发者能在短时间内完成任务并开展全面的回归测试，确保不会引入新错误。每一次重构后的代码都能逐步演进，在提高代码质量的同时，避免系统大规模中断。对于需要频繁发布和更新的项目，渐进式重构尤为重要——它能确保每次发布不会受重构的影响，保障系统的稳定性和持续交付能力。

2）一次性重构

一次性重构是指在发现现有代码或系统架构存在严重问题时开展的集中重构。这种策略通常适用于现有代码已无法支持新需求或技术架构的场景：开发团队需要暂停当前开发任务，集中精力对核心模块进行大规模重构。一次性重构通常会涉及从根本上调整代码的核心结构，尤其是在功能和性能方面出现瓶颈的情况下。这种方式虽然有较高的风险，但对于技术债务积累过多、无法通过渐进式重构解决的问题，一次性重构可能是唯一有效的选择。

虽然一次性重构可以在短期内彻底改善系统的架构和质量，但风险较高，尤其是在测试覆盖不足的情况下。在进行一次性重构时，开发团队可能需要暂停其他功能的开发，这将导致项目的进度受阻。因此，一次性重构通常只在迫不得已的情况下进行，开发团队应在重构前进行充分的需求分析和设计，以确保重构后的代码能够满足未来的扩展需求，并顺利集成到系统中。

3）以代码清理为基础的重构

以代码清理为基础的重构侧重于消除代码中的冗余部分、清理过时的依赖，以及提高代码的简洁性和可读性。这种策略特别适用于因长期开发积累大量技术债务的项目：通过清理无用代码、优化数据结构或重构复杂功能模块，可以提高代码的可读性和可维护性，减轻开发者的负担。与功能性修改不同，代码清理主要聚焦于改善现有代码的结构，使代码更清晰、简洁、易于理解。

代码清理是一个持续的过程，而非局限于项目某一阶段。定期开展代码审查、冗余代码清理和模块重构，有助于避免技术债务的积累，确保项目在长期开发中保持高效和高质量。

4）外部依赖重构

当系统的外部依赖（如第二方库、API 或服务）不再符合需求或停止维护时，进行外部依赖重构十分必要。外部依赖重构包括替换过时的库、更新版本，或者调整现有模块接口以适配新依赖，从而能更好地兼容新的外部服务或技术。这种重构通常需要仔细评估新的依赖是否稳定，确保其能满足当前和未来的业务需求。通过外部依赖重构，系统能够保持技术的现代化，避免依赖过时的技术栈，从而保证系统的长远发展。

外部依赖重构不仅是替换库或服务，还可能需要调整系统架构或重构接口。在进行外部依赖重构时，开发团队必须充分评估新依赖的稳定性与兼容性，确保其能有效集成到现有系统并实现预期功能。同时，需要对新依赖进行全面测试，避免系统因依赖变化出现不可预见的问题。外部依赖重构通常需要规划和持续跟进，尤其当外部依赖频繁变更或逐渐停止支持时，及时进行重构可以避免未来系统出现故障或安全隐患。

　　根据项目的具体需求和发展阶段选择合适的重构策略，开发团队可以有效管理技术债务，确保代码持续保持高质量，同时提高开发效率和系统稳定性。每种重构策略都有其特定的适用场景和优势，团队应灵活选用，制定出最符合项目需求的重构方案。

11.4　重构实践

　　重构实践是将理论和方法转化为具体行动的过程，其核心目标是通过改善代码质量、提高开发效率来减少技术债务，确保系统在长期内具备可维护性和可扩展性。重构不仅是对代码结构或设计的简单修改，还需要在通过测试验证现有功能的前提下，对代码进行优化和调整，使其更符合开发团队的目标和项目的长期需求。

　　重构并非一蹴而就的任务，通常包括多个阶段。在实际操作中，团队可以根据具体情况灵活调整步骤，以下是重构的几个关键阶段。

1. 识别问题

　　重构的第一步是准确识别系统中需要改进的地方。这一过程通常通过代码审查、技术债务追踪、性能瓶颈分析等方式完成。开发团队应关注影响代码可维护性、可扩展性、可理解性的痛点，并识别出代码中的"坏味道"（Code Smells），这些"坏味道"通常是指示重构的信号。

　　常见的代码问题包括：代码重复、模块间过度耦合、设计结构不清晰、频繁功能改动导致的代码混乱等。通过识别这些痛点，团队可以有针对性地开展重构。为提高问题识别效率，团队可以定期进行技术债务审查，并利用自动化工具进行静态分析，辅助发现潜在代码问题。下一节将进一步探讨常见的代码"坏味道"，帮助开发者更好地识别需要重构的代码部分。

2. 编写或完善测试

　　在重构前，必须确保现有功能具备足够的测试覆盖，能通过自动化测试验证正确性。这是重构的安全保障基础，避免在修改代码时引入功能缺陷。如果现有代码没有足够的测试覆盖，团队应首先补充测试，以确保每个关键功能都能得到验证。这一过程是重构的测试保障基础。

　　通过测试驱动重构，团队可以确保重构过程不破坏现有功能，并且通过自动化测试确保每次重构后的代码都能满足现有的功能需求。完善的测试覆盖面还能帮助开发者更清晰地理解系统整体架构，避免因设计不当引入错误。

3. 制订重构计划

在实际动手重构之前，团队必须制订详细的重构计划。该计划应明确重构的目标、预期效果、优先级，并考虑可能的风险和回退策略。清晰的重构计划能够帮助团队避免盲目进行大规模的重构，同时保证每一步改动的目的性和可控性。

重构计划通常包括以下要素。

- 重构目标：如消除代码重复、简化接口设计、提高模块解耦等。
- 重构优先级：决定哪些模块或功能需要优先处理。优先级通常基于模块对系统稳定性、可扩展性、性能等方面的影响进行评估。
- 分阶段实施：按照优先级分阶段进行重构，每个阶段要有明确的目标和成果。对于大规模的重构，分阶段实施可以降低风险。
- 回滚方案：重构过程中可能出现意外情况，团队应准备好回滚方案，以应对紧急情况，避免出现系统崩溃或不可恢复的错误。

通过制订周密的计划，团队可以在有条不紊的推进过程中，最大限度地减少重构风险，并确保重构目标能够顺利达成。

4. 逐步重构

重构应遵循渐进式、逐步推进的原则，而非一次性大规模改动。通过"小步快走"的方式，团队可以在每次重构后验证功能的正确性，并及时发现和解决问题。每次重构都应优先考虑核心模块或影响系统稳定性的部分。

每个重构周期都可以细分为以下步骤。

- 了解当前模块的功能和结构：在重构之前，开发者需要充分理解当前模块的设计和功能，避免在重构过程中误解现有代码的意图。
- 进行重构操作：常见的重构操作包括提取函数、简化逻辑、重构数据结构、拆分过于庞大的类或函数等。
- 测试验证：每次重构后都要进行单元测试和集成测试，确保重构后的功能依然正常。

这种渐进式重构能避免大规模改动带来的风险，也能让开发团队在每个小阶段积累改进，逐步完成更大规模的重构任务。

5. 验证和测试

当重构工作完成后，全面的验证和测试是不可或缺的一步。重构后的代码不仅要经过现有功能的回归测试，还要对系统的整体性能进行评估，确保未引入新的性能瓶颈。

在验证过程中，自动化测试将发挥重要作用。通过完整的单元测试和集成测试，开发团队能够确保每个功能模块的正确性，避免手动测试的疏漏和不一致性。高覆盖率测试能增强重构后代码的可靠性，减少回归问题。

6. 代码审查和反馈

在重构后，代码审查是确保代码质量的重要环节。通过同行评审，开发团队可以发现潜在的设计问题、编程规范不一致或其他遗漏。代码审查不仅有助于发现问题，还能促进团队成员间的知识共享，确保代码一致性。

审查人员应重点关注重构是否遵循设计原则、编码规范、最佳实践等。审查反馈不仅能帮助发现问题，还能促进知识分享并确保代码一致性。

11.5 识别代码的 "坏味道"

在进行代码重构时，识别和消除 "坏味道"（Code Smell）是提高代码质量的关键步骤。"坏味道" 指代码中不良的设计模式、混乱的编码风格或隐含的结构缺陷，它们虽不直接导致程序错误，却会对代码的可维护性、可扩展性和可读性产生负面影响。长时间忽视这些 "坏味道"，可能使系统变得难以理解、修改和扩展，加剧技术债务累积，进而影响团队的生产力。

有效识别并解决这些问题，能让代码更简洁、灵活、易于维护，并降低因代码缺陷引发的潜在风险。识别代码的 "坏味道" 是重构的前提，只有准确定位问题，才能实施有针对性的优化。开发者需要在日常开发中保持敏锐的洞察力，持续对代码进行检查和改进，以确保代码质量始终处于良好状态。

在 Martin Fowler 所著的《重构：改善既有代码的设计》（第 2 版）中，定义了多种经典的代码 "坏味道"。

下面是一些常见的代码 "坏味道" 及其对应的重构策略。

11.5.1 重复代码

重复代码是指在代码库中出现相同或高度相似的代码段，通常表现为执行相同逻辑或操作的代码片段。在软件开发过程中，重复代码是最常见的 "坏味道" 之一。它不仅增加代码的冗余性，还会显著提高代码的维护成本。

当存在重复代码时，如果其中一处逻辑发生变化，则开发者必须在所有涉及的地方同步修改。一旦遗漏某些地方，就可能引入潜在的 bug。此外，重复代码会降低代码的可读性和可维护性——开发者必须多次阅读和理解相同的代码，从而降低代码的整体质量。

解决重复代码的最佳方法是将重复的代码提取为共享的函数、方法或类，或者使用设计模式来统一逻辑。通过抽象化和提取公共的代码片段，可以消除冗余并提高代码的可维护性。以下是常见的解决方法。

1. 提取公共函数或方法

当相似逻辑分散于代码多处时，可以将其封装为公共的函数或方法。通过集中管理逻辑，避免在多个地方修改相同代码。

假设多个地方需要检查用户是否具有某权限，并执行相同操作：

```
// 重复代码
if user.HasPermission("admin") {
    // 执行操作
}

if user.HasPermission("editor") {
    // 执行操作
}
```

通过提取公共方法消除重复：

```
// 提取公共方法
func checkPermission(user User, permission string) bool {
    return user.HasPermission(permission)
}
if checkPermission(user, "admin") {
    // 执行操作
}
if checkPermission(user, "editor") {
    // 执行操作
}
```

2. 使用继承或组合

在面向对象编程中，如果重复的代码出现在不同的类或模块中，则可以使用继承或组合将共享的代码提取到父类或组合类中。通过这种方式，可以避免在多个类中编写相同的逻辑。

假设有两个类分别处理不同类型的支付，且两者都包含支付金额的验证逻辑。将公共逻辑提取到一个父类，具体代码如下：

```
type Payment struct {
    Amount float64
}
func (p *Payment) validateAmount() bool {
    return p.Amount > 0
```

```
}
type CreditCardPayment struct {
    Payment
}
type PayPalPayment struct {
    Payment
}
// 两个子类共享同样的验证逻辑
func (cc *CreditCardPayment) processPayment() {
    if cc.validateAmount() {
        // 处理信用卡支付
    }
}
func (pp *PayPalPayment) processPayment() {
    if pp.validateAmount() {
        // 处理 PayPal 支付
    }
}
```

3. 使用设计模式

有时，重复代码可能是因为缺乏合适的设计模式导致的。通过引入设计模式，可以更好地组织代码逻辑，提高代码的复用性和可维护性。例如，策略模式、工厂模式等设计模式可以帮助消除重复代码，提高代码的灵活性。

例如，支付方式的折扣应用可以使用设计模式：

```
type DiscountStrategy interface {
    ApplyDiscount(amount float64) float64
}
type CreditCardDiscount struct{}
func (c *CreditCardDiscount) ApplyDiscount(amount float64) float64 {
    return amount * 0.9 // 10%折扣
}
type PayPalDiscount struct{}
func (p *PayPalDiscount) ApplyDiscount(amount float64) float64 {
    return amount * 0.85 // 15%折扣
}
// 客户端代码
```

```
func calculateFinalAmount(amount float64, strategy DiscountStrategy)
float64 {
    return strategy.ApplyDiscount(amount)
}
func main() {
    ccDiscount := &CreditCardDiscount{}
    ppDiscount := &PayPalDiscount{}
    fmt.Println(calculateFinalAmount(100, ccDiscount)) // 90
    fmt.Println(calculateFinalAmount(100, ppDiscount)) // 85
}
```

11.5.2 长函数

长函数是指函数或方法违反单一职责原则，承担过多职责或包含冗长代码的情况。这类函数往往包含复杂的逻辑，导致代码的可读性和可维护性急剧下降。长函数的主要问题在于难以理解——开发者在阅读代码时需要深入分析其中的每一部分，以确保其功能的正确性和逻辑的一致性。

典型的长函数通常涉及多个不同的功能模块，如数据处理、业务逻辑、UI 更新等。这使得它不仅臃肿，而且修改和扩展起来也极为困难。如果在一个函数内处理了过多的逻辑，则在出现新需求或需要修复 bug 时，函数往往会变得更加复杂，进而降低代码的可维护性和可扩展性。对其他开发者来说，理解和修改长函数也变得尤为棘手，因为他们很难快速把握函数的具体职责和实现细节。

解决长函数的常见方法是将函数拆分成多个小型、职责单一的函数。拆分后的函数只处理单一任务，能提高代码的可读性和可维护性。此外，小函数可以提高代码的复用性，并且更易于进行单元测试。

以下是一个典型的长函数示例：

```
// 处理订单的长函数
func processOrder(order Order) {
    // 验证订单
    if !isValidOrder(order) {
        fmt.Println("Order is invalid")
        return
    }
    // 计算总价
    total := 0.0
    for _, item := range order.Items {
        total += item.Price
```

```
}
    // 更新库存
    for _, item := range order.Items {
        updateInventory(item)
    }
    // 发送订单确认通知
    sendConfirmation(order)
    // 打印订单详情
    fmt.Printf("Order processed. Total: %f\n", total)
}
```

该函数处理了多个任务，包括验证订单、计算总价、更新库存、发送订单确认通知和打印订单详情。这些任务都聚集在同一个函数中，导致函数庞大且不易于理解。

优化：将长函数拆分成多个小函数，每个函数只处理一个任务。

```
func processOrder(order Order) {
    if !isValidOrder(order) {
        fmt.Println("Order is invalid")
        return
    }
    total := calculateTotal(order)
    updateInventory(order)
    sendConfirmation(order)
    printOrderDetail(total)
}
func calculateTotal(order Order) float64 {
    total := 0.0
    for _, item := range order.Items {
        total += item.Price
    }
    return total
}
func updateInventory(order Order) {
    for _, item := range order.Items {
        updateInventory(item)
    }
}
```

```
func sendConfirmation(order Order) {
    // 发送订单确认通知
}
func printOrderDetail(total float64) {
    fmt.Printf("Order processed. Total: %f\n", total)
}
```

11.5.3　过长的参数列表

过长的参数列表是指函数或方法违反接口隔离原则，接受过多非内聚参数，导致函数签名复杂度显著提升的情况。过多的参数通常表明该函数承担了过多的职责，或者需要处理多个不相关的输入。过长的参数列表不仅使函数调用显得臃肿，还会增加错误的发生概率，尤其在参数传递顺序不明确或命名不规范时。更重要的是，过多的参数会降低代码的可读性和可维护性，使人难以快速理解函数的目的和逻辑。

当一个函数接受大量参数时，开发者需要记住每个参数的具体意义。尤其是在没有清晰命名或缺少上下文的情况下，这些参数极易被误用或混淆。例如，如果一个函数接受十个参数，且缺乏明确的命名或文档说明，则开发者在调用时需要花费额外的时间理解每个参数的意义，这会增加出错概率。

此外，过多的参数意味着函数的签名会变得复杂，新增功能时需要修改函数签名，进而引发更多的代码变动，增加代码的脆弱性。随着项目的演进，函数的签名会频繁变化，从而增加代码维护的难度，尤其当项目中有多个模块需要调用该函数时。

解决过长参数列表的有效方法是将多个参数封装为结构体或对象。通过结构体将相关的参数组织在一起，这不仅能减少函数签名中的参数数量，还能提高代码的清晰度和可扩展性。结构体可以帮助开发者快速理解参数的意义，并使函数更简洁易懂。

假设我们有一个处理订单的 processOrder() 函数，该函数接受多个参数，如客户 ID、商品 ID、支付信息、配送地址和折扣码。我们可以将这些参数封装到一个结构体中，简化函数的参数列表，使代码更易于理解和维护。

过长的参数列表示例：

```
// 原始函数，接受多个参数
func processOrder(customerId string, itemIds []string, paymentInfo
PaymentInfo, shippingAddress string, discountCode string) {
    // 处理订单的逻辑
    fmt.Println("Processing order for customer:", customerId)
```

```
    // ... 其他逻辑
}
```

在上述示例中，processOrder()函数接受了 5 个不同的参数，每个参数都有不同的含义，且没有明确的结构，这使得在调用函数时非常冗长，且函数签名也变得复杂。当参数的数量进一步增加时，函数调用将变得更加难以理解和管理。

优化：使用结构体封装参数。

```
// 定义一个结构体，封装相关参数
type OrderDetails struct {
    CustomerId       string
    ItemIds          []string
    PaymentInfo      PaymentInfo
    ShippingAddress string
    DiscountCode     string
}
// 优化后的函数，只接受一个结构体作为参数
func processOrder(details OrderDetails) {
    // 处理订单的逻辑
    fmt.Println("Processing order for customer:", details.CustomerId)
    // ... 其他逻辑
}
```

11.5.4　过大的类

过大的类是指一个类承担了过多的职责，包含大量的属性和方法，且随着时间的推移，类的复杂度急剧上升，变得越来越难以理解、维护和扩展的情况。过大的类通常涉及多个功能领域，承担多项不相关的责任，严重违反单一职责原则。它不仅会增加代码的复杂度，还可能导致不同功能的耦合，进而降低代码的复用性和可扩展性。

在实际开发中，过大的类会引发以下技术问题。

1. 类的职责过多

一个类负责太多与其核心职责无关的功能，导致类的设计混乱，难以确定其真实目的。

2. 类的依赖关系复杂

当一个类负责的职责过多时，其他类的依赖也会变得复杂。这使得在修改或扩

展功能时，需要在多个地方进行更改，进而提高维护成本。

3. 代码的可读性差

过多的字段和方法会让类的内部结构变得复杂，开发者需要花费大量时间理解其功能和行为，进而提高新成员的学习成本。

4. 测试困难

过大的类通常难以进行单元测试，因为它涉及的功能过多，单元测试无法覆盖其所有方法和边界情况。

当一个类承担了过多的责任时，可以考虑将其拆分为多个小型类，每个类只承担一项明确的职责。这是解决"过大的类"问题的主要策略。通过拆分类，能降低每个类的复杂度，使每个类都具有明确的功能，并且便于独立测试和维护。

假设有一个 Order 类，承担了多项责任，如管理客户信息、管理订单项、计算总价、管理订单状态等。这样的设计会让 Order 类过于庞大和复杂，不易维护和扩展。

```go
// 过大的类
type Order struct {
    CustomerName    string
    CustomerAddress string
    PaymentMethod   string
    Items           []Item
    Total           float64
    Status          string
    // ...
}
```

在这个设计中，Order 类不仅承担了订单管理的职责，还涉及了客户信息、支付方式、订单项等领域。随着功能的增多，这个类的复杂度急剧上升，导致其不易维护和测试。

为简化 Order 类的设计，可以将其拆分为多个类，每个类只负责一部分功能。这样做可以提高代码的可读性、可维护性，并且符合单一职责原则。

优化：拆分成多个类。

```go
type Order struct {
    Customer Customer
    Items    []Item
    Total    float64
```

```
    Status    string
}
type Customer struct {
    Name      string
    Address string
}
```

11.5.5　过长的消息链

过长的消息链指的是对象间通过多层级方法调用链传递消息（如 a.b().c().d()形式），形成深层级调用链的情况。在通常情况下，过长的消息链意味着对象间存在过多的直接依赖，导致每个对象都需要通过多个方法来访问其他对象的状态或行为。这种链式调用会大幅降低代码的可读性和可维护性，尤其在调试时，开发者需要沿着调用链逐层追踪，增加代码的复杂度。

过长的消息链通常是设计不当的体现，意味着每个对象过于依赖其他对象的内部状态或行为。在多数情况下，这种链式调用会使对象间的关系变得复杂，从而不利于代码的解耦、维护和扩展。

例如，以下代码通过多个对象的属性和方法逐步获取订单信息并计算总价：

```
order.getCustomer().getAddress().getShippingMethod().
calculateShippingCost().applyDiscount()
```

这种调用链很长，意味着开发者需要逐步访问每个对象的内部数据，才能完成操作。这不仅让代码难以理解，还会使每个对象都承担了过多的责任。当需要修改其中某个对象的行为时，可能会牵涉整个链条中的多个对象。

为避免过长的消息链，可以考虑以下优化策略。

1. 使用中介者模式

中介者模式通过引入一个中介对象，将各对象间的交互集中到中介者中，减少对象间的直接交互，从而避免过长的链式调用。中介者负责协调各对象间的消息传递，而非让对象直接调用其他对象的方法。

2. 引入中间变量

通过在链条的关键位置保存结果，可以有效简化链条，避免多个方法的连续调用。将复杂的计算结果存储到中间变量中，并将这些变量传递给后续逻辑，从而降低方法链的复杂度。

优化实例：

```
// 过长的消息链示例
```

```
order.getCustomer().getAddress().getShippingMethod().calculateShipping
Cost().applyDiscount()
// 优化：使用中介者模式
type OrderProcessor struct {
    order Order
}
func (op *OrderProcessor) processOrder() float64 {
    customer := op.order.getCustomer()
    address := customer.getAddress()
    shippingMethod := address.getShippingMethod()
    shippingCost := shippingMethod.calculateShippingCost()
    discount := op.order.applyDiscount()
    return shippingCost - discount
}
```

11.5.6　冗余类

冗余类是指一个类承担了多项不相关的职责，这些职责间没有明显的联系，或者职责变化的原因不同的情况。在通常情况下，冗余类会表现为功能庞大，包含多个不相关的业务逻辑，导致类的职责不清晰，修改和扩展变得复杂。在这类设计中，类的某一部分可能频繁变动，但这些变化并不涉及类的所有功能，这会提高代码的耦合度和维护难度。冗余类带来的主要问题如下。

1. 类的职责不清晰

冗余类通常承载多个看似无关的责任，导致在设计时没有很好地分离关注点，增加维护的难度。

2. 修改引发多重变化

当类的某些职责发生变化时，可能需要修改多个领域的代码，而这些修改与类的其他职责无关。这使得每次修改都更为复杂，因为开发者需要了解和维护该类中的多项职责。

3. 代码重复和难以扩展

由于类中包含多项不相关的职责，可能导致部分功能重复实现。在扩展功能时，往往需要在该类中进行复杂的改动，这会提高耦合度和扩展的难度。

典型的冗余类会在不同场景下承载多个业务逻辑的变更。例如，在订单处理系统中，一个 OrderManager 类可能同时负责计算订单总价、处理支付、发送通知等多个功能。这会导致在修改某个业务逻辑时，整个 OrderManager 类可能都需要调整，尽管这些功能之间并没有直接的业务关联。

```go
type OrderManager struct {
    // Order information
}
func (om *OrderManager) calculateTotalPrice(order Order) float64 {
    // 计算订单总价的逻辑
}
func (om *OrderManager) processPayment(order Order) bool {
    // 处理支付的逻辑
}
func (om *OrderManager) sendNotification(order Order) {
    // 发送通知的逻辑
}
```

在上述示例中，OrderManager 类承担了计算订单总价、处理支付、发送通知等多项职责。这些职责相互独立，却被集中在同一个类中。这种设计使得 OrderManager 类的修改和维护变得复杂，因为每次需求变化都会涉及类中的多个部分。

为避免冗余类，应将类的职责单一化，遵循单一职责原则。我们可以将冗余类分解为多个小类，每个小类只关注一个特定责任。例如，将计算订单总价、处理支付和发送通知的逻辑分别提取到不同类中，这样每个类就只关心一个方面的变更，从而避免频繁的修改。

将冗余类中的不同职责提取到多个类中的具体代码如下：

```go
// 订单价格计算类
type PriceCalculator struct {}
func (pc *PriceCalculator) calculateTotalPrice(order Order) float64 {
    // 计算订单总价的逻辑
}
// 支付处理类
type PaymentProcessor struct {}
func (pp *PaymentProcessor) processPayment(order Order) bool {
    // 处理支付的逻辑
}
// 通知发送类
type NotificationSender struct {}
func (ns *NotificationSender) sendNotification(order Order) {
```

```
    // 发送通知的逻辑
}
```

这样一来，每个类只负责一个功能模块。当需求发生变化时，只需修改相关的类，而不必涉及其他不相关的业务逻辑。例如，如果支付方式发生变化，则只需修改 PaymentProcessor 类，不会影响 PriceCalculator 类和 NotificationSender 类。

11.5.7　过度抽象

过度抽象是指在系统设计中，滥用接口、抽象类、泛型等抽象化手段，导致系统结构变得复杂且难以理解。过度抽象可能源于设计时试图提前考虑所有可能的扩展和变化，结果却使得系统在实际应用中变得更加笨重和难以维护。过度抽象不仅增加了开发和理解的难度，还可能影响系统的性能，因为每一层抽象通常都会带来额外的开销。

为避免过度抽象，应遵循 KISS 原则（Keep It Simple, Stupid），即保持设计的简单性和直观性。在设计系统时，需要根据实际需求和业务场景选择合适的抽象化手段，避免不必要的复杂性。如果发现系统中存在过度抽象的问题，则可以考虑简化设计，减少不必要的接口和抽象类，使系统更清晰易懂。

假如我们设计一个 Repository 接口，包含非常通用的方法，如 FindAll()、FindByID() 等。这些方法的抽象化可能过于复杂，因为每个具体的存储操作在实际实现时都可能有其特殊逻辑，而不一定需要这么多的抽象。

```
// 过度抽象
type Repository interface {
    FindAll() []interface{}
    FindByID(id int) interface{}
    Save(entity interface{})
    Delete(entity interface{})
}
```

虽然这种设计可以对不同的实体进行统一处理，但会导致接口方法过于笼统，接口实现可能包含大量不必要的通用方法，而这些方法在某些情况下可能并不被使用，进而增加复杂性。

在优化后的设计中，可以避免过多的抽象，直接实现针对特定实体的具体存储操作。这样一来，OrderRepository 只关注订单的存储逻辑，进而简化设计并提高代码的可读性和可维护性。

```
// 优化：简化设计
type OrderRepository struct {}
```

```go
func (or *OrderRepository) FindAll() []Order {
    // 查询所有订单的逻辑
}
func (or *OrderRepository) FindByID(id int) Order {
    // 根据 ID 查询订单的逻辑
}
func (or *OrderRepository) Save(order Order) {
    // 保存订单的逻辑
}
func (or *OrderRepository) Delete(order Order) {
    // 删除订单的逻辑
}
```

如果需要一个通用的存储接口，则可以根据具体需求动态地添加功能，而不是一开始就设计出一个复杂的通用接口。如果需要支持多种数据源，则可以在具体实现中使用合适的方式进行处理，而不是一开始就强行抽象出通用接口。

11.5.8 神秘命名

神秘命名（Mysterious Name）是指使用不清晰、模糊或难以理解的名称来命名变量、函数、类或模块等，导致代码的可读性和可维护性显著降低。在通常情况下，这种命名方式未能准确反映元素的功能或用途，使得开发者在阅读代码时无法直观地理解这些元素的目的和作用。神秘命名会增加理解和调试代码的难度，尤其在大型团队协作或长期维护的项目中，低质量的命名会带来严重的后果。

为了避免神秘命名，应该遵循良好的命名规则，确保变量、函数、类和模块的名称能准确反映其功能和用途。命名应简洁明了，避免使用无意义的缩写、单词或数字，尽量使用具有实际意义的名称。通过清晰的命名，可以提高代码的可读性和可维护性，减少开发者的困惑和错误。

```go
// 神秘命名
func calc(a, b int) int {
    return a + b
}
func process(price, quantity, discount int) int {
    return price * quantity - discount
}
// 优化：清晰命名
func calculateSum(a, b int) int {
```

```
    return a + b
}
func calculateTotalPrice(price, quantity, discount int) int {
    return price * quantity - discount
}
```

11.5.9　隐式依赖

隐式依赖是指当一个类、方法或模块依赖于外部资源或对象，但这种依赖关系未被明确声明，从而导致代码难以理解、维护和扩展。这种类型的依赖关系往往以隐蔽的方式出现在代码中。例如，通过全局变量、静态字段或外部状态等间接影响其他部分的行为。隐式依赖可能导致代码中的依赖关系不易被发现，进而引入潜在的错误和不可预测的行为。

为解决隐式依赖问题，我们可以遵循"显式依赖"（Explicit Dependency）的原则，即通过参数传递、依赖注入等方式，明确声明和管理依赖关系。显式依赖能让代码中的依赖关系更清晰，降低类与类间的耦合度，提高代码的可维护性和可测试性。

以下是一个使用隐式依赖的示例，说明全局变量的使用会导致依赖关系不明确，提高代码的耦合度，使其难以维护。

```
// 隐式依赖
var globalDB *Database
func connect() {
    globalDB = &Database{}
}
// 优化: 显式依赖
type App struct {
    db *Database
}
func (a *App) connect() {
    a.db = &Database{}
}
```

在上述示例中，connect()方法依赖于全局变量 globalDB，但这种依赖关系并未明确体现。当代码规模增大时，全局变量的使用会导致代码的可维护性下降，因为全局变量可能被其他部分的代码修改，从而影响 connect()方法的行为。

通过显式依赖的方式，可以将全局变量 globalDB 替换为 App 结构体的 db 字段，使 connect()方法能明确声明和管理依赖关系。这种方式可以提高代码的可读性和可维护性，降低代码的耦合度，使代码更清晰易懂。

11.6　重构和重写

重构（Refactoring）和重写（Rewriting）是软件开发中常见的两种代码改进方式。重构指在不改变软件外部行为的前提下，对代码的内部结构进行优化，旨在提高代码的可维护性、可读性，通常不涉及性能优化（如果需要优化性能，则单独进行专项设计）。它通常是局部的、增量式的改进，可以在日常开发中持续进行，每次改动幅度都相对较小，且不会对现有功能造成影响。

与此不同，重写意味着从零开始重新设计和实现系统或模块，通常在现有系统无法满足需求或设计已严重过时时进行。重写通常是全面性的、大规模的工作，需要投入大量的时间和资源，且可能导致不兼容的变更。例如，当现有系统无法满足高并发、大规模或复杂业务需求，或者技术已经过时，重写是较为合适的选择。

总的来说，重构是局部的、渐进的改进过程，而重写则是大规模的、彻底的重建。两者的选择取决于具体的业务需求和现有系统的状况。对于现有系统功能完备但存在技术债务或设计缺陷的情况，重构更为适合。它能以较低的成本和风险，提高代码的质量和可维护性。而当现有系统完全无法满足业务需求或技术架构已无法支撑系统扩展时，重写则是必不可少的解决方案。

11.7　小结

本章探讨了软件开发中的重构技术和原则，强调了重构在提高代码质量、可维护性方面的重要性。重构不仅仅是改善代码的表层结构，更是一项持续的优化过程，旨在优化代码结构、消除冗余、降低复杂度，使代码更清晰易懂，以便后续的扩展和修改。良好的重构实践有助于减少技术债务，提高开发效率，并为系统未来的扩展奠定坚实的基础。

接下来的章节将讨论代码注释和文档管理，这也是提高代码质量和团队协作效率的重要措施。清晰的注释和文档不仅能帮助开发者快速理解代码，还能提高团队沟通效率，确保系统长期具有可维护性和可扩展性。通过精心设计的注释和文档，开发者可以更好地管理复杂的系统和需求变化，进而增强项目的技术可持续性。

第12章 文档、注释和知识共享

正确使用注释的目的是用它来弥补我们未能在代码中清晰表达自己的不足。

—— Robert C. Martin

在现代软件开发中，文档、注释和知识共享已成为团队协作的核心要素。随着项目规模的不断扩展和团队成员的增加，良好的文档和注释不仅能提高团队之间的沟通效率，还能帮助开发者快速理解和修改代码，减少信息不对称带来的协作障碍。高质量的文档需要清晰描述项目的整体架构、设计思路和实现细节，而及时更新的注释则能确保代码意图与实现逻辑一致，避免理解偏差，为项目的长期维护奠定坚实基础。

除了文档和注释，知识共享在团队中的作用同样不可忽视。它不仅能加速信息流通，还能促进技术创新与进步。通过构建开放的知识共享文化，团队成员可以高效地解决问题，避免重复劳动，进而提升整体协作能力。本章将探讨如何编写高质量的文档和注释，确保其与代码保持同步更新，并具备易于理解和高效查找的特点。同时，本章还将讨论如何通过工具和流程搭建一个高效的文档管理体系，推动知识的积累和共享。

12.1 让文档成为团队的知识库

在软件开发中，文档不仅是团队协作的基础工具，还是知识传递和共享的核心载体。一个清晰且易维护的文档体系能帮助团队成员更好地理解代码、架构及工具的使用逻辑，进而提高项目的可维护性和可扩展性。然而，许多软件项目忽视文档管理，导致内容过时、信息不准确或难以理解，进而影响开发效率和团队协作。

建立有效的文档体系，不仅能帮助团队降低沟通成本和避免重复劳动，还能为项目的后续维护和扩展奠定坚实基础。优质文档需要记录开发中的关键决策、设计思路及实现细节，助力团队成员快速上手——尤其在新成员加入时作用显著。规范的文档管理能有效减少技术债务的积累，保障项目长期稳定发展。

12.1.1 文档的必要性

高质量的文档在软件开发中具有深远的价值，不仅能显著提高代码和 API 的可理解性，还能有效减少潜在的错误和误解。文档能让团队成员明确设计目标和开发意图，确保协作基于统一认知，从而提高协作效率。通过清晰、系统地列出操作步骤，文档能够简化开发流程，特别是在新成员加入时，能够大幅降低其学习成本。此外，文档还能够解答诸如"为何做出这些设计决策"或"为什么以这种方式实现代码"等关键问题，为团队的长期发展提供坚实的理论支撑与决策依据。尽管文档的价值通常不会立即显现，但随着项目的推进，其长远效益会逐渐浮现出来。

然而，部分开发者将文档视为"质量差代码实现的补救措施"，并忽视其重要性。核心原因在于文档的收益难以即时体现，尤其对文档编写者来说，撰写文档的价值短期内并不明显。部分开发者认为文档编写与编程无关，甚至认为自己缺乏写作能力。但事实上，撰写有效文档并不需要精湛的写作技巧，关键在于选择合适的工具并将文档集成到开发工作流中。目前，文档常被视为额外负担，而非简化代码维护、提高开发效率的核心工具。

开发者应当认识到，文档与代码同样重要，二者是软件开发的两大核心支柱。就像开发者可能根据需求选择不同的编程语言或工具一样，文档也需要根据特定的功能和场景选择合适的形式以支持开发。例如，开发者可能会使用 Shell 脚本或 Python 处理命令行任务，也可能会使用 C++编写后端代码，甚至会使用 Java 处理部分中间件开发。每种编程语言都有其独特的用途和优势，而文档作为一种工具，也应当具备类似的特性。文档有其独特的语言和规范，需要具备清晰、一致的结构和格式，以确保传达的信息不会因表述不清而导致误解。

文档和代码一样需要明确所有者。无责任人的文档易过时且难维护。明确所有权可以确保文档得到持续管理，并与开发工作流深度集成，如通过问题追踪系统和代码审查工具实现追踪和更新。此外，文档所有者还需要处理内容冲突，避免信息重复或混乱。为保证文档的一致性，应指定权威文档源，并对相关文档进行整合或淘汰。另一种有效做法是将文档与代码结合管理，纳入版本控制系统，确保文档与代码同步更新。

团队在维护文档时应遵循与代码管理类似的流程。文档需要符合团队内部的标准化流程和规范，并纳入源代码版本控制，由指定的文档所有者负责维护。当文档内容发生变化时，应经过审查流程，确保内容与实际代码相符。此外，文档中的问题应像代码中的 bug 一样进行追踪和修复。定期评估文档的质量，包括准确性、时效性和可读性等方面，是确保文档持续有效的重要手段。尽管现有的工具和平台在文档管理上还存在不足，但通过合理的流程和工具，文档同样能够像代码一样被高效管理和维护，充分发挥其在开发中的重要作用。

12.1.2 明确文档类型

在软件开发中，工程师不仅要编写代码，还要通过文档来清晰地传达设计思路、使用方法和系统结构等关键信息。不同类型的文档在开发过程中扮演着不同的角色，因此理解并区分它们的特点与用途，对提高开发效率、保证项目质量非常必要。每一份文档都应具备明确的目标，内容要围绕目标展开，并且不同类型的文档应有各自的专注点和逻辑结构。正如一个 API 设计应聚焦于单一的功能目标并做到极致一样，文档也应避免在同一文档中涉及多个不同任务和内容，保持专一性和清晰性。不同的内容应当被逻辑清晰地拆分到各自的文档中，以确保每份文档的高效性和可读性。

1. 参考文档

参考文档是开发中最常见的文档类型之一，几乎每位工程师在日常工作中都会编写某种形式的参考文档。其核心作用是帮助开发者理解如何正确地使用代码中的各种功能、模块、类、接口等。在团队协作中，参考文档对确保代码的一致性、减少误用或重复劳动至关重要。常见的参考文档形式为代码注释，主要分为 API 注释和实现注释两类。

API 注释通常描述代码中接口的功能、使用方法、参数和返回值等。它不涉及实现细节，而是侧重于向使用者明确接口的输入输出要求、边界情况、异常处理等。API 注释应具备清晰性和简洁性，尤其对开放给外部开发者使用的接口，需要避免过多的内部实现细节，以免影响 API 的易用性。良好的 API 注释实践不仅要求语言简洁，还应涵盖详细的用法示例，尤其是复杂的接口或功能。例如，Go 语言的 godoc 工具会根据函数或类型的注释自动生成在线文档，便于团队成员或外部开发者的查阅。

与 API 注释不同，实现注释主要面向开发者（假定读者具备一定的技术背景），用于描述代码的内部实现逻辑、设计思路及方案选择原因。实现注释的目的是帮助开发者理解代码的设计意图，以便在后期修改或优化时避免理解偏差。实现注释应避免对读者背景做过度假设，尽量做到通俗易懂，特别是在多人协作的开发环境下，文档化的设计思路有助于降低沟通成本和错误的发生概率。

大部分参考文档的内容来源于代码注释。例如，Java、Python、Go 等语言提供了自动化工具，可以根据注释生成格式化的文档（如 Javadoc、PyDoc、GoDoc 等）。这使得文档能够始终与代码保持同步更新，减少因文档滞后导致的维护困难。

1）文件注释

文件注释位于文件头部，用于简要描述文件的整体目的、功能和包含的主要内容，帮助开发者快速了解文件的作用和结构，为代码审查和后期维护提供快速导引。内容可以包括文件的功能说明、作者信息、创建日期、更新历史等。文件注释应简明扼要，重点突出文件的功能和主要责任，避免冗长的背景信息。

在 Go 语言中，文件注释通常位于文件顶部。对于功能简单的文件，文件注释可以概括性地描述文件的作用；而对于复杂的文件，文件注释应进一步简要列出各部分的功能实现，帮助开发者快速定位要维护的模块或组件。以下是一个 Go 语言的文件头注释示例：

```
// strutil 包提供了一组字符串操作的工具函数，包括用于修剪、转换大小写和检查字符串
有效性的函数
// 创建日期：2021-01-01，由 lancet 团队维护
package strutil
```

如果文件的功能无法在一到两段内清晰地描述出来，则意味着该文件功能过于复杂，结构设计不够合理，需要考虑将文件逻辑拆分成多个模块或组件，以提高代码的清晰度和可维护性。

2）类注释

在面向对象编程中，类注释对定义和描述类的职责尤为重要。类注释通常包括类的主要功能、其包含的主要方法，以及如何使用这些功能。类注释应"名词化"，即描述类作为对象所具备的功能和属性，而非简单罗列类中的方法。清晰的类注释可以帮助开发者理解该类的职责，避免在维护和扩展时出现设计偏差或功能遗漏。所有公共类都应包含类注释，明确描述该类的设计用途及其主要方法。

在 Go 语言中，虽无传统意义上的"类"，但通过结构体和方法的组合，仍然可以实现面向对象编程的功能，因此结构体注释同样重要。结构体注释不仅要描述其功能和使用场景，还应清晰说明结构体中字段的含义和方法的作用。结构体注释有助于减少开发者在理解类的设计意图时所花费的时间，特别是在多人协作的开发环境中，明确的注释能够有效避免因理解差异而引发的错误。

以下是一个 Go 语言的结构体注释示例：

```
// User 代表一个系统用户及其相关信息，用于存储用户的 ID、姓名和电子邮件地址。结构
体的方法允许在系统中获取和更新用户的数据
type User struct {
    ID      int
    Name    string
    Email   string
}
// NewUser()方法用于创建一个具有给定名称和电子邮件的新用户
func NewUser(name, email string) *User {
    return &User{
        ID:     generateID(),
        Name:   name,
        Email:  email,

    }

}
```

良好的类注释可以帮助开发者理解代码逻辑，降低后期维护和扩展的沟通成本。特别是在多人协作的项目中，清晰的类注释可以有效避免误解和重复工作，甚至减少因设计缺陷引发的潜在问题。

3）函数注释

函数注释需要明确描述函数的功能、参数、返回值及潜在副作用。良好的函数注释通常以行为动词开头，清晰地解释该函数的作用及其对系统或数据的影响。采用一致的注释格式，不仅有助于提高代码的可读性，还能使团队成员更容易理解代码的目的和功能。

在 Go 语言中，函数注释不需要过度依赖格式化的"参数列表"（Parameters）或"返回值"（Returns）标签，而是倾向于通过自然语言的方式来描述函数的功能。这种方式不仅符合 Go 语言的简洁设计理念，还让注释更符合实际使用中的需求，避免不必要的冗长和格式化开销。通过自然语言直接嵌入关于函数的行为、参数和返回值的信息，能够使代码更加直观，提高代码的可读性和可维护性。例如：

```
// Sum 计算两个整数 a 和 b 的和，并返回其结果
// 该函数用于基本的整数加法运算，不处理溢出或其他边界情况
func Sum(a, b int) int {
    return a + b
}
```

在上述示例中，注释简洁明了地描述了函数的功能：计算两个整数的和，并返回其结果。没有采用"参数列表"和"返回值"的格式，而是通过简洁的自然语言传达了函数的行为。这种注释方式符合 Go 语言对简洁性与实用性的追求，使开发者在阅读代码时能迅速理解函数的目的与实现。

2. 设计文档

设计文档是软件开发中描述系统架构与设计的关键文档，通常在项目初期编写，旨在阐述系统的整体架构、设计理念、关键技术选型及其实现方式。设计文档不仅帮助开发团队明确项目的技术方向，还为团队成员提供了一张清晰的蓝图，确保各项开发工作能够按照统一的设计思路进行，从而提高开发效率，减少开发过程中的不确定性。

设计文档通常包含多个重要部分，如系统功能需求、架构设计、数据库设计、接口设计及技术选型等。在系统功能需求部分，设计文档会详细描述系统的功能模块及其相互关系，确保每个功能模块的实现目标明确且可执行。架构设计部分则深入探讨系统的整体架构选择，如微服务架构、单体架构、分布式架构等，并说明选择这些架构的原因及其适用场景。数据库设计部分涉及数据模型的设计、表结构的定义，以及如何优化数据库的查询性能等。

除了系统的核心设计内容，设计文档还应关注系统的非功能性需求，如性能、可扩展性和安全性等方面。在性能方面，设计文档可能会涉及负载均衡、缓存策略，以及如何处理高并发的设计方案；在可扩展性方面，设计文档需要说明系统如何支持未来的功能扩展或流量增长；在安全性方面，设计文档则需要考虑身份验证、权限管理、数据加密等安全措施的实施。这些内容对于项目后续的开发、测试和运维具有重要作用，有助于确保系统在实际运行中能够稳定、高效、安全地提供服务。

设计文档不仅是开发者的工具，还是不同团队成员之间沟通和协调的桥梁。设计文档能够帮助项目经理、开发者、测试人员，以及其他相关方理解系统的架构和设计思想，确保团队成员在开发过程中朝着统一的目标努力。在一些团队中，设计文档还会作为代码审查和需求变更管理的一部分，随着项目的进展不断更新和调整。因此，设计文档不仅是项目初期的重要产物，还应贯穿项目的整个生命周期，随着需求变化和技术演进不断完善与优化。

设计文档是软件开发过程中的重要产物，描述了系统的整体架构、设计思路和实现细节，为团队成员提供了清晰的指导和参考。设计文档的内容应当全面、详细，涵盖系统的各个方面，以确保团队成员能够全面理解系统的设计和实现。下面是设计文档应包含的主要内容。

（1）标题和人员信息：设计文档的标题应简明扼要，能够准确描述文档的内容和目的。它应当包括项目或系统的名称，以及"设计文档"字样。标题要清晰且具有一定的描述性，以便在查阅时能够一目了然地了解文档的核心内容。同时，在人员信息部分，列出作者和文档审阅者的姓名，确保各方在文档审核和后续修改过程中保持沟通畅通。此外，还应注明文档的最后更新时间，确保读者了解文档的时效性与更新情况。

（2）术语解释：确保文档中使用的专有名词、技术术语或缩略语能够被所有团队成员准确理解。这一部分对一些专业术语进行定义，避免在阅读设计文档时出现理解歧义。特别是跨学科项目中，不同领域的术语往往会导致理解上的差异，因此这一部分是确保沟通无障碍的重要环节。

（3）概述：设计文档的开篇内容，旨在简洁明了地介绍系统或项目的总体目标、范围及其主要功能。它为读者提供一个高层次的理解，帮助他们快速了解项目的背景和主要目标。概述应包括项目的目的、核心功能，以及该项目解决的问题，确保团队成员能够快速把握项目的总体框架和需求。

（4）背景：详细介绍项目或系统的起源、发展过程及其产生的背景。它描述了项目启动的动因、涉及的关键问题，以及与当前环境的关系。这一部分的内容可以包括市场需求分析、技术背景，以及现有技术或系统的局限性。通过背景说明，团队成员可以理解项目的背景和动机，从而更好地推动项目的进展。

（5）目标与非目标：明确项目的目标和预期成果，同时列出非目标，避免在项目开发过程中偏离核心目标。目标部分应具体、可衡量，描述系统需要实现的主要功能、性能指标、技术要求等；而非目标部分则明确哪些需求不在此次项目范围之内，有助于防止开发团队过度扩展项目范围，确保项目聚焦于最关键的目标。

（6）现有解决方案：对目前已存在的技术方案或系统进行分析，列举其优缺点及局限性。通过对现有方案的总结，团队能够更清楚地理解为什么现有方案无法满足需求或存在的痛点。这一部分不仅有助于设计团队了解技术背景，还为新的解决方案的设计提供合理依据。

（7）提议的解决方案：设计文档的核心部分，详细描述团队针对问题所提出的解决方案。这部分内容应涵盖方案的架构设计、技术选型、功能模块划分、系统组件及其交互方式等。要确保方案具有清晰的结构，能够在实现过程中遵循一定的原则，并考虑系统的可扩展性、性能优化、安全性等方面。还应指出方案如何满足项目的需求，并解决现有方案中的问题。

（8）替代方案：在设计过程中，通常会考虑多个解决方案以应对不同的技术挑战或项目需求。替代方案部分介绍若干备选方案，详细说明每个方案的优缺点、适用场景，以及与提议的解决方案的区别。这一部分有助于团队成员从多个角度思考问题，为最终选择最佳方案提供参考依据。

（9）遗留问题：列举当前设计或开发过程中尚未解决的技术难题、风险或瓶颈。它不仅能帮助团队明确项目中的潜在挑战，还能为后续的项目迭代或优化提供方向。遗留问题可以是技术实现难度较大的问题，也可能是因资源限制、时间限制或外部因素导致无法立即解决的事项。

（10）未来工作：列出项目在当前阶段之外，可能涉及的后续工作。它可以包括项目的拓展方向、功能迭代、技术改进等内容。团队可以通过这一部分了解项目未来的长期规划，确保在当前开发过程中能够为未来的扩展或优化做好准备。

3. 操作指南（教程）

操作指南是帮助软件工程师快速接入项目与工具的核心文档，尤其在新成员入职初期至关重要。一份清晰、简洁的操作指南不仅是新人的入门钥匙，还是团队确保协作效率的基础。如果每个项目都能提供"Hello World"级教程，则可以帮助新成员迅速了解项目的基本设置流程，并无缝接入工作。

一个高质量的操作指南不仅要涵盖基础操作，还要避免过多的假设，尤其是在团队成员尚未熟悉项目环境时。当项目中缺乏现成操作指南时，编写操作指南的最佳时机通常为刚加入团队的那一刻。此时可以通过亲身经历来发现现有操作指南中可能存在的问题，并借此机会厘清整个设置过程。在没有领域知识或环境配置假设的情况下，记录下完成任务的每一个步骤。这样做的好处是，既能优化指南内容，也能帮助识别可能会对新成员造成困扰的步骤。

在编写操作指南时，有几个关键点需要特别注意。

- 避免假设前提条件：在编写操作指南时，切忌假设读者已具备某些特定的领域知识或已经配置好开发环境。若确有必要，则可以在操作指南的开头明确列出前提条件，让用户在开始操作之前有所准备。
- 清晰的步骤编号：对于涉及多个操作的操作指南，步骤编号具有重要作用。清晰的步骤编号能帮助用户跟随操作指南，确保每个环节都不被遗漏。当操作指南面向最终用户（例如外部开发者）时，每个用户需要执行的操作步骤应当清晰标注，并避免对系统内部响应步骤进行编号。这样能够避免信息过载，并有效提高用户操作的准确性。
- 避免过度陈述技术细节：操作指南的目的是帮助用户快速入门，因此应尽量避免过多的技术细节。对于那些对初学者无关紧要的内容，可以放置在附录中，或者在结尾提供相关的参考链接。避免使用过多的专业术语，并在需要时提供简单易懂的解释，以确保每个读者都能顺利理解。
- 反馈和期望输出：操作指南中的每个步骤都应明确列出预期的输出或结果。例如，在执行命令时，用户应看到什么样的反馈，成功执行的标志是什么等。这不仅能帮助用户判断操作是否正确，还能避免因错误导致的困惑。

下面介绍对比不同的操作指南，如何在本地设置 Go 开发环境的示例。

糟糕的操作指南所设置的 Go 开发环境。

（1）安装 Go，可以从 Go 官网上进行下载和安装。

（2）创建一个文件夹，如 mkdir -p /path/hello。

（3）在这个文件夹中创建一个文件，如 touch /path/hello/hello.go。

（4）编辑这个文件，如 vim /path/hello/hello.go。

（5）打开命令行终端，输入 go run 命令，运行 Go 程序。

改进后的操作指南所设置的 Go 开发环境。

在开始之前，需要确保已经安装了以下工具。

（1）Go 语言（版本号 1.16 及以上）安装方法：请访问 Go 官网下载并安装 Go。

（2）Git（用于版本控制）安装方法：请访问 Git 官网下载并安装 Git。

具体步骤如下。

（1）安装 Go 语言。

- 访问 Go 官网，下载 Go 语言安装包。
- 打开安装包，按照提示进行安装。
- 安装完成后，打开命令行终端，运行以下命令以确认 Go 是否已正确安装。

```
go version
```

（2）创建 Go 项目。

- 创建一个新的文件夹作为你的 Go 项目目录，如 hello-world：

```
    mkdir -p /path/hello-world
```

- 在该目录下创建一个 main.go 文件，并添加以下代码：

```
    package main
import "fmt"
func main() {
    fmt.Println("Hello, Go!")
}
```

（3）运行 Go 程序。

- 打开命令行终端，切换到项目目录下，运行以下命令：

```
    go run main.go
```

- 如果一切正常，则会看到"Hello, Go!"输出结果。

（4）完成 Go 项目。

- 你已成功设置并运行了 Go 项目，可以开始编写和扩展更多功能！

改进后的操作指南具备以下特点。

- 明确的前提条件：通过在指南开头列出所需工具和详细安装步骤，用户能清楚地了解是否具备必要的开发环境。这种方式可以避免因环境不完整导致的配置错误或中断，确保用户顺利进行下一步操作。
- 简洁清晰的步骤：每个操作步骤都简单、清晰，用户可以轻松跟随。步骤之间自然过渡，可以避免信息的堆砌和技术细节过载。
- 反馈和期望输出：在关键步骤中提供命令行操作的反馈，并明确告诉用户执行成功的标准，用户可以及时确认每个步骤是否正确完成。
- 避免假设前提条件：操作指南没有假设用户具备特定的环境或先验知识，而是全面覆盖从环境配置到代码执行的每个细节，确保新用户可以从零开始，顺利完成项目的配置和运行。

12.1.3 文档的结构和组织

清晰、合理的文档结构是保障开发者和用户能够高效、准确获取信息的关键。它不仅能提高文档的可读性，还能简化后期的维护工作。良好的文档结构需要基于目标读者的需求进行有针对性的组织，通常根据文档的类型、功能及使用场景，将内容划分为多个模块，以确保信息层次分明、结构清晰且易于查阅。

在文档的组织上，采用 5W（What、Why、When、Where、Who）模型是一种高效且直观的方法。此模型通过明确回答关键问题，使文档内容具备全面性和层次感，帮助读者快速把握核心要点。每一个"W"代表一个重要问题，合理地解答这些问题能够提高文档的逻辑性和易懂性。

- What（是什么）：回答文档的核心内容，阐明该文档的目的、功能或主题。通过简洁明了的语言，介绍系统、模块或功能的目标及其实现任务。举例来说，在功能说明文档中，What 部分应清晰描述系统或模块的核心功能。例如，"该模块用于用户身份验证，通过用户名和密码的组合实现登录功能。"通过明确"是什么"，文档能够帮助读者快速获取概览并理解文档的核心信息。

- Why（为什么）：为读者提供背景信息，解释为什么要实现某项功能或做出某个设计决策。这一部分有助于明确相关决策的业务或技术价值。例如，在架构设计文档中，可以解释为何选择某种架构或技术——"为什么选择微服务架构？因为它能够有效支持系统的可扩展性，便于团队协作，降低单一服务的故障风险。"阐述"为什么"的意义在于帮助读者理解这些选择的动机，进而更清楚地理解相关实现细节。

- When（何时）：描述执行操作的时机、触发条件或限制条件，帮助读者明确何时、在什么情况下需要执行某个操作或使用某项功能。例如，在操作手册中，When 部分可以写道，"当用户登录成功后，系统将自动跳转到主页"或"只有管理员用户才有权限执行此操作"。明确"何时"的描述，帮助读者厘清操作的流程与时序，避免操作失误或错过关键步骤。

- Where（在哪里）：回答操作发生的具体位置、环境或上下文。这一部分通常描述系统功能执行的环境、操作的物理位置或上下文场景。例如，在开发或部署文档中，Where 部分可以写道，"该功能在后台服务器上执行"或"部署脚本将在测试服务器上运行"。清晰的"在哪里"说明有助于开发者或用户在正确的环境下执行任务，避免环境配置错误。

- Who（谁）：明确哪些角色或责任人需要关注或执行某项任务。它帮助读者了解谁是执行某个操作的负责人或目标受众。例如，在设计文档中，Who 部分可以写道，"系统管理员负责配置服务器"或"开发者应遵循 API 文档进行集成"。通过明确责任人，文档能确保每个任务的执行者清晰了解自己的职责，避免因角色混淆而导致的执行错误。

综上所述，5W 模型为文档的结构组织提供了一个清晰、系统的框架。通过回答"是什么""为什么""何时""在哪里""谁"这五个关键问题，文档能够确保内容的全面性、逻辑性和条理性。这不仅有助于提高文档的可用性与理解度，还能引导读者快速抓住核心要点，避免遗漏重要信息。最终，这种结构化的文档能够显著提高团队沟通、知识传递和技术分享的效率，成为团队协作和项目管理中不可或缺的工具。

12.1.4　文档的维护和更新

文档的维护和更新是保障其持续有效和具有长期参考价值的关键工作。随着软件项目的推进、需求的变化，以及技术的不断迭代，文档内容也必须与时俱进，及时进行更新。文档并非一次性任务，而是需要随着项目的演进和功能的扩展进行不断的调整和完善。因此，文档的更新必须与代码同步进行，确保其准确反映系统的当前状态。例如，当系统的架构、接口或功能发生变化时，设计文档、API 文档，以及用户手册等文档也应及时更新，避免文档与实际开发之间出现不一致的情况，确保开发团队和用户始终能依据最新的文档进行工作。

除了与项目进展同步更新，文档更新还应充分考虑到用户和团队成员的反馈。文档是开发者、测试人员、运维人员和最终用户的重要工具。随着项目的使用和反馈的积累，新的问题和需求会浮现，文档必须根据这些反馈不断进行优化。例如，开发者在查阅或使用文档时，可能会发现某些描述不够清晰或遗漏了关键细节，甚至遇到某些问题无法通过现有文档解决。此时，应及时对文档进行补充、修正或重构，以提高其准确性和实用性。定期审查和优化文档的内容不仅能提高文档的质量，还能增强其对项目团队的支持作用。通过持续的文档维护和更新，可以确保团队始终拥有可靠的信息来源，避免文档滞后带来的沟通障碍，从而提高项目开发效率和质量。

12.1.5　提高文档的可访问性和易用性

提高文档的可访问性和易用性是确保文档有效传达信息并广泛被目标读者群体接受的关键因素。首先，文档应具备清晰的结构和层次，采用易于导航的布局，使读者能够快速定位所需内容。这可以通过设置明确的目录、章节标题、内容索引，以及提供便捷的搜索功能来实现，确保用户在查看文档时不易迷失方向。此外，文档中的语言应简洁明了，避免使用过于专业的术语或模糊不清的表达。如果文档中确实需要使用专业术语，则应提供简洁的定义或链接至相关的解释，以帮助读者快速理解。这样的语言风格能够使各类读者，特别是新手用户，轻松理解文档内容并快速掌握所需信息。

在提高文档可访问性的过程中，还应充分考虑不同读者群体的需求。除了考虑开发者的技术背景，文档还应兼顾其他层次的受众，包括产品经理、设计师，以及业务分析人员等非技术背景的人员。因此，文档的内容形式应多样化，如结合文字、图片、视频教程等方式，以满足不同受众的需求。通过采用丰富的表现形式，可以帮助非技术人员更好地理解技术内容。此外，确保文档的多平台兼容性也是提高可访问性的重要方面。文档应能够在不同的设备、浏览器和操作系统上流畅访问，特别是在移动端设备上的阅读体验应尽可能优化。通过这些方式，文档能够有效降低使用门槛，提高易用性，使更多的读者能够顺畅地获取、理解和应用文档中的信息。

通过确保文档结构清晰、内容易懂并兼顾多样化需求，我们能够有效提高文档的可访问性和易用性，促进信息的快速传播，提高项目开发和协作的效率。

12.2　让注释为代码加分

对开发者来说，代码注释是最重要的文档形式之一。它不仅是团队沟通的桥梁，还是确保代码可读性、可维护性的重要保障。高质量的代码注释能够帮助开发者更清晰地理解代码的意图、设计思路及复杂的实现逻辑，从而使后续的开发与维护工作更加高效。正如代码是"软件的语言"，注释则是对这段语言的解释，赋予代码更多的上下文和语义。没有注释的代码，哪怕功能完备，也可能让后续开发者在阅读时产生困惑，甚至误解其逻辑与设计决策。因此，编写清晰、简洁且富有意义的注释，成为开发者必须掌握的技能。

编写代码注释的主要目的是将代码背后无法通过代码本身直接传达的设计意图和实现思路记录下来。这些信息可能涉及复杂的算法选择、架构设计决策、性能优化等方面。没有合适注释的代码，虽然功能完备，但对其他开发者来说，却可能像一块难解的"黑盒"。因此，注释可以帮助开发者快速理解代码的核心功能及设计背景，减少因误解引起的开发错误，尤其是在团队协作中，这种作用更为突出。

优秀的代码注释应当简洁而精练，避免冗长的描述。注释的目标是让代码的意图更加明确，而不是对每一行代码都进行重复的解释。有效的注释会聚焦于关键部分，尤其是那些实现复杂、逻辑难以直观理解的代码片段。它们不仅帮助新加入的开发者快速上手，还有助于团队成员在协作中减少不必要的沟通。与其反复解释每一个操作，不如聚焦于"为什么"要这样做——注释应更侧重于阐明设计决策、算法选择的背后原因。

此外，注释应始终与代码保持同步。随着代码的更新、功能的调整，注释也应及时进行修改，确保它们始终反映当前代码的实际状态。如果注释内容与代码不一致，反而会导致混淆，甚至误导开发者进行错误的修改或优化。因此，保持注释和代码同步更新，是维护高质量注释的基础。

代码注释不仅是对代码的简单补充，还是团队协作中的沟通工具。尤其在大规模项目中，注释成为团队成员之间共享设计思想和解决方案的渠道。在多人协作或长期项目中，开发者往往在某个时间点离开，或是负责不同模块的开发。这时注释为新成员提供了必要的上下文，使得团队可以无缝对接，降低因知识传递不畅而造成的开发成本。

良好的注释还可以为项目的长期维护打下基础。随着时间的推移，很多初期的设计决策和实现细节可能会被遗忘，代码本身也可能变得难以理解。此时，注释能够帮助开发者快速回忆起当初的设计思路，避免重新推敲和推测，从而节省大量的时间和精力。

在编写代码注释时，开发者应遵循一定的原则，确保注释既能提高代码可读性，又能有效支持团队协作与后期维护。以下是编写高质量注释时需要遵循的几个基本原则。

12.2.1 统一注释格式

统一注释格式有助于提高代码的可读性和可维护性，帮助开发者快速理解代码的目的和实现，并减少因格式不一致而产生的混乱。格式一致不仅有助于提高开发效率，还能避免在团队协作中产生歧义或理解差异。在整个项目中，注释应遵循统一的结构、风格和标记，确保所有团队成员都能够在相同的注释规范下快速定位信息。

注释格式的一致性体现在多个方面。首先，注释的位置需要统一，通常建议将注释放置于函数、方法或复杂代码块的上方，以便清晰地标识其功能和目的。其次，注释内容要简洁明了，重点描述函数、方法、变量、类的作用、输入输出及可能的副作用。对于需要解释的复杂逻辑，可以通过分段和适当的排版避免注释内容过于冗长或杂乱，确保其易于理解。此外，注释应使用简洁、直接的语言，避免过于复杂或含糊的表达，以便快速传达关键信息。动词时态的一致性也是注释格式中需要特别注意的地方，在描述行为时应统一使用现在时态，确保内容的准确性与一致性。

常见的注释类型如下。

1. 单行注释

单行注释适用于简短的描述，通常用于对特定代码行或变量的解释，注释内容要简洁且直观，直接紧跟在代码行后。此类注释应避免过长或过于复杂的说明。

```
// 计算圆的面积
radius := 5.0
area := math.Pi * radius * radius
```

2. 多行注释

多行注释适用于描述较为复杂的代码段或逻辑，尤其是需要详细说明多个代码行或某个关键步骤时。它允许提供更多的背景信息，帮助开发者理解代码的整体设计和实现流程。

```
/*
初始化数据库连接：
 - 使用给定的配置文件连接到数据库
```

```
    - 如果连接失败，则记录错误并退出程序
*/
db, err := sql.Open("mysql", "user:password@/dbname")
if err != nil {
    log.Fatal(err)
}
```

3. 函数注释

每个函数都应在函数定义前进行注释，明确描述函数的功能、输入参数、返回值及可能的副作用。这样能够帮助其他开发者理解函数的作用，方便其在后续开发中正确调用和使用。

```
// Sum 计算两个整数的和
func Sum(a, b int) int {
    return a + b
}
```

4. 结构体（类）注释

结构体注释应描述结构体的用途、字段及其设计意图，帮助开发者在使用时能够快速理解其功能。结构体的注释通常需要放在结构体定义的上方。

```
// User 表示系统用户
type User struct {
    ID   int    // 用户 ID
    Name string // 用户姓名
}
```

5. 复杂逻辑的注释

对于涉及复杂算法或特殊逻辑的代码段，应使用详细的多行注释对其进行解释，阐明设计决策、算法原理及实现步骤。这种注释有助于后续开发者快速理解该部分代码的目的及实现方式。

```
/*
快速排序算法：
 - 选取一个基准值，将数组分成两部分
 - 左边小于基准值，右边大于基准值
 - 使用递归排序对左右两部分进行排序，直到数组有序
*/
func quickSort(arr []int) {
```

```
    // 实现代码
}
```

12.2.2 注释阐明代码意图，而非代码内容

注释的首要目的是帮助其他开发者（包括未来的自己）理解代码背后的设计意图和决策过程，而非重复描述代码中显而易见的操作细节。有效的注释不仅阐明了"做什么"，还应聚焦于"为什么这么做"。通过这种方式，开发者可以迅速抓住代码实现的核心思想，而不是被过于琐碎的细节干扰。代码的复杂性往往来源于实现背后的设计决策和算法选择，注释应当着重解释这些决策的背景、动机和所涉及的权衡，而非简单地列举每行代码的功能。

当代码本身结构清晰时，注释的价值在于提供更高维度的设计视角。例如，对于选择某种算法的原因、优化性能的考虑或对未来可能的扩展的思考，这些都应成为注释的重点。简单的循环或条件判断操作通常不需要注释去描述其基本功能，因为这类操作的行为对有经验的开发者来说是显而易见的。相反，注释应聚焦于解释为何选择该算法或数据结构，或者为何采用特定的实现方案。

注释的有效性在于它是否能够清晰传达设计意图，而不是对代码本身的冗长重复。编写时应确保代码本身易于理解，通过清晰的命名和合理的结构使代码的意图自明。当代码足够直观时，注释应关注于解释更高层次的设计选择和决策，而非逐行解释代码。特别是在处理复杂算法时，注释应当阐明该算法为何适合当前的应用场景，而非细致地描述每一步的具体操作。

例如，在实现快速排序时，注释应阐明选择快排算法的理由，而非一一解释每个循环或交换操作的具体含义。这样的注释不仅能提高代码的可读性，还能为其他开发者提供更有价值的背景信息，避免不必要的重复。

在下面的代码中，注释简要地说明了采用快排算法的原因，并对核心部分进行了必要的解释。这使得注释更具价值，不仅帮助开发者理解代码的意图，还能避免过多的冗余信息。

```go
// 使用快排算法对数组进行排序，以提高性能
func quickSort(arr []int) {
    // 快排的核心操作：选取一个基准值，并将数组分成两部分
    // 左边是小于基准值的，右边是大于基准值的
    if len(arr) <= 1 {
        return
    }
    pivot := arr[0]
    left := 1
```

```
    right := len(arr) - 1
    for left <= right {
        if arr[left] < pivot {
            left++
        } else if arr[right] > pivot {
            right--
        } else {
            arr[left], arr[right] = arr[right], arr[left]
        }
    }
    arr[0], arr[right] = arr[right], arr[0]
    quickSort(arr[:right])
    quickSort(arr[right+1:])
}
```

在这段代码中，注释清晰地指出采用快速排序算法的目的，并简要解释其核心操作。这种注释方式有助于开发者理解整体算法的设计意图，而不需要逐行解释每个操作步骤。

以下代码注释却逐步描述了每个操作的具体功能，虽然这有助于理解每行代码的作用，但它缺乏对算法整体意图的阐述，这反而会增加阅读者的负担，容易忽略设计决策背后的重要信息。

```
// 将数组进行排序
func quickSort(arr []int) {
    pivot := arr[0] // 选取第一个元素作为基准值
    left := 1
    right := len(arr) - 1
    for left <= right {
        if arr[left] < pivot { // 如果左边的值小于基准值
            left++
        } else if arr[right] > pivot { // 如果右边的值大于基准值
            right--
        } else {
            arr[left], arr[right] = arr[right], arr[left] // 交换
        }
    }
    arr[0], arr[right] = arr[right], arr[0] // 交换基准值与右边的元素
    quickSort(arr[:right]) // 递归排序左部分
```

```
    quickSort(arr[right+1:])  // 递归排序右部分
}
```

这个注释逐步解释了每行代码的具体操作，却没有传达出背后采用快排算法的设计意图或其选择的理由。这样的注释过于琐碎，反而增加了阅读负担，削弱了注释的实际价值。阅读者在解读时不仅浪费了时间，还可能忽视注释中应该关注的更为重要的信息。

在这个反面示例中，注释过于琐碎且逐步解释每一行的操作，没有提供关于为什么选择快速排序而非其他排序算法的解释。这种类型的注释虽然确保了每个操作都被清楚说明，但忽略了对算法设计的更高层次的理解，造成了信息冗余，使得开发者难以快速抓住核心要点。

12.2.3　注释描述代码中不明显的部分

注释的核心作用是帮助开发者理解那些在代码中不易直接推测的部分，尤其是涉及复杂逻辑、算法选择或性能优化等技术决策时。在多数情况下，代码本身并不能完整表达其背后的意图和背景，尤其是在面对外部依赖、团队约定、系统架构或历史遗留问题时。例如，某段代码可能为克服特定的性能瓶颈、兼容遗留系统或满足某些特殊需求而编写，这些信息无法在代码中直接体现，需要通过注释进行补充。

注释的重点并非仅描述代码"做什么"，更需要阐述"为什么这么做"。许多设计决策和实现细节都源自特定的业务需求或技术环境，而这些背景信息通常无法通过代码直接传达。因此，优质注释应清晰说明决策的背景、动机和原因，帮助其他开发者理解逻辑，避免误解或重复工作。

代码本身能够实现某个功能，却难以体现实现方式的选择依据。特别是在涉及复杂算法或设计决策时，代码实现方式背后的动机和背景常被隐去。此时，注释作为桥梁，能够填补这一认知空白，让开发者不需要通过反复试探、猜测或实验来推断设计意图。

对于某些难以推测的实现细节，注释不仅能解释代码本身的功能，还能阐明其背后的原因。举个例子，当某个函数通过缓存机制来提高性能时，缓存的设计选择背后可能有诸多权衡，如缓存多久有效？如何处理缓存过期？为何采用这种缓存策略？这些信息对理解代码设计至关重要，但代码本身并不会展示这些内容，注释在此时发挥了不可替代的作用。

以下是一个示例，展示了如何通过注释清晰地表达代码背后的设计决策和考虑因素：

```
// getUserData 从数据库获取用户数据
```

```
// 这个函数会首先检查缓存
// 如果缓存中存在有效数据, 则直接返回缓存数据, 避免重复的数据库查询
// 如果缓存中没有数据, 则从数据库中进行查询并缓存结果
// 缓存的有效期为 1 小时, 超时后会自动重新查询数据库
// 该方法旨在提高系统性能, 降低数据库访问频率
// 注意: 缓存失效时间和刷新策略可能会根据业务需求调整
func getUserData(userID int) (UserData, error) {
    cachedData, err := cache.Get(userID)
    if err == nil && !cachedData.IsExpired() {
        return cachedData, nil
    }
    data, err := db.Query("SELECT * FROM users WHERE id = ?", userID)
    if err != nil {
        return UserData{}, err
    }
    cache.Set(userID, data, time.Hour) // 缓存数据 1 小时
    return data, nil
}
```

这段注释不仅解释了为何要使用缓存机制, 还详细描述了缓存的工作原理、缓存失效的处理方式, 以及缓存策略的调整空间。这些信息有助于开发者理解为什么选择这种实现方式, 而不是其他的解决方案。同时, 注释中还提到缓存策略可能随着业务需求的变化进行调整, 为后续可能的修改提供了指导。

与此对比, 以下是一个缺乏背景信息的反面示例:

```
// getUserData() 函数从数据库中获取用户数据
func getUserData(userID int) (UserData, error) {
    cachedData, err := cache.Get(userID)
    if err == nil && !cachedData.IsExpired() {
        return cachedData, nil
    }
    data, err := db.Query("SELECT * FROM users WHERE id = ?", userID)
    if err != nil {
        return UserData{}, err
    }
    cache.Set(userID, data, time.Hour)
    return data, nil
}
```

在这个反面示例中，注释只告诉我们 getUserData()函数的基本功能——从数据库中获取用户数据，却没有提供缓存机制的背景信息。比如，为什么要先检查缓存？缓存失效后如何处理？缓存的有效期是多久？这些关键的设计考量完全没有被提及。开发者在阅读代码时，如果不理解缓存的背后逻辑，则可能会误解缓存的目的，甚至在未来的修改中无法正确判断缓存策略的调整方向。

12.2.4　区分低级注释和高级注释

1. 低级注释：关注精确性与细节

低级注释通常作用于代码的较小单元，如变量声明、条件判断、循环结构，以及复杂的代码逻辑中。这类注释的主要目的是提高代码的可读性，帮助开发者快速理解某些操作的具体含义，尤其是在逻辑复杂或不直观的情况下。低级注释提供了关于代码细节的补充信息，确保开发者能精准把控每行代码的意图与功能。

在低级注释中，精确性至关重要。特别是在变量声明、方法参数和返回值等场景中，变量的名称和类型往往不足以提供充分的背景信息，因此注释可以帮助补充这些细节，确保代码的意图明确无误。例如：

- 该变量的单位是什么？
- 边界条件是包含还是排除？
- 变量是否允许空值，在允许空值的情况下含义如何？
- 如果变量引用了必须释放或关闭的资源，则哪个部分负责释放？
- 该变量是否有某些始终成立的属性，如"该列表始终包含至少一个条目"？

理论上，这些信息可以通过查阅变量在代码中的用法来推测，但这种做法既耗时又容易出错。为了避免这种麻烦，变量声明的注释应足够清晰详尽，使得开发者在没有查阅整个代码库的情况下，也能理解相关信息。

以下是一个低级注释的示例：

```
// 将 p 指向的值加 1（会修改 ptr 所指向的内存值）
*ptr++
```

这行注释明确标注了指针操作的具体行为，尤其是对内存位置的修改。对于不熟悉指针操作的开发者，注释提供了必要的上下文，帮助他们理解该行代码的副作用。

```
// OpenFile()打开文件并返回文件句柄，调用者负责关闭文件
func OpenFile(fileName string) (*os.File, error) {
    file, err := os.Open(fileName)
    if err != nil {
        return nil, err
    }
```

```
        return file, nil
}
```

这段代码的注释明确指出调用者负责关闭文件句柄，提供了关于资源管理的重要信息。没有这条注释，开发者可能会忽略资源的释放，进而导致内存泄漏或文件句柄耗尽等问题。

2. 高级注释：增强直觉性与宏观理解

与低级注释关注代码细节不同，高级注释则更多地关注系统的设计理念、架构决策和整体功能，帮助开发者从宏观的角度理解代码的目标和结构。高级注释通常不涉及具体的实现细节，而是阐释模块之间的关系、系统的设计思路及其背后的决策逻辑。

高级注释的目的在于增强开发者对代码的直觉理解，尤其适用于需要把握系统整体逻辑的场景。它帮助开发者理解模块存在的意义、核心功能及设计方法的选择依据，而非仅关注代码的实现方式。高级注释通常会涉及以下方面。

- 系统设计：如何通过特定的设计模式或架构来实现需求？
- 模块间的协作：不同模块间的交互逻辑与数据流转过程是怎样的？
- 技术决策：为何选择特定的技术或算法？这些决策背后的核心考量是什么？

以下是一个高级注释的示例：

```
// payment 服务与订单处理模块深度集成，负责验证每个订单的支付状态
// 当支付成功时，订单处理模块会更新订单状态为"已支付"，并触发后续的配送流程
// 这种集成设计使得订单处理流程更加流畅，并降低了手动干预的可能性
package payment
```

这段注释阐明了 payment 服务与订单处理模块之间的协作方式，并解释了它们如何通过集成设计来提高整个订单处理流程的效率。高级注释通常涉及业务流程、模块间的依赖关系及系统设计的目标，而非具体的实现细节。

高级注释的编写难点在于，需要开发者从更宏观的角度思考代码的目标和业务背景，而不仅仅是专注于代码实现。高级注释往往描述了代码的核心思想、设计动机及其适用的场景，帮助开发者理解"为什么"要这么做，而非"怎么做"。

为了编写清晰有效的高级注释，开发者需要将复杂的技术细节转化为易于理解的语言，重点突出代码中的关键部分。高级注释应聚焦于系统的主要功能、业务目标和设计选择，避免陷入实现细节。在编写代码时，开发者应避免过于复杂的描述，简洁明了的注释能够帮助读者快速理解代码的本质，减少不必要的困惑。

例如，在解释支付系统中的身份验证过程时，高级注释应侧重于流程的核心和业务逻辑，而非每个操作的具体细节。通过清晰、简洁的高级注释，开发者可以更快速地理解系统的整体架构，做出合理的修改和扩展，同时减少因细节冗余导致的理解偏差。

12.2.5　同步更新注释和代码

在软件开发过程中，代码经常经历修改、重构和优化。每次变更代码时，开发者不仅要确保代码逻辑正确，还要同步更新相关的注释，使其与代码的实际行为保持一致。如果注释和代码不一致，则可能导致开发者误解代码逻辑，甚至引发潜在的故障和问题。

注释的主要目的是提供代码的上下文、背景信息和解释，帮助开发者更好地理解代码的意图和行为。如果注释没有和代码保持同步，后续开发者在阅读代码时可能被误导，导致他们基于错误的假设进行开发或调试，从而引发错误的操作。

以下是一个注释和代码不一致的示例：

```
// 该函数返回用户的默认配置（返回"配置 1"）
// 实际上，已经更新了默认配置为"配置 2"
func getDefaultConfig() string {
    return "config2"
}
```

在上述示例中，注释和代码的行为不一致。注释仍然描述的是已过时的默认"配置 1"，而代码已修改为返回"配置 2"。如果其他开发者看到这个注释，则可能会认为函数返回的是"配置 1"，并基于这个错误的假设在其他地方使用它。这种误解可能导致不可预见的错误，甚至影响系统的功能。

为了避免这种情况，注释必须及时更新，以确保它们反映代码的真实行为。改进后的注释应如下：

```
// 返回用户的默认配置
// 当前的默认配置为"配置 2"
func getDefaultConfig() string {
    return "config2"
}
```

改进后的注释清楚地说明了函数的实际行为，并且准确反映了当前的默认配置。通过保持注释和代码的同步更新，能够有效避免误导未来的开发者，使得团队成员在阅读和维护代码时更加清晰和高效。

确保注释和代码保持同步的方法如下。

- 修改代码时同步更新注释：每次修改代码时，无论是修改函数功能、变量名还是参数类型，都要及时更新相关注释。这不仅包括对代码逻辑的更新，还涵盖对数据流、业务逻辑及其他关键实现细节的解释。
- 使用自动化工具校验一致性：借助自动化工具检查代码和注释的一致性。例

如，使用静态代码分析工具检测注释是否与代码行为不符，及时提醒开发者
进行修正。

- 遵循版本控制中的提交规范：在版本控制系统中，提交时应明确标注修改了
  哪些代码对应的注释，特别是涉及功能变更或逻辑重构时。这样，在团队中
  可以形成一种良好的习惯，确保每次代码修改都包含注释更新。
- 代码评审时注重注释质量：在代码评审过程中，除了关注代码实现的正确性，
  还应检查注释是否准确反映代码逻辑。团队成员可以互相检查注释的准确
  性，确保注释的质量得到保证。

12.3　知识共享和团队协作

在现代软件开发中，知识共享和团队协作已成为确保项目顺利推进的核心要素
之一。随着项目规模的不断扩大，技术难题和业务需求也日益复杂，单纯依靠个体
开发者的努力已无法满足项目需求的快速变化。因此，团队协作不仅是提高开发效
率、降低错误率、保证代码质量的关键，还是团队应对挑战、协同前进的基础。而
知识共享作为团队协作的基石，能促进团队成员在技术上相互支持，在信息上保持
透明，并在资源上实现互通，从而有效避免重复劳动、减少沟通障碍，并加速问题
的解决。

12.3.1　促进知识共享

在软件开发中，知识共享不仅限于代码本身，还涉及设计决策、业务逻辑、架
构模式、技术选择、问题解决策略等层面。随着团队成员的流动，许多宝贵的开发
经验和技术细节会随着时间流逝而被遗忘或丢失。因此，团队必须在项目初期就建
立起完善的知识共享机制。这种机制不仅能帮助新成员快速融入团队，还能确保团
队在面临技术挑战时迅速找到解决方案，避免重复"造轮子"，降低开发成本，提高
工作效率。

知识共享的方式有很多种，以下是几种常见且高效的方式。

1. 代码注释

代码注释是知识共享最直接的形式之一，记录了代码的设计思路、实现细节与
背景信息。良好的代码注释能让团队成员更容易理解代码的功能与意图，从而避免
重复劳动和减少错误发生。例如，注释可以描述函数的输入输出、复杂逻辑的实现
原理，以及为什么采取某种特定的解决方案。高质量的注释不仅能缩短调试和查找
错误的时间，还能帮助其他开发者快速上手，特别是在接手遗留代码时，注释发挥
着重要的作用。

2. 文档

文档是团队知识共享的核心载体，涵盖了项目需求、设计文档、技术方案、API文档等内容。详细的文档可以帮助团队成员快速了解项目的整体架构、业务逻辑和技术细节，使得开发者在开发过程中不至于迷失方向。文档不仅有助于新成员的快速上手，还能作为技术决策、架构设计、问题处理等方面的参考依据。为了确保文档的有效性，必须保持文档的及时更新，确保其与实际开发进展同步，避免文档过时和信息脱节。

3. 会议与讨论

团队会议是促进团队成员交流和合作的重要场所。定期召开技术交流会、需求讨论会和项目进展会议，能够帮助团队成员快速获取项目的最新状态、技术挑战和问题解决方案。通过开放的讨论氛围，团队成员可以分享自己在开发中的经验教训，探讨技术方案，解决技术难题。同时，会议也是增进团队凝聚力、提高团队协作的有效途径。

4. 代码评审

代码评审是团队成员间相互学习和交流的有效机制，能有效促进知识共享，并帮助提高代码质量。通过代码评审，开发者不仅可以发现潜在的代码问题，还可以从同事的代码中汲取灵感和经验。评审过程中的反馈帮助开发者改进编码习惯，提升设计思维，并在审查他人代码的过程中学到最佳实践和更高效的解决方案。定期的代码评审也能够促进团队技术标准的统一，帮助团队成员在统一的开发框架下更高效地工作。

5. 团队博客和知识库

团队博客和内部知识库是一个非常有效的知识共享平台，能够记录和整理团队成员的技术经验、解决方案及最佳实践。每位团队成员可以通过博客分享自己的学习心得，或者记录在项目中遇到的技术难题及其解决思路。这不仅能帮助其他成员快速获得实用的技术信息，还能促进团队成员之间的相互学习和思想碰撞。此外，团队博客也是技术文档和内部知识库的重要组成部分，能够帮助团队储备技术知识，形成长期有效的知识积累。

6. 团队培训与讲座

团队培训是提升成员技术能力和团队协作水平的重要方式。定期的技术培训或讲座不仅有助于团队成员跟进最新的技术趋势，还能帮助成员更好地理解和应用项目中的技术栈。通过团队内部培训，成员不仅能学到新的工具、框架和技术，还能交流彼此的经验，提高团队整体的技术能力。除此之外，培训也是增强团队凝聚力的方式之一，尤其在面对技术难题时，集体学习能够带来更广泛的视野和思维碰撞。

12.3.2　提高团队协作效率

高效的团队协作始于明确的团队目标和责任分工。每位团队成员都需要清楚自己在项目中的角色和任务，明确的目标能够帮助团队集中精力，减少无关工作的干扰，从而提高工作效率。团队的目标应具备可度量性和可实现性，既能量化成果，又能通过定期的反馈调整和优化方向。责任分工则应根据每位团队成员的专业技能和经验进行合理配置，避免职责的重叠与遗漏。只有在明确每个人的责任和团队目标之后，团队成员才能充分发挥各自的优势，在共同目标的引导下集中精力协作，从而提高团队的工作效率与项目质量。

1. 促进有效的沟通

有效的沟通是高效团队协作的核心。沟通不仅是信息的传递，还是团队成员之间理解、协作和问题解决的桥梁。团队成员之间需要建立快捷、清晰的沟通渠道，确保信息能够快速、准确地流通，避免信息的滞后或误解。除了面对面的交流，团队还应根据不同情况选择适合的工具，如即时通信软件、视频会议工具、电子邮件、共享文档平台，以及项目管理软件等。有效的沟通不仅能帮助团队成员实时跟进项目进展，还能及时发现问题并提出解决方案，从而避免项目的滞后和资源的浪费。

此外，定期的站立会议和回顾会议是保持沟通流畅的重要手段。站立会议可以帮助团队成员快速汇报进度、确认问题和明确下一步的任务；而回顾会议则为团队提供了一个反思和总结的平台，帮助团队找出流程中的瓶颈并寻求改进方案。团队应鼓励营造透明且开放的沟通氛围，允许不同的声音和建议，并通过团队合作共同解决问题。

2. 建立信任和尊重的团队文化

信任和尊重是高效团队协作的基础，也是团队凝聚力的源泉。建立信任需要团队成员长期的互动、共同的努力及对彼此工作的认可。在一个充满信任的团队中，团队成员能够自由地表达意见，不必担心自己的建议会被忽视或反驳。同时，团队成员对彼此的信任可以减少不必要的质疑和摩擦，提高决策效率和行动速度。信任的建立也体现在互相支持、共享资源、共同承担责任等方面，尤其在面对困难和挑战时，团队的凝聚力将决定团队是否能够快速恢复并继续前行。

与此同时，尊重是团队文化中不可缺少的一部分。每位成员的意见和贡献都应得到应有的尊重，不论其职级或经验如何。尊重不仅体现在对他人观点的倾听上，还表现在对不同意见的包容与接纳。通过尊重多样的思维和方法，团队能够激发创新的火花，发现更有效的解决方案。在这样的文化氛围中，团队成员能够更加积极主动地参与到协作中，减少内耗并提高整体协作效率。

3. 持续改进和学习

高效的团队协作并非一蹴而就，而是通过不断的反思和学习，逐步改进和优化。团队应鼓励成员在项目执行过程中定期进行自我反思与总结，识别工作中的不足，并提出改进建议。通过定期的回顾会议、工作坊或团队讨论，团队能够有效地分析问题的根本原因，并制定切实可行的改进措施。例如，团队可以分析哪些环节存在重复劳动，哪些流程可以更高效，哪些决策存在潜在的优化空间。

此外，持续学习和知识分享同样是提高团队协作效率的关键。在技术和行业环境日新月异的今天，团队成员通过不断参与技术培训、知识分享会、行业交流等活动，能够保持对新技术的敏感度和对行业动态的了解，从而提高团队的整体能力和适应性。团队应建立一个学习型文化，鼓励成员分享自己的学习成果和技术心得，促进团队内部的知识积累与共享。通过不断学习，团队能够保持竞争力，快速适应新的工作挑战，确保项目和团队始终处于高效的协作状态。

4. 激励与认可

为了进一步提高团队协作效率，激励和认可机制的建立也不容忽视。团队成员需要感受到他们的工作和贡献被认可和重视。定期的表彰、奖励制度和激励措施能激发团队成员的工作热情，提高他们的参与度与责任感。无论是通过物质奖励，还是精神上的认可，激励措施都能促使团队成员在团队中发挥更大作用，并通过优质的协作推动项目向前推进。

提高团队协作效率的关键在于创建一个清晰的目标、合理的分工、有效的沟通和信任的文化，同时通过持续的学习和反思，不断优化团队工作流程。团队成员应在明确职责和目标的基础上，充分发挥个人特长，在协作中增强团队的整体能力和战斗力。通过这些措施的实施，团队能够在高效协作的氛围中不断实现自我提升，从而在项目中取得更大的成功。

12.4　小结

本章强调了文档、代码注释和知识共享在提高团队协作效率中的重要作用。

文档作为知识共享的核心载体，帮助团队成员快速理解项目设计与实现，避免重复工作和错误，提高整体工作效率。

清晰、准确的代码注释则是保证代码质量和可维护性的关键，能有效减少沟通障碍，帮助开发者理解代码的意图与实现逻辑，从而降低维护成本。

此外，知识共享机制在团队中的实施促进了经验交流与技术创新。通过定期的技术分享、文档更新与代码评审，团队能够积累并传递宝贵的知识，帮助新成员快速融入，提升整体技术水平。

综上所述，良好的文档管理、清晰的注释和高效的知识共享机制是确保项目长期健康发展的基础，能够显著提高团队的协作效率和解决复杂问题的能力。